21世纪经济管理新形态教材·物流学系列

港口物流与供应链管理

谢京辞 ◎ 编著

清华大学出版社
北京

内 容 简 介

本书从港口和国际物流基础知识出发,结合港口物流与供应链管理理论,构建集装箱、油轮与干散货运输物流,内陆港、空港物流与供应链体系,在此基础之上,探讨国际多式联运与海陆一体化物流、保税跨境物流与港口物流园区,最终从港口为中心的(国际)物流与供应链管理角度进行整合。

本书面向管理类(物流管理与工程)本科生及相关专业高职学生,按照立体化教材体例编写,同时也可供企业相关人员阅读。

本书封面贴有清华大学出版社防伪标签,无标签者不得销售。
版权所有,侵权必究。举报:010-62782989,beiqinquan@tup.tsinghua.edu.cn。

图书在版编目(CIP)数据

港口物流与供应链管理/谢京辞编著. —北京:清华大学出版社,2022.10
21世纪经济管理新形态教材. 物流学系列
ISBN 978-7-302-61670-2

Ⅰ. ①港… Ⅱ. ①谢… Ⅲ. ①港口-物流管理-高等学校-教材②港口-供应链管理-高等学校-教材 Ⅳ. ①U695.2

中国版本图书馆 CIP 数据核字(2022)第 145044 号

责任编辑:贺 岩
封面设计:汉风唐韵
责任校对:宋玉莲
责任印制:宋 林

出版发行:清华大学出版社
网　　址:http://www.tup.com.cn, http://www.wqbook.com
地　　址:北京清华大学学研大厦 A 座　　邮　编:100084
社 总 机:010-83470000　　邮　购:010-62786544
投稿与读者服务:010-62776969, c-service@tup.tsinghua.edu.cn
质量反馈:010-62772015, zhiliang@tup.tsinghua.edu.cn
印 装 者:北京鑫海金澳胶印有限公司
经　　销:全国新华书店
开　　本:185mm×260mm　　印　张:13　　字　数:300 千字
版　　次:2022 年 10 月第 1 版　　印　次:2022 年 10 月第 1 次印刷
定　　价:45.00 元

产品编号:093590-01

前言

随着世界经济全球化，贸易自由化和国际运输市场一体化的形成，尤其是现代物流与供应链的发展，港口已经成为全球供应链中的重要环节和关键节点。据联合国贸易和发展会议统计，约90％的世界贸易量（按吨计算）是通过海上运输完成的，港口作为贸易链上的重要环节，吞吐量的增长与贸易增长密切相关。当前企业之间的竞争越发演变为供应链与供应链之间的竞争，而港口物流与供应链的管理对推动企业全球化的运营管理尤为重要。中国"一带一路"倡议的提出，急需学生了解港口物流与供应链的相关知识，提升我国企业国际物流与供应链管理的水平。本教材是专门为提高学生培养质量，适应物流管理与工程类专业的新发展而编写的。

本教材本着理论联系实际的原则，按照立体化教材体例编写。全书从港口和国际物流基础知识出发，结合港口物流与供应链管理理论，构建集装箱、油轮与干散货运输物流，内陆港、空港物流与供应链体系，在此基础之上，探讨国际多式联运与海陆一体化物流、保税跨境物流与港口物流园区，最终从港口为中心的（国际）物流与供应链管理角度进行整合。

本教材由谢京辞负责总体策划、大纲制定及统稿工作。本教材编写的具体分工如下：第1章由刘欣婧与谢京辞负责编写，第2章由谢京辞负责编写，第3章由王艺棚、潘泳伶与谢京辞负责编写，第4章由张怡楠、樊凯萌与谢京辞负责编写，第5章由张怡楠、王新萍与谢京辞负责编写，第6章由王彧倩、林子深、方雨萌与谢京辞负责编写，第7章由刘欣婧、杜子仪与谢京辞负责编写，第8章由褚梦禹、梁晨、宋丽萍与谢京辞负责编写，第9章由王艺棚、高凯露、侯雪与谢京辞负责编写，第10章由张运宝与谢京辞负责编写。研究生宋骁同学负责通读全文并校改。

感谢杨光正、曾海玉、叶彬彬、黄晓晴、马雯琪与段煜荣等山东大学物流管理18级同学在资料整理方面的辛苦付出。感谢魏子钦同志提供日照港相关货物装卸图片。同时感谢从2008年起在山东大学学习过"港口物流管理""国际物流""集装箱码头运输管理""国际货物运输"等课程的历届物流管理专业的各位同学，你们的反馈是促成本教材成型的动力之一。

本教材在编写过程中,参考了大量国内外相关书籍和文献资料,主要参考资料已在参考文献中列出,再次对国内外有关作者和出版机构表示衷心的感谢。

由于本教材涉及内容较广,知识更新速度较快,加上时间仓促、作者水平有限,难免会有一些不当与错误,恳请读者批评指正。

编　者
2021 年 12 月

目 录

第1章 绪论 ··· 1

【本章学习目标】 ·· 1
【引导案例】 我国著名港口——宁波舟山港 ··· 1
1.1 港口 ··· 2
   1.1.1 港口概述 ·· 2
   1.1.2 港口基本组成 ·· 5
   1.1.3 港口发展 ·· 8
1.2 航线 ··· 13
   1.2.1 航线概述 ·· 13
   1.2.2 主要航线 ·· 15
1.3 海运 ··· 17
   1.3.1 货船 ·· 17
   1.3.2 海运货物 ·· 21
   1.3.3 海洋货物运输 ·· 24
   1.3.4 国际物流 ·· 27
本章小结 ··· 29
参考文献 ··· 29

第2章 港口物流与供应链理论 ·· 31

【本章学习目标】 ·· 31
【引导案例】 中国强港 乘风破浪——写在山东省港口集团成立一周年之际 ··· 31
2.1 港口物流概述 ··· 34
   2.1.1 港口物流的概念 ··· 34
   2.1.2 港口物流的成因 ··· 35
   2.1.3 港口物流的特征 ··· 36
   2.1.4 现代港口物流的功能 ··· 37
   2.1.5 现代港口物流的发展趋势 ··· 38
   2.1.6 港口物流货物管理 ·· 38
2.2 陆港—海港物流网络 ·· 39

  2.2.1　港口演化理论 ·· 39
  2.2.2　复杂网络理论 ·· 41
 2.3　港口物流系统 ·· 42
  2.3.1　港口物流系统的构成 ·· 42
  2.3.2　港口物流系统一体化 ·· 43
 2.4　港口供应链 ··· 44
  2.4.1　港口供应链的概念 ··· 44
  2.4.2　港口供应链的特征 ··· 45
  2.4.3　港口供应链的运营模式 ··· 46
 2.5　港口物流与区域经济互动发展 ·· 47
  2.5.1　港口物流推动区域经济发展 ··· 47
  2.5.2　区域经济是港口物流产业发展的腹地 ··· 47
本章小结 ·· 48
参考文献 ·· 48

第 3 章　集装箱运输物流 ··· 49

【本章学习目标】 ··· 49
【引导案例】　横跨欧亚大陆的集装箱运输 ·· 49
 3.1　集装箱概述 ··· 50
  3.1.1　集装箱的定义 ·· 50
  3.1.2　集装箱的特点 ·· 50
  3.1.3　集装箱的种类 ·· 51
  3.1.4　集装箱的标准 ·· 52
  3.1.5　集装箱的标记 ·· 53
 3.2　集装箱运输概述 ··· 53
  3.2.1　集装箱运输的定义及特点 ·· 53
  3.2.2　集装箱运输的起源 ··· 54
  3.2.3　集装箱运输系统 ··· 55
 3.3　集装箱货物与交接方式 ·· 56
  3.3.1　集装箱货物概述 ··· 56
  3.3.2　集装箱货物的拼装与交接方式 ··· 58
 3.4　集装箱运输方式 ··· 59
  3.4.1　集装箱铁路运输 ··· 59
  3.4.2　集装箱水路运输 ··· 60
  3.4.3　集装箱公路运输 ··· 61
  3.4.4　集装箱航空运输 ··· 62
  3.4.5　集装箱大陆桥运输 ··· 62
 3.5　集装箱运输物流业务 ··· 63

3.5.1　集装箱运输物流进出口业务 ································· 63
　　　3.5.2　集装箱码头的商务管理 ····································· 65
　本章小结 ··· 66
　参考文献 ··· 67

第4章　油轮运输物流 ··· 68

　【本章学习目标】 ··· 68
　【引导案例】　湛江油港——油运的重要纽带 ······················· 68
　4.1　油轮及油港概述 ··· 69
　　　4.1.1　油轮概述 ·· 69
　　　4.1.2　油港及码头设施 ·· 70
　4.2　油轮运输物流 ·· 72
　　　4.2.1　油轮运输主要运输货物及特点 ··························· 72
　　　4.2.2　油轮运输主要航线 ··· 74
　4.3　油轮运输物流的发展 ·· 76
　　　4.3.1　世界市场概述 ··· 76
　　　4.3.2　中国油轮运输的实践与创新 ······························ 78
　本章小结 ··· 83
　参考文献 ··· 83

第5章　干散货运输物流 ··· 85

　【本章学习目标】 ··· 85
　【引导案例】　青岛港董家口——大型矿石船母港 ·················· 85
　5.1　干散货及概述 ·· 86
　　　5.1.1　干散货及其特点 ·· 86
　　　5.1.2　干散货运输物流特点 ······································ 87
　　　5.1.3　干散货相关指数 ·· 89
　5.2　主要的干散货运输物流 ·· 91
　　　5.2.1　煤 ··· 91
　　　5.2.2　铁矿石 ··· 93
　　　5.2.3　散粮 ·· 94
　5.3　干散货运输物流的发展 ·· 97
　　　5.3.1　干散货运输市场构成及形态 ······························ 97
　　　5.3.2　世界市场发展概述 ··· 97
　　　5.3.3　中国干散货运输的实践与创新 ··························· 100
　本章小结 ··· 101
　参考文献 ··· 101

第6章 内陆港物流与供应链管理 ········ 103

【本章学习目标】 ········ 103
【引导案例】 山东内陆港落于河南 ········ 103
6.1 内陆港基础知识 ········ 104
    6.1.1 内陆港概述 ········ 104
    6.1.2 内陆港的发展现状 ········ 109
6.2 内陆港物流系统一体化 ········ 110
    6.2.1 内陆港物流系统 ········ 110
    6.2.2 影响内陆港物流系统发展的经济因素 ········ 111
    6.2.3 内陆港物流系统一体化发展 ········ 112
    6.2.4 内陆港及内陆港物流系统一体化发展模式 ········ 115
6.3 内陆港供应链管理 ········ 117
    6.3.1 内陆港物流供应链管理及其形式 ········ 117
    6.3.2 内陆港物流供应链管理的构建 ········ 119
本章小结 ········ 123
参考文献 ········ 123

第7章 空港物流与供应链管理 ········ 125

【本章学习目标】 ········ 125
【引导案例】 国内机队规模最大的货运航空公司——顺丰航空 ········ 125
7.1 空港物流与供应链管理概述 ········ 126
    7.1.1 空港物流 ········ 126
    7.1.2 空港供应链管理 ········ 127
7.2 空港物流基础知识 ········ 129
    7.2.1 经营方式 ········ 129
    7.2.2 设施设备及货运程序 ········ 132
    7.2.3 空港信息化技术 ········ 135
7.3 空港物流与供应链发展概况 ········ 137
    7.3.1 发展情况 ········ 137
    7.3.2 发展案例 ········ 140
本章小结 ········ 143
参考文献 ········ 144

第8章 国际多式联运与海陆物流一体化 ········ 145

【本章学习目标】 ········ 145
【引导案例】 中铁多联公司：全力打造铁海快线品牌 推动铁海联运无缝衔接 ········ 145
8.1 国际多式联运概述 ········ 146

8.1.1　国际多式联运的概念与特征 ··· 146
　　　8.1.2　国际多式联运的优缺点 ··· 147
　　　8.1.3　国际多式联运的组织形式 ·· 148
　　　8.1.4　国际多式联运的运作流程 ·· 150
　8.2　国际多式联运经营人 ·· 152
　　　8.2.1　国际多式联运经营人的定义与特征 ······································· 152
　　　8.2.2　国际多式联运经营人应具备的条件 ······································· 153
　　　8.2.3　国际多式联运经营人的类型 ··· 154
　　　8.2.4　国际多式联运经营人的责任形式 ·· 155
　8.3　国际多式联运提单 ··· 156
　　　8.3.1　国际多式联运提单的性质与作用 ·· 156
　　　8.3.2　国际多式联运提单的种类 ·· 157
　　　8.3.3　国际多式联运提单的签发 ·· 159
　　　8.3.4　国际多式联运提单的内容 ·· 160
　8.4　海陆物流一体化 ··· 161
　　　8.4.1　海陆一体化概述 ·· 161
　　　8.4.2　海陆物流一体化概述 ··· 162
　本章小结 ·· 164
　参考文献 ·· 164

第9章　保税跨境物流与港口物流园区 ··· 166

　【本章学习目标】·· 166
　【引导案例】　上海自贸试验区的制度创新··· 166
　9.1　保税跨境物流概述 ··· 167
　　　9.1.1　保税货物 ··· 167
　　　9.1.2　保税物流 ··· 168
　　　9.1.3　保税区域 ··· 169
　　　9.1.4　自由贸易区 ··· 171
　9.2　保税跨境物流业务 ··· 173
　　　9.2.1　保税货物通关业务 ··· 173
　　　9.2.2　保税仓储业务 ··· 174
　9.3　港口物流园区 ·· 174
　　　9.3.1　港口物流园区的概述 ··· 174
　　　9.3.2　港口物流园区的功能定位 ·· 175
　　　9.3.3　港口物流园区的作用 ··· 176
　9.4　多区港联动 ·· 176
　　　9.4.1　多区港联动概述 ·· 176
　　　9.4.2　多区港联动的实施 ··· 178

本章小结 ··· 179
参考文献 ··· 180

第 10 章 以港口为中心的(国际)物流与供应链管理 ·············· 181

【本章学习目标】 ··· 181
【引导案例】 江苏以港口为节点一体化组织货物运输 加快公铁水联运········ 181
10.1 全球供应链环境下的港口 ··· 184
　　10.1.1 全球供应链环境下港口的关系演变 ······································ 184
　　10.1.2 全球供应链环境下港口的功能拓展 ······································ 185
　　10.1.3 全球供应链环境下港口的发展演变 ······································ 187
10.2 以港口为中心的(国际)物流管理 ·· 187
　　10.2.1 全球供应链时代的港口物流 ·· 187
　　10.2.2 以港口为中心的物流管理理念与实践 ··································· 190
10.3 以港口为中心的全球供应链管理 ·· 192
　　10.3.1 以港口为中心的供应链管理 ·· 192
　　10.3.2 以港口为中心的全球供应链管理模式 ··································· 193
　　10.3.3 以港口为中心的全球供应链管理发展战略 ····························· 194
本章小结 ··· 196
参考文献 ··· 196

第 1 章

绪　　论

【本章学习目标】

通过本章的学习,学员应该能够:
1. 了解港口的概念以及港口各发展时期的特点,掌握港口的基本组成。
2. 了解航线的概念和世界主要航线。
3. 掌握货船和海运货物的基础知识,并掌握海运和国际物流的概念和形式。

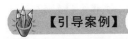
【引导案例】

我国著名港口——宁波舟山港

宁波舟山港是中国浙江省宁波市、舟山市港口,位于中国大陆海岸线中部、"长江经济带"的南翼,为中国对外开放一类口岸。2022 年全球 50 大港口中,中国港口占据 29 个,排名前十的中国港口有 8 个,其中宁波舟山港以 12.24 亿吨的吞吐量排名第一,远超第二名的上海港。此外,宁波舟山港是全球首个年货物吞吐量突破 10 亿吨的大港,也是世界集装箱运输发展最快的港口,是我国大陆重要的集装箱远洋干线港,国内最大的铁矿石中转基地和原油转运基地,国内重要的液体化工储运基地和华东地区重要的煤炭、粮食储运基地,是我国的主枢纽港之一。

概括而言,宁波舟山港具有以下三大特点:

(1) 自然条件优越,区位优势明显。宁波舟山港地处我国大陆海岸线中部、"丝绸之路经济带"和"21 世纪海上丝绸之路"的交汇点,"长江经济带"的南翼"龙眼"。港口水深条件世所罕见,核心港区主航道水深在 -22.5 米以上,30 万吨级巨轮可自由进出,40 万吨级以上的巨轮可候潮进出,是中国 10 万吨级以上大型与超大型巨轮进出最多的港口之一。向内,连接全国沿海港口,覆盖我国大陆最具活力的长三角经济圈;向外,面朝繁忙的太平洋主航道,坐拥"服务世界"的全球视角,是我国沿海向美洲、大洋洲等港口远洋运输辐射的理想集散地。

(2) 港口功能齐全,服务优质高效。宁波舟山港由北仑、洋山、六横、衢山、穿山、金塘、大榭、岑港、梅山等 19 个港区组成,现有生产泊位 620 多座,其中万吨级以上大型泊位近 170 座,5 万吨级以上的大型、特大型深水泊位超过 100 座。港口作业货种齐全,服务优质高效。落户宁波、舟山两地的 200 多家国际海运和中介服务机构为全球客户提供一流的配套服务,吸引全球"最大船"纷至沓来。

(3) 集疏运网络完善,港口腹地不断扩大。宁波舟山港具有水路、公路、铁路和管道等多种运输方式,是国内运输方式很完备的港口。航线航班密集,截至2022年6月底,国际航线总数已达300条,连接着190多个国家和地区的600多个港口,勾画着港通天下的航运贸易网,是世界上最繁忙的港口之一。宁波舟山港利用铁路直达码头的优势激发海铁联运潜力,2021年已开行晋浙班列,搭建西安国际港—宁波舟山港陆海联运大通道,并加密渝甬、蓉甬等多条班列,业务辐射至16个省(自治区、直辖市),61个地级市。

(资料来源:http://www.nbport.com.cn/gfww/)

了解到了我中著名港口——宁波舟山港的概况,那么本章将要学习港口、航线和海运的基础知识,以给后续章节的学习打下基础。

1.1 港　　口

1.1.1 港口概述

1. 定义

港口是一个国家或地区的门户。港口是海上运输的起点与终点,在整个运输链上是最大的货物集结点。港口及其所在的城市是海陆空运输的枢纽,不仅是综合性物流基地,而且是金融和贸易中心。港口的出现大大缩短了各种贸易商品的运输时间和运输路程,带动了国家间的经济贸易往来。在国际物流系统中,进出口货物基本上都是通过国际港口各种业务活动来完成的。国际海港和空港是发展国际物流的桥梁和纽带。

根据我国港口法对港口的定义,港口是指位于江河、湖泊和海洋沿岸,具有船舶进出、停泊、靠泊、旅客上下、货物装卸、驳运、储存等功能,并具有相应设备的由一定范围的水域和陆域组成的场所与基地。现代港口的概念还应包含空港和内陆港。空港一般指航空港,是民用航空机场和有关服务设施构成的整体。内陆港一般指陆港,是沿海港口在内陆经济中心城市的支线港口和现代物流的操作平台,为内陆地区经济发展提供方便快捷的国际港口服务。本节介绍的内容主要是海港。

港口和码头的概念通常容易混淆。码头是供船舶停靠、装卸货物和上下游客的水工建筑物,广义地说还包括与其配套的仓库、堆场、装卸设备和铁路、道路等。码头是港口的主要组成部分。

2. 形成和发展条件[1]

一个港口的形成和发展需要以下条件。

(1) 自然条件

港口的地理和水文状况要适宜,比如港口要有较宽广的平坦陆地,利于筑港和港口货物的堆放;有良好的水深,港外最好有自然形成的防风、防浪屏障,附近无浅滩与暗礁,便于船舶安全出入与停泊。此外,气候条件要适宜,港口的气候条件会影响到港口生产的稳定性。

(2) 社会经济条件

港口腹地是指经由港口的货物生产、消费及转运的地区,其中陆域腹地是每个港口发源、兴起的基础,就世界上绝大多数港口而言,是否依托于一定范围的并且有一定经济发展潜力的陆域腹地是一个港口能否兴旺并保持长盛不衰的首要条件。强大的腹地经济使港口成为国际各种资源及产品的分配中心和中转中心,是支撑港口大规模进出口货物的基础。一般来说,腹地越大、腹地内经济越发达,港口规模越大。

港口集疏运系统指的是以港口为中心的向港口腹地城市拓展的服务各种交通运输方式的运输基础设施集成,包括铁路、航空、水运、公路以及城市交通等运输基础设施。集疏运网络是否通畅,直接关系到货主和船东的经营成本的高低和货物在途时间的长短。集疏运网络越通畅,对外交通越便捷,越有利于港口的形成与发展。

(3) 技术条件

港口要有足够的机械化装卸设备、前后方仓库和堆场,具备为船舶提供修理等技术保障的条件,能提供燃油、淡水以及食品供应等后勤服务。

(4) 政策条件

政府的政策支持及管理体制对港口有着极为深远的影响,政府必须是增强港口综合竞争力的组织者和领导者。比如政府可以决定是否实现自由贸易制度,如果是在实行自由贸易制度的港口中,由于此时船、货在港口是在"关外境内",可以大大简化手续,通关时间可以压缩到最低限度;除此之外,政府的职能之一是建设城市对外通道,多式联运网络的完善有利于港口的畅通。

(5) 港口的自身管理水平

港口的自身管理水平与港口的发展水平密切相关,而港口管理的现代化、信息化水平对提高港口管理水平十分重要。信息化水平的提高不仅可以加速单证周转,缩短船舶在港作业时间,还可以提高计划兑现率,减少对机械、堆场的需求。

3. 分类

港口按照地理位置、用途、国家政策、在集装箱运输中发挥的作用等分类标准可以分为不同的类别(见图 1-1)。[2]

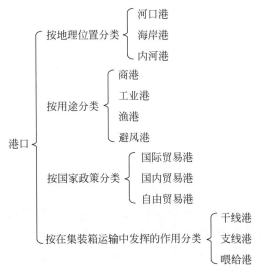

图 1-1 港口的分类

1)按地理位置分类

(1)河口港。位于河、海交汇处的港口,船舶可以自由进出外海,也可以航行于内河。河口港一般有大城市做依托,水陆交通比较便利,内河水道往往深入内地广阔的经济腹地,承担大量的货流量,所以世界上许多大港如鹿特丹港(图1-2)、纽约港、上海港等都建在河口附近。

图1-2 鹿特丹港

(2)海岸港。建筑在海岸线上或海湾内的港口,主要为近海和远洋船舶提供客户运输服务。海岸港和河口港统称为海港。

(3)内河港。建筑在天然河流或人工运河上的港口,包括湖泊港和水库港,为内河船舶提供客货运输服务。

2)按用途分类

(1)商港。也称为贸易港,是供商船出入、为国内外贸易商务和客货运输服务的公共性港口。商港以第三方物流为特征,对全社会开放是其最基本的属性。

(2)工业港。是工厂企业独家或合作使用的港口。这类港口输入多为港口企业自用的原材料,输出的也为港口企业自己的产品,大多是散货、液体化工等。工业港以第一方物流为主要特征,一般不对社会开放。

(3)渔港。是为渔船停泊,为水产品装卸、保鲜、冷藏加工,并为渔船修理及补给物资而设的港口。

(4)避风港。是为船舶在海洋、大潮、江河中航行时遇到突发性风暴时避风用的港口。

3)按国家政策分类

(1)国际贸易港。又称一类口岸,是国家指定对境外开放的贸易港。外贸货船进出该类港口须到海关、边防、检验检疫等口岸部门办理有关手续并接受监管。这类港口通常也可以接受内贸船舶,但无须监管。

(2)国内贸易港。又称二类口岸,专供运输国内货物船舶进出的港口。外贸货船原则上不得进出此类港口,如有外贸运输需求,船方需要申请监管,经批准后货船方可进港,在临时监管下装卸作业。

（3）自由贸易港。是指设在国家与地区境内、海关管理关卡之外的，允许境外货物、资金自由进出的港口区。自由贸易港对进出港区的全部或大部分货物免征关税，并且准许在港内开展货物自由储存、展览、拆散、改装、重新包装、整理、加工和制造等业务活动。2020年6月1日，我国正式发布《海南自由贸易港建设总体方案》，旨在把海南岛打造成具有较强国际影响力的高水平自由贸易港（图1-3）。

图1-3 海南自由贸易港

4）按在集装箱运输中发挥的作用分类

（1）干线港。是指世界性的大型枢纽港。集装箱运输的干线班轮在这些港口挂靠，一次装卸较大量集装箱，周围中、小港口的集装箱通过支线运输的方式向这些港口集中或疏散。干线港的国际集装箱航线、航班数多，设备先进，泊位数量多，装卸效率高，同邻近港口相比，有巨大的竞争优势，对集装箱的吸引力强。

（2）支线港。是相对于干线港而言的，集装箱运输的干线班轮一般不在这些港口挂靠，而只有近洋航线和支线航班船舶在此挂靠作业。支线港所吞吐的货物，通常是本港经济腹地所生产消费的，转运量较少。这类港口与干线港之间有定期的支线航班运输，与其他港口一般没有固定的航运支线。

（3）喂给港。主要为国内或更小区域的船舶提供运输服务的港口。一般规模较小，经济影响的辐射面有限，吞吐量也很小。喂给港集中周边地区的集装箱量，以频繁的、少量的喂给方式向集装箱干线港或支线港提供箱源。

1.1.2 港口基本组成

港口包括水域、陆域、港口设施以及港口管理与装卸生产组织机构等[3]。

1. 港口水域

港口水域指港界线以内的水域面积，用来供船舶航行、运转、锚泊、停泊装卸，要求有适当的深度和面积、水流平缓。它一般需满足两个基本要求：船舶能安全地进出港口和靠离码头，能稳定地进行停泊和装卸作业。港口水域主要包括航道、码头前水域、转头水域、锚地等。

（1）航道

航道是指在内河、湖泊、港湾等水域内，为保证船舶安全便利地进出港口和靠离码头，港内留有的有足够水深和一定宽度的通道。一般设在天然水深良好、泥沙回淤量小、尽可能避免横风横流和不受冰凌等干扰的水域。

(2) 码头前水域

码头前水域是指码头前供船舶靠离和进行装卸作业的水域。码头前水域内要求风浪小，水流稳定，具有一定的水深和宽度，能满足船舶靠离和装卸的要求。码头前水域的大小与船舶尺度、船舶靠离码头的方式、水流和强风的影响、转头区布置等因素有关。

(3) 转头水域

转头水域又称回旋水域，是船舶在靠离码头、进出港口需要转头或改换航向时专设的水域。其大小与船舶尺度、船舶转头方式、水流和风速风向有关。转头水域一般可以与港内航行水域合并在一起布置。

(4) 锚地

锚地又称锚泊地、泊地，是指港口中供船舶进行安全停泊、避风、海关边防检查、检疫、装卸货物等活动的水域。作为锚地的水域要求水深适当，底质为泥质或砂质，有足够的锚位（停泊一艘船所需的位置），不妨碍其他船舶的正常航行。其面积因锚泊方式、锚泊船舶的数量和尺度、风浪和流速大小等因素而定。

2. 港口陆域

港口陆域指的是港界线以内的陆域面积，供货物装卸、堆存和转载，旅客上下船使用，要求有适当的岸线长度和纵深。一般包括装卸作业地带和辅助作业地带两部分，并包括一定的预留发展地。装卸作业地带布置有货场、铁路、道路、站场、仓库等设施；辅助作业地带布置有车库、工具房、变电站、修理厂、办公室、消防站等设施。

3. 港口设施

(1) 码头

码头是供船舶停靠、装卸货物和上下游客的水工建筑物，是港口的主要组成部分。按码头的平面布置分类，有顺岸式、突堤式、墩式等；按断面形式分类，有直立式、斜坡式、半直立式和半斜坡式；按结构形式分，有重力式、板桩式、高桩式、斜坡式、墩柱式和浮码头式等；按用途分，有一般件杂货码头、专用码头（油码头、煤码头、矿石码头、集装箱码头、渔码头等）、客运码头、工作船码头以及修船码头等。

(2) 泊位

泊位是指一艘设计标准船型停靠码头时所占用的空间。泊位长度为泊位占用的码头岸线长度，一般由船的长度和船与船之间的必要间隔构成，确定船长间隔要考虑船舶靠离是否安全、方便。泊位的数量与大小是衡量一个港口或码头规模的重要标志，一座码头可能由一个或几个泊位组成，视其布置形式和位置而定。

(3) 航标

航标是指以特定的标志、灯光、响声或无线电信号等，供船舶确定船位、航向，使船舶沿航道或预定航线顺利航行、避离危险的助航设施。港口航标应能准确地标示航道的方向、界限，标示航道及其周围航行水域中的水上或水下障碍物和建筑物以及标示锚地周界的位置。

(4) 防波堤

防波堤是位于港口水域外围,用以抵御风浪、防止泥沙和浮冰侵入港内以保证港内水面平稳的水工建筑物。防波堤内侧常兼作码头。其中突出水面伸向水域与岸相连的称突堤,立于水中与岸不相连的称岛堤。堤头外或两堤头间的水面称为港口口门。口门数和口门宽度应满足船舶在港内停泊、进行装卸作业时水面稳静以及进出港航行安全、方便的要求。

(5) 港口装卸机械

港口装卸机械用于完成船舶与车辆的装卸和货物的堆码、拆垛与转运等,是完成港口货物装卸的重要手段。港口装卸机械的种类和数量根据港口所要装卸的货物种类、吞吐能力和装卸工艺确定,可分为起重机械、搬运机、输送机械以及各类装卸专用机械等。集装箱装卸机械见图1-4。

图1-4 集装箱装卸设施(日照港供图)

(6) 港口生产辅助设施

为了维护港口的正常生产秩序,保证各项工作顺利进行,港口还需要在陆域上配备一些生产辅助设施。港口的生产辅助设施主要包括排水、供电、照明、通信及导航系统,以及办公楼、流动机械库、修理站、候工室、燃料供应站、工作船基地等。

(7) 港区道路

港区道路是指港内通行各种流通机械,并与城市道路和疏港道路相连接的通行道路。港区道路一般布置成环行系统,以便运输车辆通行,并尽可能减少与铁路线的交叉或对装卸生产作业的干扰。

(8) 港内铁路

港内铁路是铺设在港区内部的铁路运输线,包括线路、机车、通信、信号以及其他与铁路运输有关的各种建筑物、设备等。为了完成货物在铁路网与港口之间的转运,一个完整的港口铁路系统应由港口车站、分区车场及货物装卸线等三部分组成。

(9) 港口库场

港口库场是港区仓库、货棚、堆场的统称,为货物在装船前卸船后提供短期存放的港口设施。港口库场是货物的主要集散场所,在货物装卸转运过程中起储备、调剂、整理和缓冲的作用。

4. 港口管理与装卸生产组织机构

(1) 行政管理部门

行政管理部门主要包括港务监督、船舶检验、水上公安机关、海事法院、港口建设与发展规划、港湾环境监督与保护等部门。

(2) 港口生产管理部门

港口生产管理部门主要包括各装卸公司、轮驳公司、仓储公司、公路铁路运输公司、机械公司、理货公司等,各公司以企业的形式组建。公司根据生产经营的需要,可划分为计划管理系统、生产指挥系统、技术管理系统、经营管理系统、劳动管理系统、后勤服务系统、经济管理系统等。

1.1.3 港口发展

1. 港口代际发展

1992年1月,联合国贸易发展委员会《港口服务销售和第三代港口的挑战》对一代到三代港口的特征做出了明确阐述;1999年11月,《港口通讯》的《第四代港口》一文中首次提出"第四代港口"这一概念。港口代际划分描述了港口功能的转变,体现了港口发展的历史进程,也反映出在生产力发展不同阶段中港口所具有的作用。深刻理解港口不同代际的内涵,把握港口未来的发展趋势,对于港口规划、建设和经营具有重要的现实意义[4]。第一代至第四代港口的特点见表1-1。

表1-1 港口各发展时期特点

	第 一 代	第 二 代	第 三 代	第 四 代
时期	20世纪60年代以前	20世纪60—80年代的工业化时期	20世纪80年代至21世纪的工业化后期	21世纪后的后工业化时期
经济发展背景	封闭经济,自给自足	高新技术产业兴起	高新技术产业取得了主导地位	工业向柔性和个性化方向发展
对运输的要求	大运量,低成本	成品及半成品的杂货运输的标准化、信息化	远程"门到门"、小规模、多批量	点对点运输,方式不限
运输方式	以不定期的货轮运输为主	大型散货运输船出现	集装箱班轮运输是其主要形式	具备各种灵活运输方式,满足不同要求
港口基本功能	运输枢纽、货物装卸与储存	运输枢纽、货物中转、货物加工、与船舶有关的工商业服务	多式联运与物流中心、货物信息流通与分配	全球资源配置枢纽
港口的生产特点	货物流动、简单的个别服务和很少的增值服务	货物流动、货物加工换装、提供联合服务、增值服务范围扩大	货物、信息流的分配,全程综合服务中心,高增值	追求规模化与满足个性,提供全程、全方位和多层面的服务

续表

	第 一 代	第 二 代	第 三 代	第 四 代
港口作业范围	码头及相关水陆区域范围内	码头及周边地区	码头、周边地区及所在城市	所在城市、区域、世界范围
货源组织体系	海陆运输相分离	内陆运输网络形成，海陆联运起步	陆上枢纽节点与支线节点的构成，多式联运形成规模	多层次服务
与用户的关系	非正式、临时的服务与被服务的关系	港口与用户关系密切，港口与所在城市间只有非正式关系	港口与用户关系密切，与班轮密切合作，实现了信息流、资金流与物流的同步	港口与所在城市的发展更为紧密，形成区域经济、技术、文化、利益共同体
核心竞争力	劳动力、资本	资本、技术	区位、技术信息	人才、环境

第一代港口的发展时期是20世纪60年代以前。当时的港口功能是海陆运输模式的转换点。所谓海陆运输模式的转换点，主要是指这一时期港口功能主要集中在最基本的货物装卸、储存和转运功能方面。20世纪60年代以前，世界经济正处于"二战后"恢复阶段，社会生产力水平低下，国际贸易尚未形成规模。这就决定了国际运输，特别是海运业的发展缺少最根本的货运量支撑。海运业总体发展水平不高，港口建设自然也就缺少最直接的推动力。此时的港口大部分处于水陆交通枢纽地位，其功能主要集中于水陆换装作业，操作模式为人机结合，其中人力占相当大比例。这一时期的运输船舶主要是0.5万吨至2万吨级的杂货船。

第二代港口的发展时期是20世纪60至80年代。当时的港口功能是运输、工业和商业服务中心。港口逐渐具有部分流通(含客流、资金流、信息流、技术流等)功能、相关产业(主要是临港工商产业)功能和城市社区功能。20世纪60至80年代，世界经济进入以工业为主导的时代，西方工业化初具雏形，生产率的大幅度提高使得商品贸易得到进一步发展，国际贸易量大幅增加，直接推动航运业发展，港口设施也随之得以完善。加之商品贸易追求利润最大化，为压缩运输成本(一些国家还有政府的引导作用)，许多依赖海运的生产企业纷纷向港口靠拢，逐渐形成庞大的临港产业群。为适应新的经济发展模式，一些港口除传统的水陆换装功能外，逐渐增加许多支撑临港产业的新功能，并渐渐发展成为重要的城市依托港、水陆交通枢纽和传统运输方式的分运中心。这一时期出现大量的专业化散装船，比如30万吨级的油船、20万吨级的矿石船、8万吨级的散粮船等。

第三代港口的发展时期是20世纪80年代以后。此时的港口成为国际贸易的综合运输中心及物流平台，具有世界全程运输服务中心和国际商贸后勤基地功能。20世纪80年代以后，商业、服务业的进一步发展，信息技术的不断升级，经贸运输链一体化和电子数据交换以及无纸化贸易的发展，逐渐改变传统的贸易、运输在空间上各自独立的运作模式，使得国际贸易、国际运输紧密联系在一起。港口作为贸易、运输过程中的重要环节，也随之增添使货物增值的加工、包装、配送、信息处理等现代物流功能，并积极吸引金融、保险、信息、法律等现代服务业向港口聚集，逐渐发展成为集商业性、整合性资源配置于一身的综合运输中心及物流中心。这一时期开始出现集装箱化运输、枢纽港、支线港等运输网络逐渐形成，与城市现代服务业相辅相成。

第四代港口是联合国贸易发展委员会在 1999 年基于前期的阶段划分及对未来港口发展的预见提出的，目前正处于发展阶段。第四代港口功能是以全球海洋主航道为干线的班轮化运输，并逐渐向具有上下游业务关系的港航或港际联盟发展。20 世纪 90 年代以后，国际贸易、运输业进一步协调发展，现代物流体系更加完善，供应链管理趋于成熟。在这种物流体系下，港口从物流中心转变为供应链中的一个环节将更具有竞争优势。紧密联系前后港口，形成港口联盟，并与上下游运输企业联合，使港口作业更快捷，并努力在全球范围内形成网络型运输体系，这是第四代港口发展的总体趋势。这一时期开始出现 1 万 TEU（集装箱计算单位的简称）以上的大型集装箱船，枢纽港、支线港等运输网络遍布全球，出现集装箱连锁码头[5]。

伴随着世界经济的不断发展和国际产业格局及结构的不断调整，全球范围内的港口都在经历着功能上的演变。以上四代港口，在划分上没有严格界限，是一个渐进的过程，而且各国的进程存在差异，几乎四代港口都存在。

2．中国港口发展

（1）政策背景

港口作为连接铁路、公路、航空和管道等多种运输方式的枢纽，是我国交通网中不可或缺的成分，在我国交通运输体系逐渐完善的过程中，港口行业长期受到国家政策的大力支持，如表 1-2 所示。

表 1-2　中国港口重点政策

发布时间	发布部门	政策名称	重 点 内 容
2002.1	全国人大	《中华人民共和国海域使用管理法》	主要内容包括海洋功能区划、海域使用的申请与审批、海域使用权、海域使用金、监督检查和法律责任等。
2002.1	国务院	《中华人民共和国国际海运条例》	主要内容包括国际海上运输及其辅助性业务的经营者、国际海上运输及其辅助性业务经营活动、外商投资经营国际海上运输等。
2004.1	全国人大	《中华人民共和国港口法》	港口规划应当体现合理利用岸线资源的原则，符合城镇体系规划，并与土地利用总体规划、城市总体规划、江河流域规划、防洪规划、海洋功能区划、水路运输发展规划和其他运输方式发展规划以及法律、行政法规规定的其他有关规划相衔接、协调。
2008.2	交通运输部	《港口规划管理规定》	港口规划应当根据国民经济和社会发展的要求以及国防建设的需要，统筹考虑产业布局、港口资源条件、综合运输网状况等因素制定，体现贯彻科学发展观、合理利用岸线资源的原则。
2017.2	国务院	《"十三五"现代综合交通运输体系发展规划》	加强沿海、长江干线主要港口集疏运铁路、公路建设。稳步推进天津、青岛、上海、宁波舟山、厦门、深圳、广州等港口集装箱码头建设。优化长江岸线利用与港口布局，积极推进专业化、规模化、现代化港区建设，强化集疏运配套，促进区域港口一体化发展。

续表

发布时间	发布部门	政策名称	重点内容
2018.7	交通运输部	《港口经营管理规定》	对《港口经营管理规定》(2016)做出修改。国家鼓励港口经营性业务实行多家经营、公平竞争。港口经营人不得实施垄断行为。任何组织和部门不得以任何形式实施地区保护和部门保护。
2018.9	国务院	《关于印发推进运输结构调整三年行动计划(2018—2020年)的通知》	到2020年,全国货物运输结构明显优化,铁路、水路承担的大宗货物运输量显著提高,港口铁路集疏运量和集装箱多式联运量大幅增长,重点区域运输结构调整取得突破性进展,将京津冀及周边地区打造成为全国运输结构调整示范区。
2019.3	交通运输部、发改委	《港口收费计费办法》	降低部分政府定价收费标准;合并收费项目;规范收费行为。
2019.5	交通运输部	《智能航运发展指导意见》	到2020年底,基本完成我国智能航运发展顶层设计,理清发展思路与模式;到2025年,突破一批制约智能航运发展的关键技术,成为全球智能航运发展创新中心,具备国际领先的成套技术集成能力;到2035年,较为全面地掌握智能航运核心技术,智能航运技术标准体系比较完善;到2050年,形成高质量智能航运体系,为建设交通强国发挥关键作用。
2021.1	中共中央、国务院	《国家综合立体交通网规划纲要》	在港口建设方面,发挥上海港、大连港、天津港、青岛港、连云港港、宁波舟山港、厦门港、深圳港、广州港、北部湾港、洋浦港等国际枢纽海港作用,巩固提升上海国际航运中心地位,加快建设辐射全球的航运枢纽,推进天津北方、厦门东南、大连东北亚等国际航运中心建设。
2021.3	交通运输部、国家发展改革委、生态环境部、住房城乡建设部	《关于建立健全长江经济带船舶和港口污染防治长效机制的意见》	到2022年底初步形成布局合理、衔接顺畅、运转高效、监管有力的船舶和港口污染治理格局。2023年后转入常态化运行,支撑长江航运发展全面绿色转型,为我国按期实现碳达峰、碳中和目标作出积极贡献。
2021.3	全国人大	《中华人民共和国国民经济和社会发展第十四个五年规划和2035年远景目标纲要》	规范和降低港口航运、公路铁路运输等物流收费,全面清理规范涉企收费;加快建设交通强国,加快建设世界级港口群和机场群;推进基础设施互联互通,以铁路、港口、管网等为依托的互联互通网络,打造国际陆海贸易新通道。
2021.9	海关总署	《国家"十四五"口岸发展规划》	首次提出重点枢纽口岸示范、以补短板为主的口岸设施升级改造、口岸智慧创新、口岸国际合作四大重点工程和建立口岸综合绩效评估管理制度、开展口岸标准化体系建设、建立持续优化口岸营商环境的长效机制、进一步完善口岸数据安全与共享机制、进一步完善适应口岸发展的投入保障制度五项重大举措。

我国港口标准化工作始于20世纪80年代,2000—2010年间多项港口相关法案出台,例如《中华人民共和国海域使用管理法》《中华人民共和国港口法》等,为我国港口行业

发展奠定了法律基础。2017年国务院发布《"十三五"现代综合交通运输体系发展规划》，明确提出要加强沿海、长江干线主要港口集疏运铁路、公路建设，稳步推进天津、青岛、上海、宁波舟山、厦门、深圳、广州等港口集装箱码头建设。2021年1月《国家综合立体交通网规划纲要》出台，强调要加快建设辐射全球的航运枢纽。"十四五"规划中也提出要打造国际陆海贸易新通道。

（2）发展现状[6]

改革开放以后，中国港口的发展迅速，取得了全球瞩目的成就。2021年全球集装箱港口吞吐量排名前十的港口中，有7个中国港口，分别是上海港、宁波舟山港、深圳港、广州南沙港、青岛港、天津港和香港港。上海港的集装箱吞吐量已连续多年排名世界第一。同样在2021年全球前20大货物吞吐量港口排名中，中国占据8席。其中，宁波舟山港排名第一，上海港位居第二，唐山港位居第三，青岛港和广州港分别位居第四和第五。苏州港、日照港、天津港分别位居第七、第九和第十。宁波舟山港是全球首个年货物吞吐量突破10亿吨的大港，也是世界集装箱运输发展最快的港口之一。

港口的迅速发展得益于港口相关国家战略的实施。2007年，《全国沿海港口布局规划》颁布，规划提出沿海港口布局规划按照服务经济、区域协调、突出重点、综合运输、节约资源的原则和思路，确定将全国沿海港口划分为环渤海、长江三角洲、东南沿海、珠江三角洲和西南沿海5个港口群体。

环渤海港口群由辽宁、津冀和山东沿海港口组成，主要由青岛港、天津港、大连港和周边中小型港口组成，服务于我国北方沿海和内陆地区的社会经济发展。环渤海地区岸线资源丰富，港口腹地遍及我国的13个省和自治区，为港口发展提供了充足而稳定的货源。随着山东半岛蓝色经济区、天津滨海新区、中日韩自由贸易区等的建立，环渤海港口群迎来了快速发展机遇，青岛港、天津港等港口集装箱吞吐量连年上升，2019年青岛港集装箱吞吐量超过2000万标箱，位于全国第5位。

长三角港口群以上海港、宁波舟山港为核心，合作发力，其中，上海港自2010年起成为世界吞吐量最大的集装箱港口，2020年达到4350万标准箱，成为长三角区域乃至全国的航运枢纽。与此同时，区域内部重要航运一体化港口宁波舟山港作为国内重要集装箱远洋干线港，自2005年实现实质性一体化后，吞吐量连年上升，2020年完成集装箱吞吐量2872万标箱，位列全球第三。长三角港口群内以上海港、宁波舟山港为两极核心的区域港口群良性竞合关系逐渐形成，未来如何在保持大型港口的领先地位的基础上，促进区域内部小型港口的进一步发展、促进区域资源的合理分配成为港口群的发展重点。

东南沿海港口群围绕厦门港为中心，福州港、泉州港为周边港口的架构，主要服务于东南沿海地区、江西等南方内陆地区。厦门港作为区域大型港口，2020年集装箱吞吐量1140万标箱，领跑区域港口群，占据区域绝对领先地位。

珠三角港口群是我国港口密度最高的区域，区域内部竞争日益激烈，合作不断涌现，国际枢纽港香港港、深圳港、广州港之间的角力随着深圳港、广州港的日益壮大而不断加剧。2013年深圳港集装箱吞吐量首次超过香港港，始终保持区域领先地位，在2020年达到2654万标箱；与此用时，中小型港口在各地方政府的大力支持下，积极建设港口基础设施，拓展腹地资源，增开内外贸航线；珠三角区域由于腹地重叠，码头距离近，港口功能同质化等原因导致港口竞争加剧,港口群的发展上升遇到了瓶颈。

西南沿海地区港口群主要有湛江港、防城港、钦州港、北海港和海南的洋浦港、海口港组成,是西南地区能源、原材料和非金属矿石等物资转运的重要枢纽。随着中国—东盟互联互通,尤其是海上互联互通(2011)实施以来,西南沿海地区港口发展迅速,货物吞吐量、集装箱吞吐量不断上升,有效地支撑着北部湾经济区、西南地区乃至中国—东盟自由贸易区的经济和贸易的发展。虽然西南沿海港口群的区位优势明显,但因其腹地经济发展水平相对较低,港口群在全国五大港口群中处于相对弱势地位,未来联合区域各港口优势,合力打造西南区域港口枢纽成为港口群发展的重点。

总体来看,五大港口群发展中区域内部各港口间竞争与合作不断涌现,寡头大港在区域中地位显著,在全球航运贸易中发挥重要的节点作用。

1.2 航 线

1.2.1 航线概述

1. 定义

世界各地水域,在港湾、潮流、风向、水深及地球球面距离等自然条件限制下,形成的可供船舶航行的一定路径即称为航路。而承运人在可供通行的航路中,根据主客观条件的限制,为达到经济效益最大化而选定的营运线路为航线。

2. 形成

航线的形成取决于下列因素。

(1) 安全因素

指确定航线时应考虑自然界的种种现象,如风向,浪高、潮汐、水流、暗礁及浮冰等可能影响船舶航行安全的因素。

(2) 货运因素

指航线沿途所经地区当前或未来货物进出口的主要流向和流量。航线的开辟以航运企业经济效益最大化为目标,而货运因素将影响航运企业未来的经营收益水平,因此成为航线选择的重要因素。

(3) 港口因素

指影响船舶靠泊和装卸的各种港口设施和条件,如港口的水深、冰冻期、港口使用费等,以及港口与腹地之间陆路联运能力。

(4) 技术因素

指船舶航行时从信息感知技术、通信导航技术、能效控制技术、航线规划技术、状态监测与故障诊断技术等方面考虑,能否选择到最经济和最快捷的航线航行。

(5) 政治法律因素

国际的政治形势,沿途国家的关税法令、经济政策、航行政策的变化都会影响航运企业的营运成本和未来的收益水平,甚至会影响船舶的营运安全,因而也会影响企业对航线的选择。

3. 分类

广义地说,航线是指船舶或飞机运输旅客和货物时行驶的路线,因此航线可分为海运航线和空中航线两大类。这两类航线又可以继续细分,分类结果见图 1-5。

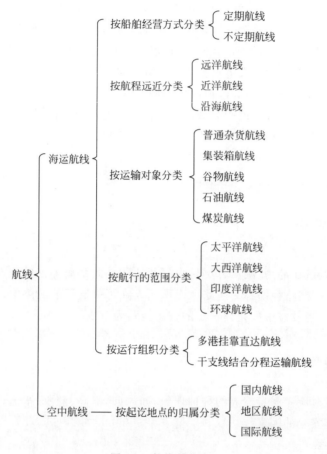

图 1-5 航线的分类

1) 海运航线

海运航线是指船舶在两个或多个港口之间,从事海上旅客和货物运输的线路,可以按照以下标准分类。

(1) 按船舶经营方式分类

① 定期航线。定期航线是指使用固定的船舶,按固定的船期和港口航行,并以相对固定的运价经营客货运输业务的航线,又称班轮航线,主要装运件杂货。

② 不定期航线。不定期航线指临时根据货运的需要而选择的航线。船舶、船期、挂靠港口均不固定,以经营大宗、低价货物运输业务为主。

(2) 按航程远近分类

① 远洋航线。指国与国之间或地区间经过一个或数个大洋的国际海上运输航线。如北大西洋航线、北太平洋航线等。远洋航线航程长、船舶吨位大,是世界经济联系和国际贸易的主要通道。

② 近洋航线。指一国各海港至邻近国家海港间的海上运输航线。如中国到日本、韩国的航线。

③ 沿海航线。指一国沿海区域各港口间的运输航线。如青岛到上海、深圳到大连的航线。

(3) 按运输对象分类

如普通杂货航线、集装箱航线、谷物航线、石油航线、煤炭航线等。

(4) 按航行的范围分类

如太平洋航线、大西洋航线、印度洋航线、环球航线等。

(5) 按运行组织分类

按运行组织可分为多港挂靠直达航线和干支线结合分程运输航线。普通杂货航线通常采用多港挂靠结构,集装箱航线则以干支线结合为主。

2) 空中航线

空中航线是指民航从事运输飞行的线路。空中航线不仅确定了航行的具体方向、经停地点,还根据空中管理的需要规定了航路的宽度和飞行的高度层,以维护空中交通秩序,保证飞行安全。空中航线若按起讫地点的归属分类,可分为国内航线、地区航线和国际航线三种。国内航线是指飞机飞行路线起讫点均在本国国境的航线;地区航线是指根据国家特殊情况,在一国之内,各地区与特定地区之间飞行的航线(如我国内地与港、澳、台地区的航线);国际航线是指飞机飞行的路线跨越本国国境,通达其他国家的航线。

1.2.2 主要航线

1. 海运航线

世界主要的海运航线包括[7]:

1) 太平洋航线

太平洋航线主要是指横跨北太平洋的航线和东亚、东南亚与大洋洲之间的运输航线。这些航线除了承担太平洋沿岸附近地区的货物运输外,还连接北美大西洋沿岸、墨西哥湾沿岸各港及通往美国中西部的内陆联合运输,是目前世界上最繁忙的航线。主要航线有:

(1) 远东—北美西海岸航线(简称美西线):主要由远东—加利福尼亚航线和远东—西雅图、温哥华航线组成。它涉及的港口主要包括远东的高雄、釜山、上海、香港、东京、神户、横滨等和北美西海岸的长滩、洛杉矶、西雅图、塔科马、奥克兰和温哥华等。该航线是我国联系北美的重要通路。

(2) 远东—巴拿马—加勒比、北美东海岸航线(简称美东线)。该航线经夏威夷群岛的火奴鲁鲁(檀香山)港,穿越巴拿马运河后到达各港。该航线与上述的远东—北美西海岸航线统称为北太平洋航线。

(3) 远东—南美西海岸航线:这条航线的船舶经琉球群岛穿越赤道进入南太平洋,至南美西海岸各港。

(4) 远东—东南亚、印度洋航线。这条航线是东北亚国家货船去东南亚各港,以及经马六甲海峡去印度洋、大西洋沿岸各港的主要航线。

(5) 远东—澳大利亚、新西兰航线。远东至澳大利亚东西海岸的航线分为两条。中国北方和日本各港到澳大利亚东海岸和新西兰港口的船只,需走琉球的久米岛、加罗林群岛的雅浦岛进入所罗门海和珊瑚海;中澳之间的集装箱船需在香港加载或转船后经南海、苏拉威西海、班达海、阿拉弗拉海,后经托雷斯海峡进入珊瑚海。中、日去澳大利亚西海岸航线需经菲律宾的民都洛海峡、望加锡海峡以及龙目海峡进入印度洋。

(6) 澳大利亚、新西兰—北美东西海岸航线。该航线又称南太平洋航线,多经苏瓦、火奴鲁鲁等太平洋上重要航站,至北美东海岸则取道社会群岛中的帕皮提,过巴拿马运河。

2) 大西洋航线

大西洋航线以美加和欧洲为中心开辟,由北美东岸、五大湖—西北欧、地中海之间的航线组成,所经过的海域除了大西洋外,还包括地中海、黑海、波罗的海等海域。主要航线有:

(1) 西北欧—北美东海岸航线。该航线西起北美的东海岸,北经纽芬兰岛横跨大西洋,入英吉利海峡至西欧和北欧,其支线分布于欧美两岸。

(2) 西北欧、北美东海岸—加勒比海(北美西海岸)航线。该航线多半出英吉利海峡后横渡北大西洋,同北美东海岸各港出发的船舶一样,一般都经莫纳海峡和向风海峡进入加勒比海,到达加勒比海沿岸各港后,还可继续经巴拿马运河到达美洲太平洋沿岸港口。

(3) 西北欧、北美东海岸—地中海—苏伊士运河—亚太航线。该航线属世界最繁忙的航段之一,它是北美、西北欧与亚太海湾地区间贸易往来的捷径。该航线一般途经亚速尔群岛和马德拉群岛上的航站。

(4) 西北欧、地中海—南美东海岸航线。该航线一般经西非大西洋岛屿加那利群岛和佛得角群岛上的航站。

(5) 西北欧、北美东海—好望角—远东航线。该航线一般是从波斯湾通往西欧和北美的巨型油轮(25万吨级以上)航线。加那利群岛和佛得角群岛是过往船只停靠的主要航站。

(6) 南美东海岸—好望角—远东航线。该航线是南美东海岸去海湾运油或远东国家购买巴西矿石常走的航线。中国自南美东海岸运输矿石也选择该航线。

3) 印度洋航线

印度洋介于亚洲、非洲、大洋洲之间,隔地中海与欧洲相连,因此自古印度洋就在贯通世界东西交通方面占有重要地位。主要航线有:

(1) 波斯湾—好望角—西欧、北美航线。该航线主要供超级油轮航行,是世界上最主要的海上石油运输线。

(2) 波斯湾—东南亚—日本航线。该航线东经马六甲海峡(20万吨级以下船舶可航行)或经龙目海峡、望加锡海峡(20万吨级以上超级油轮可航行)至日本。

(3) 波斯湾—苏伊士运河—地中海—西欧、北美航线。该航线可通行载重30万吨级的超级油轮。

2. 空中航线

和海运航线不同,国际航空线主要的服务对象是航空客运,因此,经济发展水平、乘客流量等成为确定国际航空线的主要依据。主要的空中航线包括:

(1) 西欧—北美的北大西洋航空线。该航线主要连接西欧的巴黎、伦敦、法兰克福和美国的纽约、芝加哥、蒙特利尔等航空枢纽。

(2) 西欧—中东—远东航空线。该航线连接西欧各主要机场至远东的香港、北京、东京等机场。途经的重要航空站有雅典、开罗、德黑兰、卡拉奇、新德里、曼谷和新加坡等。

(3) 远东—北美的北太平洋航线。该航线主要由远东的北京、上海、香港、东京等重要的国际机场经北太平洋上空至北美西海岸的温哥华、西雅图、旧金山、洛杉矶等地,再连接北美大西洋沿岸的航空中心。太平洋中部的火奴鲁鲁等国际机场是该航线的主要中继加油站。

此外,还有北美—南美、西欧—南美、西欧—非洲、西欧—东南亚—澳新、远东—澳新、北美—澳新等重要国际航空线。

1.3 海 运

1.3.1 货船

1. 船舶基础知识

1) 船舶规范

一般列有船名、船旗、呼号、建造年限、总吨和净吨、载重吨及相应吃水、吊货设备描述、货舱数目和各舱口尺寸、包装舱容和散装舱容、主机功率、一般航速、油耗等。这种船舶描述通常是租船合同中的重要事项。

2) 船籍与船旗

船籍即船舶的国籍。商船所有人向本国或外国船舶管理相关部门办理所有权登记即可取得本国或登记国的国籍证书,为船舶赢得该国的国籍。船旗,即商船在航行中悬挂的国旗。按国际法规定,商船无论在公海或在他国海域航行,均须悬挂船籍国的国旗。船舶有义务遵守船籍国法律的规定,并享受船籍国法律的保护。

3) 船舶的吃水差

船舶的吃水差是指船舶首吃水与尾吃水的差值。当首尾吃水相等时,称为平吃水;尾吃水大于首吃水时,称为尾倾;首吃水大于尾吃水时,称为首倾,也称拱头。船舶的吃水差会影响船舶的操纵性、快速性、适航性及抗风能力。

4) 船舶吨位

船舶吨位是衡量船舶大小的重要指标,按计量方法的不同可分为重量吨位和容积吨位。其中重量吨位又分为排水量吨位、载重吨位,而容积吨位则分为注册总吨和注册净吨两种。

(1) 排水量吨位

排水量吨位即船舶在水中所排开水的吨数,也就是船舶的重量。按船舶当时状况的不同,排水量吨位有重排水量吨位、轻排水量吨位和实际排水量吨位三种,可用来计算船舶的载重吨。其中重排水量吨位指满载排水量,是船舶在载货达到最高载重线时所能承载的最大重量;轻排水量吨位指空船排水量,是船舶自重加上船员和必要的给养物品(燃料、客货除外)之和,是船舶最小限度的重量;实际排水量吨位是指船舶每个航次实际载货后的排水量。

(2) 载重吨位

载重吨位用来表示船舶营运中能够使用的载重能力,可直接反映船舶的载运能力,是租船业务中考察船舶大小的重要依据,可用来计算船舶的租金和售价。一般分为总载重吨和净载重吨。其中总载重吨指的是船舶最大载重能力,即船舶重排水量与轻排水量的差。一般包括船舶所载货物的重量和船舶航行期间所需的各种物料(如燃料、淡水及其他供给品)的重量。定期租船业务中的租船人常常利用该指标评估所租船舶的规模。而净载重吨又称载货量,指船舶所能装运货物的最大限度重量,是船舶总载重吨与船舶航行期间所需燃料、淡水等各种供给物资重量总和的差。在定程租船业务中,净载重吨是租船人据以判断船舶大小是否合适的重要依据。

(3) 容积吨位

容积吨位又称注册吨,是表示船舶容积的单位,有注册总吨和注册净吨两种。注册总吨是根据船舶舱内、甲板上有固定覆盖物的舱面建筑的所有内部空间的总和折算而成,常用于国家对商船队的统计、船舶的登记和船舶大小的比较,政府对航运业的各项补贴也多以注册总吨为计算依据。注册净吨仅包括可用来装载货物的所有空间容积,主要用于船舶报关、结关、船舶吨税和运河费的计算。

2. 货船种类

货船是指专门用于运输各种货物的船只,分为干货船和液货船两大类[8]。

1) 干货船

干货船是用于装载各种干货的船舶,主要有杂货船、散装货船、集装箱船、冷藏船、木材船、滚装/滚卸船、载驳船、多用途船等。

(1) 杂货船

杂货船也称件杂货船,主要用于运输各种包装货和裸装的普通货物,是较为传统的运载工具。杂货船一般定期行驶于货运繁忙的航线,以装运零星件杂货为主要业务。船上一般设有多层甲板,防止堆垛过高对底层货物造成损坏。同时设有多个货舱,适应不同货物载运要求,舱口备有吊杆或起重机,方便货物的装卸。

(2) 散装货船

散装货船又称干散货船,是专门运输粉末状、颗粒状、块状的大宗散货的船舶,又可以分为运煤船、运粮船、矿石船等。由于散装货船的运输对象种类单一,对隔舱的要求不高,所以通常只设置单层甲板,货舱内放置隔板,以防止货物受风浪的影响出现移位。为提高装卸效率,散装货船还配有专门设施,与港口机械化传动设施结合进行自动化装卸。

(3) 集装箱船

集装箱船也称吊装式集装箱船,多数利用岸上的起吊设备对集装箱进行垂直装卸,又分为部分集装箱船、可变换的集装箱船和全集装箱船(图1-6)。部分集装箱船只在船舶的特定部位设集装箱专用舱位,其他舱装普通件杂货物;可变换的集装箱船货舱内的集装箱结构是可拆卸式的,既可以装运集装箱,也可随时改装,运送普通杂货;全集装箱船指专门用于装运集装箱货物的船舶,是当前航运市场的主力军。

图 1-6　集装箱船

(4) 冷藏船

冷藏船是指专门用于运送需要冷冻的易腐货物的船舶。冷藏船的船上装有制冷系统，设有多个货舱，各舱之间封闭、独立，舱壁、舱门都使用隔热材料以维持舱内的温度，因此同一艘船的不同货舱可装载不同温度要求的货物，提高了船舶的利用率。

(5) 木材船

木材船是专门用于运输木材或原木的货船。船舶的舱口大，舱内无梁柱或任何妨碍装卸的设备，船舱和甲板都可以装载木材。

(6) 滚装/滚卸船

滚装/滚卸船是指专门用于运送汽车和集装箱的专用船(图 1-7)。运输集装箱货物时，集装箱连同底盘车作为一个装运单元参与运输过程，在拖车的协助下完成装卸过程。船舱内多层甲板之间用斜坡道或升降平台相连接，便于车辆的通行。这种船最大的特点是灵活，不依赖码头装卸设备，一般在船侧或船首尾设有桥板连接码头。装卸时，汽车或集装箱拖车直接开进或开出船舱，装卸速度极快，大大提高了船舶的效率。

图 1-7　滚装船

(7) 载驳船

载驳船又称子母船,主要特点是首先将货物装在驳船上,然后将驳船置于大船指定位置。与滚装船类似,载驳船的装卸效率也较高,而且装卸时不受港口水深限制,不需要占用码头泊位,特别适合河海联运的情况。

(8) 多用途船

多用途船是指具有多种装运功能的船舶。按货物对船舶性能和设备的不同要求,分为以载运集装箱为主的多用途船,以运输超重、超长货物为主的多用途船,兼运集装箱和超大货物的多用途船和兼运集装箱、超大货物和滚装货的多用途船。

2) 液货船

液货船是专门用于运输液态货物的船舶,主要有油轮、液化气船、液体化学品船等。

(1) 油轮

油轮是指专门用于运送原油及成品油的船舶。为提高装卸效率,现代油轮都设计有专门的油泵和油管与岸上设施相连接(图 1-8)。石油贸易是国际物流的重要组成部分,作为专用运输工具,油轮也就成为世界船队的重要组成部分。

图 1-8 油轮

(2) 液化气船

液化气船是指专门用于装运液化气体的船舶。根据所载运货不同,又分为液化天然气船和液化石油气船。液化气船的大小通常用货舱的容积表示,一般的液化气船在 6 万立方米至 13 万立方米之间。

(3) 液体化学品船

液体化学品船是专门载运各种液体化学品如醚、苯、醇、酸等的液货船。由于液体化学品一般都具有易燃、易挥发、腐蚀性强等特性,有的还有剧毒,所以对船舶的防火、防爆、防毒、防止泄漏、防腐等方面有较高的要求,通常设双层底和双重舷侧。又因液体化学品品种繁多,往往需要同船运输多种液体化学品,所以货舱分隔较多,并且各舱有自己专用的货泵和管系。

1.3.2 海运货物[9]

1. 货物分类

海上运输的货物品种繁多,性质、规格、包装也各不相同。为了在船舶配载工作中便于处理货物与货物、货物与船舶运输保管之间的矛盾,以保证货物在运输过程中完好无损,将货物适当分类是必要的。

1) 按货物形态和装运方式分

(1) 件杂货。凡成件运输和保管的货物,不论有无包装,都称为杂货或件杂货。它们的形式、形状、大小及重量各不相同,种类繁多。包装货常见的有袋装、捆装、箱装、桶装、篓装和罐装等。无包装的大宗散件货如金属及其制品、木材等。单个大件货如机械设备、金属构件等。

(2) 干散货。这类货物主要有散装谷物、煤炭、矿石、散装水泥、矿物性建筑材料及化学性质比较稳定的块状或粒状货物等。常见的散装谷物有小麦、玉米、大米和大豆等,矿石有铁矿石、磷矿石和锰矿石等,矿物性建筑材料有沙、碎石以及石材等。干散货通常是大宗的,因此常为其设置专用码头。

(3) 液体货。这种货物主要有石油、石油产品、植物油和液化气等,属于易燃易爆货种。

(4) 集装箱货。集装箱是指一种特制的具有一定强度和刚度,能长期反复使用并规格化的大型装货容器。在理论上,凡是外形尺寸小于集装箱的件杂货,以及干散货等都可以利用集装箱运输。具体是否采取装箱运输,主要取决于运输成本、货物批量和运输条件等因素。

2) 按货物的一般通性和运输保管要求分

(1) 危险货物。是指具有燃烧、爆炸、腐蚀、毒害、放射线等性质,在装卸、储存或运输过程中,如果处理不当,可能会引起人身伤亡、财产毁损的物品。为妥善处理危险品,国际海事组织组织制定了《国际危险品运输规则》,简称国际危规。托运人在托运危险品时,必须严格按照国际危规的规定向承运人申报。

(2) 重大长件货物。是指单件货物尺寸超长、超高、超宽和超重的货物。这类货物在装载时受到一定限制,比如舱口尺寸限制、货舱内尺度限制、甲板安全负荷限制、起货设备安全负荷限制等。常见的这类货物有机车、车辆、推土机、起重设备、高压容器、成套设备、大型集装箱等。

(3) 散装货物。是指没有包装就投入运输的块、粒、粉状干散货,如各种矿石、散粮、散糖等。

(4) 液体货物。是指物理性质呈液体状态的流质货物,包括散装和桶装的石油产品、植物油、化工原料、农药、饮料等。

(5) 气味货物。是指能散发香气、臭气、刺激性及特殊气味的货物,如樟脑、烟叶、化肥、农药、化妆品等。

(6) 食品货物。是指供人们食用的货物。这类货物有散装的,更多是包装的,主要的注意事项是防止污染和运输安全。

（7）扬尘污染货物。是指易扬尘并污染其他货物的货物，如煤炭、各类矿粉、水泥、膨润土、镁砂等。对于这类货物应注意防止污染，应先装后卸，注意苫盖、清扫。

（8）清洁货物。是指不能混入杂质或被污染的货物，多数货物属清洁货物。清洁货物并不是指货物本身清洁干净不能被污染，一些本身属扬尘污染的货物也要求不能被污染，它们也属清洁货物类，如散装镁砂、有色金属矿粉等。

（9）冷藏货物。也称易腐货物，是指常温下易变质，在运输、保管中必须保持低温，以防止腐败变质的货物，如各种肉类、蛋类、乳制品、水产品、蔬菜、水果等。运输冷藏货物需要有制冷设备，如冷藏船、杂货船的冷藏舱、冷藏集装箱等。

（10）易碎货物。是指受撞击、挤压易破损的货物，如玻璃及玻璃制品、陶瓷制品、各种瓶装货物等。易碎货物外包装应有指示性标志，除轻拿轻放外，配积载时上面不应配装其他货物。

（11）贵重货物。是指价格昂贵或有特殊使用价值的货物。托运此类货物，托运人应申报价值。

（12）活牲畜货物。是指活的动物。

（13）普通货物。是指运输保管中无特殊要求的货物。

2．货物的包装

1）包装的作用

包装指根据货物的性质，为便于货物的运输和保管而给货物设置的容器、外壳、捆扎物等。包装具有以下作用：

（1）保护货物质量不变和数量完整。

（2）防止危险扩散，保证货物、人身、财产及环境安全。

（3）便于货物的搬运、堆码、装卸及理货等。

2）包装的形式

（1）销售包装。又称内包装，是直接接触商品并随商品进入零售网点与消费者直接见面的包装。

（2）定牌包装。要求在出口商品/包装上使用指定的牌名或商标。

（3）中性包装。在出口商品及其内外包装上都不注明生产国别的包装。此方式在进入消费领域前一般还要进行二次包装。

（4）运输包装。为满足运输储存要求的包装，主要目的是保障产品的安全，方便储运装卸，加速交接、点验等。

（5）托盘包装。以托盘为承载物，将包装件或产品堆码在托盘上，通过捆扎、裹包或胶粘等方法加以固定，形成一个搬运单元，以方便机械设备搬运（如图1-9所示）。

（6）集装化。用集装器具或采用捆扎方法，把物品组成标准规格的单元货件，以加快

图1-9　木质托盘

装卸、搬运,有利于储存。

货物的运输包装是国际货物买卖合同中的重要条款,包装条款中通常规定包装方式,对没有规定的,托运人也有默示义务对货物进行适合运输的包装。交付运输的货物必须严格按照合同规定的包装方式进行包装,否则,托运人需对因包装不足导致的货物损坏负责。

3. 货物的自然减量

在货物的短量中,有的是人为因素导致的,有的是非人为因素导致的。因货物本身性质、自然条件及运输技术等因素影响而产生的重量上的不可避免的减少,称为货物的自然减量,也称自然损耗。

引起货物自然减量的主要原因有:

(1) 干耗(蒸发、挥发),多见于液体散货及含水量较多的蔬菜、水果等货物。
(2) 散失(飞扬、撒落),多见于固体散货。
(3) 流失(溢渗、漏失),多见于包装液体货物。

自然减量与原货物总重之比称为自然损耗率。自然损耗率的大小除与货物本身性质、状态有关外,还与货物的包装、装卸方式、装卸次数、气候条件和运输时间等因素有关。

国际上对运输货物的自然减量在行业内均有公认的自然损耗率,对在公认的或合同规定的自然损耗率内的减量,承运人不负赔偿责任。在既有人为因素,又有自然损耗因素的货物短少事故处理过程中,应首先扣除自然损耗量,然后再就人为因素部分索赔。

4. 货物的亏舱和积载因素

1) 货物亏舱

在向货舱积载时,由于货物的包装形状和大小、货舱的几何形状以及装货技术等原因,货舱的某些部位或空间都无法利用来装货,该部位或空间称为亏舱。亏舱产生的原因有很多种:

(1) 货物与货物之间存在间隙;
(2) 货物与横梁、舷侧、舱壁等之间存在间隙;
(3) 存在通风道;
(4) 货物衬垫、隔票;
(5) 货物系固绑扎等。

不同种货物、不同的货舱内结构以及几何尺寸导致的亏舱大小是不同的,用亏舱率来表示这种差异。亏舱率是指亏舱容积与货物占用货舱容积的比值,用公式可表示为:

亏舱率 =(货物占用货舱的容积 — 货物的量尺体积)/ 货物占用货舱的容积

常见的货物亏舱率如表 1-3 所示。影响亏舱率的因素有:

(1) 货物种类和性质;
(2) 包装大小和形状;
(3) 货舱形状及舱内设备;
(4) 货物装舱部位;
(5) 货物堆垛方式和质量;
(6) 配积载技术等。

表 1-3　常见的货物亏舱率

货物的包装	亏　舱　率
各种包装杂货	10%～20%
规格同一的箱装货	4%～20%
规格同一的袋装货	0%～20%
规格同一的小袋货	0%～12%
规格同一的捆装货	5%～20%
规格同一的鼓型桶	15%～30%
规格同一的铁桶	8%～25%
散装煤炭	0%～10%
散装谷物	2%～10%
散装盐	0%～10%
散装矿砂	0%～20%
木材	5%～50%

2) 货物积载因素

货物的积载因素是指某种货物的单位重量所占的单位体积。货物的积载因素包括两种：不包括亏舱的货物积载因素和包括亏舱的货物积载因素。其中

不包括亏舱的货物积载因素 = 货物量尺体积 / 货物重量

包括亏舱的货物积载因素 = 货物占用货舱的容积 / 货物重量

货物积载因素是货方租船订舱、船方配载时的重要参考资料。为积载因素较大的货物租船订舱或配载时，除考虑载重能力外，更应考虑舱容问题。货方一般丈量货物的体积，计算出的是不包括亏舱的积载因素。实际业务中，计算包括亏舱的积载因素才更有意义，包括亏舱的货物积载因素可通过货物积载因素表查得。

3) 亏舱率和货物积载因素的应用

（1）区分货物轻重

从船舶配载角度考虑，可将货物分为重货和轻货。重货和轻货是货物积载因素与船舶舱容系数相对比而言的，当货物积载因素小于船舶舱容系数时，该货物为重货；当货物积载因素大于船舶舱容系数时，该货物为轻货。

（2）配载的依据

向货舱配载时，积载因素和亏舱率可用于以下两个方面：已知货物积载因素和亏舱率，确定某货舱所能装载的货物重量；已知货物重量、积载因素和亏舱率，确定货物所需舱容。

1.3.3　海洋货物运输

1. 概述

海洋货物运输，是指使用船舶通过海上航道在不同国家和地区的港口之间运送货物

的一种方式。海洋货物运输在国际货物运输中使用最广泛,货物运输量占全部国际货物运输量的80%以上,是国际货物运输的重要组成部分。

自改革开放以来,我国航海事业高速发展,海运已经承担了我国90%以上外贸货物运输。在港口规模方面,2020年全国港口货物吞吐量完成145.5亿吨,港口集装箱吞吐量完成2.6亿标箱,港口货物吞吐量和集装箱吞吐量都居世界第一位。在全球港口货物吞吐量前10名当中中国港口有8席,集装箱吞吐量排名前10名的港口中中国占有7席。在海运船队规模方面,到2020年年底,我国海运船队运力规模达到3.1亿载重吨,居世界第二位。中远海运集团、招商局集团经营船舶运力规模分别已经达到全球综合类航运企业第一位和第二位。在船员规模方面,2020年年底,全国在职船员共有171.6万人,船员规模居于世界第一。在科技创新方面,到2020年累计建成全自动化的集装箱码头9个,还有7个码头在建。全自动集装箱码头引领世界智慧港口的新潮流,自动化码头的设计建造技术、港口机械装备制造技术已经达到世界领先水平。

2. 特点

与其他运输方式相比,海运具有以下特点[10]。

(1) 运输量大

随着现代造船技术的进步,船舶向大型化发展,如50万吨级至70万吨级的巨型油轮,16万吨级至17万吨级的散装船以及集装箱船的大型化。船舶的载运能力远远大于火车、汽车和飞机,是运输能力最大的运输工具。

(2) 通过能力强

地球表面的70%是海洋,洋面辽阔、港口众多,航道四通八达,所以海上运输没有公路和铁路运输那么多的路线约束。在遇到突发事件(如政治、经济、军事、自然等条件的变化)时,可随时根据现实情况调整航线完成运输任务。

(3) 适货能力强

远洋船舶的货舱容量大,承载能力强,航道的水域宽阔,不会有公路或铁路运输的路面条件限制,所以几乎所有货物都可采用海上运输方式,特别是那些超大件货物,海上运输是其首选的运输方式。随着造船技术的不断完善,还出现了多种专门运输特种货物的专业化船舶,如散装船、油轮、冷藏船等。

(4) 运费低廉

一方面,海上运输所通过的航道多系天然形成,港口设施一般为政府修建,不需要像公路或铁路运输那样大量投资于道路或铁轨;另一方面,海运船舶载运量大,运输里程远,因此可以充分发挥运输中的规模经济效益,降低运费。与其他运输方式相比,海运的单位运输成本最为低廉,为低价值的大宗散货运输提供了有利条件。

(5) 速度较慢

商船体积大,水流阻力高,风力影响大,加之装卸时间长等其他各种因素的影响,因此运输速度较低,不适于对运输时间要求较高的货物。

(6) 风险较大

在海上运输过程中,船舶长时间远离海岸在大洋中航行,多变的气候、复杂的海洋环境,随时可能使船舶遭遇风浪、海啸、浮冰等各种自然灾害的袭击,航行时间和航行安全都无法切实保障。同时，近年来局部地区罢工、贸易禁运、战争、海盗等社会人为因素的影响，船舶遇险的可能性较大。

3．经营方式

海上运输的经营方式主要有班轮运输和租船运输两大类。

1）班轮运输

班轮运输又称定期船运输，是船舶在固定航线上和固定港口之间按照事先公布的船期表航行，从事货物运输服务业务，并按事先公布的费率收取运费的一种运输方式。

班轮运输的特点可归纳为：

（1）"四固定"，即固定的航线、固定挂靠的港口、固定的船期和相对固定的费率。

（2）货物装卸、配载由班轮公司或承运人负责，装卸费用包括在运价内，双方不计滞期、速遣费。

（3）货主与承运人之间的权利、义务、责任、豁免以承运人签发的提单条款为依据。

由于班轮运输的上述特点，班轮运输特别有利于一般杂货和小额贸易货物运输。在国际物流中，除大宗商品利用租船运输外，零星成交、批次多、到港分散的工业制成品，多数经由班轮运输的方式完成。随着集装箱运输的普及，当前的班轮运输主要以集装箱运输为主。

同时，班轮运输"四固定"的特点，为国际商务活动各方洽谈运输条件提供了重要依据，使买卖双方有可能事先根据班轮船期表商定交货期和装运期，以及装运、卸货港口，并且可以根据公布的费率表核算运费和附加费用，从而能比较准确地估算成本，为买卖双方洽谈贸易条件提供了便利。在具体业务中，目前航运公司对外发布的主要服务信息就是班轮船期表。这样一方面便于市场推广，有助于招揽沿途货源；另一方面，便于货主查询相关信息，提高服务质量。船期表主要内容包括航线、船名、航次编号、经过的港口（包括始发港、中途港和终点港）、到港时间等。值得注意的是，船期表中公布的船舶到港时间只是本航次运营中船舶"预计到达时间"，并不是班轮公司保证到达时间，不构成班轮公司的承诺。

此外，与租船运输相比，班轮运输具有一定的垄断性，承运人的谈判地位较为优越。但班轮运输具有一定的稳定性，出于竞争的压力，各航运公司通常较为重视服务质量的改进。为保证船期，提高竞争力，吸引货载，班轮船舶一般设备较全、性能较好。大的班轮公司往往还提供除海上运输之外的延伸服务，如内陆物流服务、货物跟踪查询服务等，企业内部的管理也较为严格，能充分保障货物运输的质量。

2）租船运输

租船运输又称不定期船运输，没有预定的船期表、航线和挂靠的港口，而完全按照租船人和船东的协议安排船舶的航行计划组织货物运输；租金或运费也完全由租船人和船东谈判确定，受当时租船市场供求法则的制约。

与班轮运输不同，租船运输的特点表现在以下几个方面。

（1）没有固定的航线、装卸港口和船期，由双方洽谈而定，并以租船合同的方式确认。

（2）运价或租金由租船市场决定，装卸费、滞期、速遣等各种费用根据双方协议决定。

（3）一般为整船洽租，并以运送低价值、大宗货物为主。

以上特点决定了租船运输主要适用于石油、粮食等大宗货物运输，运量大，单位运输成本低廉。同时，由于价格的竞争性较强，所以非常适合低价值的原材料运输。租船运输方式可以按租船人要求安排航线，较班轮运输更加灵活，方便了租船人。

1.3.4　国际物流

1．概述

国际分工的日益细化和专业化，使任何国家都不能包揽一切专业分工，必须有国际的合作与交流，随之而来的国际商品、物资的流动便形成了国际物流。国际物流将本国需要的设备、物资等及时、高效、便宜地进口到国内，满足国内人民生活、生产建设与经济发展的需要，也将国外客户需要的商品适时、适地、低成本地送到，从而提高本国商品在国际市场上的竞争能力，扩大对外贸易。

国际物流，简单来讲就是物流活动超越国家疆界的限制，延伸到其他国家和地区。国际物流的概念有广义和狭义之分。

狭义的国际物流是指生产和消费分别在两个或两个以上的国家或地区独立地进行时，为了克服生产和消费的时空不匹配，对商品进行物理性移动的一项国际性商品贸易或交流活动，最终实现国际商品交易的目的。

广义的国际物流包括国际贸易物流、非贸易性国际物流、国际物流投资、国际物流合作、国际物流交流等。其中国际贸易物流是指进出口货物在国际的合理流动；非贸易性国际物流是指各种会展物品、行李物品、办公用品、援外物资等非贸易货物在国际的流动；国际物流投资是指不同国家物流企业共同投资建设国际物流企业；国际物流合作是指不同国别的企业完成重大国际经济技术项目的国际物流；国际物流交流则主要是指物流科学、技术、教育、培训和管理方面的国际交流。

2．特点

国际物流具有以下特点[11]：

（1）范围广阔

国际物流是跨国界的物的流通，其市场广阔，故有时称为国际大流通或大物流。国际物流的客户是全球市场，如此广阔的地域范围和众多的消费群体是任何国家的国内物流所不能企及的。同时，由于种族、习惯和经济水平的差异，各国及各地的需求层次和数量差别较大，因此国际物流必须适应的是一个多层次、多维体的需求市场。

（2）环境复杂

国际物流系统需要在几个不同的科技、设施、法律、人文、习俗、语言的环境下运行，这就使国际物流的复杂性远高于一国的国内物流，从而物流的难度增加。比如不同国家和地区使用不同的物流技术水平，这会使国际物流全系统水平下降；不同国家的物流标准和物流法规存在差异，也会造成国际"接轨"的困难，因而使国际物流系统难以建立；不同国家的风俗人文也使国际物流的发展受到了阻碍。

（3）系统庞大

国际物流系统是由运输、储存、包装、装卸搬运、流通加工、检验检疫、通关、配送等子系统构成，不同的子系统所适用的行业法规不一，物流技术和标准也不同。国际物流系统应协调各子系统的关系,充分发挥各自的功能,协力实现系统整体效益最大的总目标。

(4) 时间性强

国际市场竞争十分激烈,不仅要求商品质量好,而且要求适时供应市场。进出口货物特别是某些鲜活易腐货物、季节性货物,如果不能及时运到目的地,很可能造成重大的经济损失。所以,货物的装运期、交货期被列为贸易合同的条件条款,要求严格按照合同规定的时间组织国际物流运输。

(5) 标准化要求高

标准化是对产品、工作、工程或服务等普遍的活动规定统一的标准,并且对这个标准进行贯彻实施的整个过程。国际物流标准化指的是以国际物流为一个大系统,制定系统内部设施、机械装备、信息系统等各个分系统的技术标准。标准化工作对提高国际物流水平有重要的意义,比如物流工具、设施的标准化大大降低了物流费用,降低了转运的难度,使得货物可以在不同的运输方式和不同的国家之间进行高效联运。

(6) 风险高

国际物流运输距离长、涉及面广、中间环节多,情况复杂多变,所面临的风险主要包括政治风险、经济风险和自然风险。政治风险主要是指由于所经过国家的政局动荡,如港口工人罢工可能导致进港船舶被困,空耗船期,以及货物遭受损失或延误;经济风险是指因经济前景的不确定性而蒙受经济损失的可能性,如海运班轮公司因其运价表所适用的货币贬值,其实际的运费收入会减少,所以船运公司通常要加收货币贬值附加费以弥补汇率变动所引起的损失;自然风险是指因自然因素引起的风险,如台风、地震、海啸等。

3. 国际物流的表现形式

国际物流的表现形式可分为国际贸易物流和非贸易性的或非企业为主导的国际物流[10]。

1) 国际贸易物流

(1) 企业出口部分自制或自产的产品。

(2) 企业进口原材料或制成品。

(3) 在某国生产半成品,然后运到其他国家进行深加工或组装。例如某企业在美国生产电子元件,运到远东地区的自由贸易区,利用那里廉价的劳动力进行装配,装配后的零部件再运回美国,成为最终产品的一部分。

(4) 企业具有国际视角,将所有国家都视为市场、供应源或生产加工地。

(5) 因为地理原因,国内贸易穿越外国边境(经常处于保税状态)。例如以卡车运输方式将货物在保税状态下经由加拿大从底特律运到布法罗。

2) 非贸易性的或非企业为主导的国际物流

(1) 企业非生产性或非贸易性物资流动。例如展品物流是为参加国际展出而由母国到展会所在国的展品、道具、宣传资料、招待、办公用品的国际物流管理。

(2) 与国际投资相关的国际物流。例如某跨国公司决定增加在中国的投资,首先会将未来所需的生产线或建设用进口物资通过国际物流渠道运到未来的生产基地。

(3) 世界各国之间的邮政包裹运输服务。指通过国际邮政联盟或国际性快递公司而进行的,包括私人文件、商业信函、小包裹等在内的国际物流活动。随着电子商务的发展,海外代购、跨境电子商务异常活跃,大量 B2C 商业活动借助快递完成,邮政、快递企业频繁介入依托电子商务实现的小批量进出口业务。

(4)国际救援行动或各国慈善机构主导的国际物流。例如国际红十字会将捐赠国捐助的粮食运往非洲等粮食匮乏的地区。

(5)军事行动或军火交易而形成的国际物流。例如伊拉克战争期间,美国及其盟国的作战人员、军用物资经由欧洲、中东的军事基地运抵前线。

(6)其他导致国际物流的情况。例如每当重大的国际赛事、演出活动会有大量来自世界各国的人员流向当地;另外,新闻媒体报道中使用的各种器材、赛事演出使用的各类专用物资也会在短期内大量流向事发地或活动地。

上述活动除个别情况(如军事行动或军火交易形成的国际物流,由特殊主体进行管理,不属于正常的商业活动)外,其他的如展品物流、投资性物流等都沿着正常的国际物流与国际商务渠道进行。

本 章 小 结

1. 港口是指位于江河、湖泊和海洋沿岸,具有船舶进出、停泊、靠泊,旅客上下,货物装卸、驳运、储存等功能,并具有相应设备的由一定范围的水域和陆域组成的场所与基地。

2. 港口包括水域、陆域、港口设施以及港口管理与装卸生产组织机构等。

3. 世界港口的功能演进可以划分为第一、二、三代和第四代等发展阶段,深刻理解港口不同代际的内涵对于港口规划、建设和经营具有重要的现实意义。

4. 航线是指船舶或飞机运输旅客和货物时行驶的路线,航线可分为海运航线和空中航线。

5. 货船是指专门用于运输各种货物的船只,分为干货船和液货船两大类。

6. 海上运输的货物品种繁多,性质、规格、包装也各不相同,海运时应注意货物的分类、包装、自然减量、亏舱和积载因素。

7. 海洋货物运输是使用船舶通过海上航道在不同国家和地区的港口之间运送货物的一种方式,是国际货物运输的重要组成部分。海上运输的经营方式主要有班轮运输和租船运输两大类。

8. 国际物流是物流活动超越国家疆界的限制,延伸到其他国家和地区,国际物流的概念有广义和狭义之分。

参 考 文 献

[1] 梁丽. 青岛港集装箱枢纽港建设的实施策略[D]. 中国海洋大学,2005.
[2] 王诺. 港口物流理论与实践[M]. 北京:人民交通出版社,2014.
[3] 庞瑞芝. 港口管理与经营[M]. 天津:天津人民出版社,2006.
[4] 刘瑞民. 港口与港口城市空间关系研究——以青岛为例[D]. 北京交通大学,2014.

[5] 邹强.港口代际升级背景下大连港城经济互动关系研究[D].大连海事大学,2019.

[6] 王琪,韦春竹,陈炜.中国港口群内部格局与参与全球航运网络联系分析[J].人文地理,2022,37(01):181-192.

[7] 唐丽敏.彻底搞懂海运航线[M].北京:中国海关出版社,2009.

[8] 鲁植雄.载运工具原理及应用(第3版)[M].南京:东南大学出版社,2020.

[9] 李勤昌.国际货物运输(第5版)[M].大连:东北财经大学出版社,2018.

[10] 王晓东,赵忠秀.国际物流与商务(第2版)[M].北京:清华大学出版社,2016.

[11] 杨霞芳.国际物流管理(第2版)[M].上海:同济大学出版社,2015.

第 2 章

港口物流与供应链理论

【本章学习目标】

通过本章的学习,学员应该能够:
1. 了解什么是港口物流,对港口物流有一个全面、清晰的认识。
2. 了解陆港—海港物流网络的演变。
3. 熟悉和掌握港口物流系统及其一体化。
4. 理解港口供应链的概念、特征和运营模式。
5. 理解港口物流与区域经济互动发展的机制。

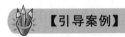【引导案例】

中国强港　乘风破浪——写在山东省港口集团成立一周年之际

一年前,承载着习近平总书记"更加注重经略海洋""加快建设世界一流的海洋港口"的殷殷嘱托,肩负着山东"海洋强省"、向海图强的信任期望,山东省港口集团(简称山东港口)应运而生,开启了港口一体化改革发展的大幕。

一年来,山东港口踏着山东新旧动能转换、高质量发展的鼓点勠力向前,收获了"山东港口集团的整合和组建,是省委省政府2019年实施海洋强省战略最重要、最成功的案例"的鉴定。

2019年,山东港口货物吞吐量、集装箱吞吐量分居全国沿海港口第一位、第二位,量效齐增,首战告捷。2020年上半年,面对疫情严重影响,山东港口货物吞吐量、集装箱吞吐量、效益实现了弥足珍贵的逆势"三增长"。6万名干部职工推动着山港整合融合耦合、合作合力合心的"合"赢嬗变。

1. 党建统领改革发展

党建统领,始终是山东港口坚守政治方向、筑牢政治灵魂的根本所在。一年来,山东港口党委始终坚持把学习贯彻习近平新时代中国特色社会主义思想、全面贯彻党的十九大精神作为首要政治任务,坚持党对国有企业的领导不动摇,强化党建统领作用,增强"四个意识",坚定"四个自信",做到"两个维护",恪守"对党忠诚、勇于创新、治企有方、兴企有为、清正廉洁"的箴言,达成"八个勇于、八个自觉"的坚强共识,以高质量党建引领高质量发展。

从"不忘初心、牢记使命"主题教育贯穿始终,到广泛开展读书班、集中研讨会、专题党课、郭永怀事迹报告会、廉政教育、理论学习中心组(扩大)读书会、弘扬推广"新时代振超精神"等活动,全港干部职工在接受思想洗礼中坚定理想信念,在党建工作交流、现场观摩学习中夯基固本,在意识形态和宣传思想工作会议、"解放思想谋发展、凝心聚力促攻坚"大讨论中凝聚力量。

新冠肺炎疫情暴发,山东港口第一时间响应号召,当好抗疫斗争"顶梁柱",外防输入、内防扩散,确保全港员工"零感染";开通物资运输"绿色通道",累计向防疫一线和兄弟单位捐助 2000 多万元;当好中国经济"压舱石",疫情期间向 280 多家企业发送《致广大客户的一封信》,开展"不见面服务",为全球伙伴、客户提振信心、守望相助;率先对外发布费用减免"五项承诺",为广大腹地企业减免库场使用费超过 5700 万元,坚决执行落实国务院降低涉港收费政策,为客户降低费用 7400 万余元;主动承接其他港口暂时无法接卸的冷冻箱和空箱,联合中远海运推出订舱专项服务,全力助力外贸企业保市场、保份额、保订单,稳定供应链。

2. 一体化改革成功破题

2019 年 8 月 6 日,山东省港口集团正式成立。当"山东港口号"航船扬帆起航,继承的不仅是改革开放 40 多年山东各港口高速发展、货物吞吐量合计全球最大的巨大体量和成果,还有累积下的同质化竞争、低效重复建设、诸多利益交织等问题与挑战。在破旧立新的"艰难时刻",山东港口一体化改革如何破题?

从山东港口组建开始,集团党委书记、董事长霍高原就清醒地认识到,一体化改革从短期看是解决山东各港口同质化低效竞争的问题,从中期看是为更好促进山东新旧动能转换和高质量发展,从长远看是为发挥位于"一带一路"海陆十字交汇点的作用,更好承接中央政策叠加赋能,服务黄河流域生态保护和高质量发展等国家战略,解决好我国东西、南北发展不平衡的问题。登高望远,山东港口已超出传统港口范畴,成为更高平台和万能接口,成为国家宏观战略布局中的重要"棋眼",站在了中国改革发展的时代潮头。

感念于"山东省委、省政府以强大的魄力和定力顶层设计、高点谋划、推进改革",山东港口党委一班人自觉担负起建设世界一流的海洋港口的重任。一年来,山东港口把握经济发展动态趋势和港口建设规律,落实"港口规划'一盘棋'、资源开发'一张图'、管理服务'一张网'"的一体化发展思路,勾勒出"十位一体"发展战略体系,提出"港通四海、陆联八方,口碑天下、辉映全球"的发展愿景,明确智慧绿色港、物流枢纽港、产城融合港、金融贸易港、邮轮文旅港"五个国际领先"的发展定位,紧扣港口主业高效发展,依托港口优势放大发展,跳出港口窠臼创新发展,在国家战略大格局中精准定位、谋划布局。

目前,青岛港、日照港、烟台港、渤海湾港握指成拳,向着规模化、集约化、协同化发展扎实迈进;成立了金控、港湾建设、产城融合、物流、航运、邮轮文旅、装备制造、贸易、科技、海外发展十个业务板块和职教集团、医养集团,构建了集团总部、四大港口集团、十大业务板块以及职教集团、医养集团"1+4+10+2"的"四梁八柱"。在此过程中,全体干部职工理解改革、支持改革、融入改革、推进改革,强力推动了山东港口的一体化改革进程。

3. 在陆海联动中书写巨港担当

助力构建"东西双向互济、陆海内外联动"开放新格局。"东西双向互济、陆海内外联动",寥寥十二个字,背后蕴藏着宏大的战略布局和深邃思考。

一年来,山东港口海向陆向双向发力,打通"东接日韩亚太、西联中亚欧洲、南通东盟南亚、北达蒙俄大陆"的国际物流大通道,稳住外贸外资基本盘,保障全球产业链供应链畅通,努力为"六稳""六保"奠定更强根基。

海向增航线、扩舱容、拓中转。山东港口主动争引全球前20大船公司在山东港口开航线、升运力,疫情期间航班不减反增。载箱量2.4万标箱的全球最大集装箱班轮在这里常态化靠泊,内贸货物跨境运输通道从这里打通,"以青岛港为枢纽港,日照港、烟台港、渤海湾港围绕各自区域腹地形成海上支线布局"的干支线网络越织越密,近300条航线的数量和密度稳居中国北方港口首位。

陆向开班列、建陆港、拓货源。山东港口成立陆海国际物流有限公司,积极融入省会经济圈,合力构建济南国际物流枢纽,打造辐射山东、华北和沿黄流域的大物流网络。联合海关、铁路、船公司等共同开发市场,与省内及"一带一路"沿线节点城市携手加强内陆港建设,优化海铁联运布局,深化物流项目合作。如今,18个内陆港、68条多式联运线路把港口搬到了内陆企业"家门口",构筑起纵横捭阖的物流经纬,海铁联运箱量持续领跑全国沿海港口,深度服务"一带一路"。

以创新驱动打造港口转型升级的高起点、新平台。站在"一带一路"海陆十字交汇的天赋之地,被"激活"的山东港口大胆试、大胆闯,创新发展,办成了许多过去想办而没有办成的大事。

科技赋能,建设智慧绿色港口。持续推进生产作业智能化、决策支持智慧化、口岸便捷一体化、绿色低碳化,交通运输部"交通强国"智慧港口建设试点成功落户;"油改电""油改气"技术改造,LNG、氢能、船舶岸电等清洁能源蓬勃推广;全自动化集装箱码头首创"氢动力+5G技术"等6项全球科技成果引领世界最高水准,集装箱自动化堆场、干散货码头系统等自动化系统稳居全国港口前列。山东3345公里海岸线天更蓝、地更绿、水更清,海港景如画,人在画中游。

政策加持,创新业态。强势聚合原油进口通道,成为中国大陆沿海最大的油品装卸、中转、储存基地,这是资源集聚的效应;与国内外贸易商等生态圈伙伴互联互通,启动山东港口原油到岸指数、保税低硫船用燃料油估价等过去闻所未闻的"利器",这是山东港口加快物流港向贸易港转型的"试水";精研山东自贸区、上合示范区等政策,打破国外港口业务垄断,实现保税原油混兑调和、原油国际中转、保税船供油、保税原油期货等业务新突破,这是山东港口在重要资源能源国际国内市场的更强"话语权";成功落地"保税现货质押融资""电子仓单质押融资"创新试点,提供系列特色融资等综合服务,这是山东港口多元服务的全新引擎。

全链服务、价值延伸。在济南、青岛启动中国北方生活消费品分拨中心建设,在临沂、日照、即墨等地建设分拨基地,开展生活消费品保税仓储等业务,初步建立"济青双中心、沿黄多基地",功能互补、错位协同、互联互通的发展格局和服务网络。海丰国际控股、马士基先后开通两条东南亚直达山东港口的冷链航线,"山东港口青岛港—扎鲁比诺港—珲春"内贸货物跨境运输等具有生活资料鲜明特色的航线不断开通,构建低成本、高效率的生活资料进口物流大通道;与青岛西海岸新区携手打造冷链"港产园",满足青岛及山东腹地民生需求,助力山东与东盟经贸合作。山东港口正努力丰富人民群众"菜篮子""果篮子",创造"生活新美好,港航新未来"。

全方位开放,当好合作共赢的"金牌合伙人"。与全省各地市签署战略合作协议,与"一带一路"沿线节点城市合作,港城联动,"双招双引",合作开发特色物流园、链式产业园,努力在胶东经济圈、省会经济圈、鲁南经济圈的每个城市播下希望的种子。十大板块公司主动延伸增值服务,青岛港邮轮母港、日照港海龙湾、烟台港老港区改造等众多项目在齐鲁大地拔节生长。

主动携手天津港、韩国釜山港等国内外重要港口,更好地服务"一带一路"建设,为维护全球产业链供应链稳定贡献港口力量。在招大联强、共赢发展中深化合作,与中远海运、马士基、中交集团等行业巨头合力打造高水平对外开放平台,与中铁济南局集团联手助力全省运输结构调整,与山东土地发展集团在产城融合等领域互利共赢。

"一带一路"陆海联动高峰论坛、全球石油贸易大会高朋满座,发布指数,启动估价,设立千亿级陆海联动发展基金。与韩国平泽港,日本大阪港、横滨港、伊藤忠商社签署合作备忘录,与俄方港航企业全面合作。意大利瓦多港码头项目投产运营,几内亚矿山项目、缅甸马德岛原油码头、巴基斯坦卡西姆煤炭码头项目运营顺利。山东港口有效串联"日韩""东盟""中亚""欧洲"四个经济圈,共赢世界。

(中国交通新闻网 2020 年 8 月 6 日)

山东港口要建设成为国际航运中心,在政策与体制环境方面需要怎样营造?港口物流与供应链的发展需要什么理论来支持山东国际航运中心建设?这正是本章将要研究的问题。

港口物流与供应链相关理论分析主要从港口物流、陆港—海港网络、港口物流系统、港口供应链、港口物流与区域经济互动发展五个方面阐述其理论内涵。

2.1 港口物流概述

2.1.1 港口物流的概念

港口物流是以港口作为物流的中心节点提供的综合性多功能服务。对现代港口物流进行概念界定,应首先界定"物流"的含义。

"物流"一词源于国外,随着物流业的发展,各国学者对物流进行了不同的定义。但总的来说,物流概念通常包含以下要点:第一,物流活动的对象是贯穿整个生产和流通领域的物资流和信息流,活动的目的是对其进行科学规划、管理和控制;第二,物流的作用是将物资由供给主体向需求主体转移,创造时间价值和空间价值;第三,物流活动包括运输、保管、装卸搬运、包装、流通加工、配送及有关的信息活动。

随着世界经济一体化和贸易自由化进程的加快以及运输集装箱化和现代信息系统的产生,物流的内涵和外延正在逐渐扩大。现代物流是由运输、仓储、装卸搬运、包装和流通加工、物流信息流通等诸多环节构成的综合服务体系。

港口作为全球综合运输网络的节点,更确切地说是稀缺节点,其功能也在不断拓宽,并朝着提供全方位增值服务的现代物流方向发展。由于港口独特的地理位置及在整个物流体系中的重要地位,港口物流作为一个独立的概念被提出。

港口物流(port logistics)是指中心港口城市利用其自身的口岸优势,以先进的软硬件环境为依托,强化其对港口周边物流活动的辐射能力,突出港口集货、存货、配货特长,以临港产业为基础,以信息技术为支撑,以优化港口资源整合为目标,发展具有涵盖物流产业链所有环节特点的港口综合服务体系。港口物流作为物流过程中一个无可替代的重要节点,提供整个供应物流系统中基本的物流服务和衍生增值服务。

港口物流是一个特殊的物流产品,港口物流的产品分为三个层次:核心产品、形式产品和延伸产品。核心产品是货物的装卸;形式产品就是利用不同的装卸机械设备和安全保障体系完成对货物的装卸、运输、储存;延伸产品是向货主提供优质、便捷的承运、交付手续,是一个完善的服务网络。

2.1.2 港口物流的成因

港口作为国际货物运输的主要方式——海上运输的起点和终点,是最大的货物集结点,对社会经济发展起着重要的作用。而随着工业化的进程和国际贸易的不断发展,港口功能也不断地发生演变,逐渐发展成为国际贸易中关键的物流节点。港口物流的成因包括:

1. 现代物流业的发展促进了港口物流业的形成

现代物流作为一种先进的组织方式和管理技术,是由运输、储存、包装、装卸、流通、加工、配送和信息处理诸多环节组成,其目的就是把合适的产品,在合适时间和地点,以合适的方式和价格,提供给顾客,从而使得整个供应链物流成本最小。其中,货物运输作为现代物流的最主要的功能和核心环节,在物流活动中起着主体的作用。

港口作为海上运输和陆地运输的连接点,是货物中转和集散的场所,是全球综合运输网络中的关键节点。随着世界经济全球化、贸易自由化和国际运输市场一体化,尤其是现代物流的发展,现代港口已不再是传统的仅具有简单的装卸、仓储功能,游离于生产、贸易和运输之外的企业,而发展成为综合化的物流节点,成为经济、贸易发展的"催化剂",对周围地区和腹地产生巨大的辐射功能,推动着地区乃至世界经济和贸易的不断发展。随着现代物流的不断兴起,现代物流产业已成为全球范围内一个极具发展空间和潜力的新兴产业。为了面对当前国内外港口业激烈的市场竞争,充分发挥港口现代物流关键节点的作用,越来越多的港口正在发展为现代物流中心。可以说,现代物流的出现,促进和加速了传统的港口作业向现代港口物流的转变和发展。

2. 船舶大型化对港口物流的要求

为了追求规模经济,当前各大船公司纷纷争相采用大型化船舶,从而对国际贸易港口的水深、码头装卸设施、服务水平以及腹地货源等相关因素提出了更大的挑战。为了适应船舶大型化的趋势和基于节约投资成本、节约船舶在港时间以及加快货物流转速度的考虑,发展综合物流服务成为各大港口面对挑战,提升自身核心竞争力的必然选择。

3. 港口向现代物流活动枢纽的转变

现代物流活动的产生和发展,离不开相应的物质设施和技术的支撑。而港口作为货物运输的主要节点,拥有着开展现代物流活动的各项基础设施(码头、仓库、堆场、装卸设施等)、外部连接的集疏运通道(疏港路、铁路线和货运站等),以及从事货物装卸、堆存保管和多式联运的经验和技术人才。此外,在长期的业务往来中,港口部门与各类运输企业(船公司、陆上货运企业)、代理、加工和制造企业建立了密切的关系。在此基础上,利用港口原有的各项设施和技术经验,构筑现代物流中心,无疑具有投资少、起步快和资源利用高等优点。因此,在现代经济不断发展变化下,港口作为全球供应链中的重要物流节点,可以跨越水路、铁路、公路等运输手段的界限,融中转、仓储、生产流通以及信息处理等功能于一体,构筑综合性的物流服务平台,拓展"增值服务"的空间。

2.1.3 港口物流的特征

港口物流是特殊形态的物流,与传统的港口生产和服务及其他类型的物流相比具有自己的特征。

(1) 港口物流产品的特殊性。
(2) 港口物流的发展与腹地经济发展状况密切相关。
(3) 港口物流发展受国家政策和国际环境的影响。
(4) 港口物流具有集散效应。
(5) 港口物流在国际物流链中居于中心地位。

传统港口物流与现代港口物流的不同,可以从服务特点、服务侧重、信息技术和物流管理等方面来区别。详细情况请参阅表2-1(王玲等,2005)[1]。

表 2-1 传统港口物流与现代港口物流的区别

特 征	传统港口物流	现代港口物流
服务特点	物流功能孤立 无物流中心 不能控制整个物流链 限于一个港口服务 短期合约	广泛的物流服务项目 第三方物流普遍采用 采用物流中心 物流链的全面管理 提供国际物流 与全球各户长期合作
服务侧重	价格竞争 提供标准服务	以降低全物流成本为目的 增值物流服务 柔性化服务
信息技术	无外部整合系统 有限或无 EDI 联系 无卫星跟踪系统	实时信息系统 联系客户、外观、检验检疫、港务局等 EDI 卫星跟踪系统 仓储管理系统
物流管理	有限或无电子商务	全球质量管理 业务过程管理; 电子商务管理

2.1.4 现代港口物流的功能

现代港口物流主要功能见表 2-2。

表 2-2 现代港口物流的主要功能

功　能	内　容
运输和中转功能	公路运输、铁路运输、水路运输,以及不同运输方式之间的转运
装卸等基本物流功能	装卸搬运、仓储、加工、包装和分拣
信息处理功能	物流信息处理、贸易信息处理、金融信息处理和政务信息处理
保税性质的口岸功能	保税(海关监管)、海关、检验检疫、通关报验服务
其他服务功能	接待船舶,船舶技术供应,燃料、淡水、一切船用必需品、船员的食品供应、集装箱的修理冲洗、引航、航次修理、天气恶劣时候船舶的停靠、海难救助等

1. 运输和中转功能

运输和中转是港口物流的首要功能。在现代港口物流活动中,运输已不再是单一的、与其他业务分离的服务活动,而是构成供应链服务的中心一环。运输功能主要体现在货物的集疏运上,方式包括公路运输、铁路运输、水路运输,以及不同运输方式之间的转运,以及对港口内外腹地的辐射。

2. 装卸搬运、仓储、加工、包装和分拣等基本物流功能

装卸搬运是影响货物流转速度的基本要素,该功能能够实现货物由进港地点向离港地点的移动。仓储功能是指转运和库存的功能,由于经港口进出口的货物品类繁多,对仓储条件的需求也各不相同。因此,港口物流中的仓储设施应齐备才能满足不同货物的要求。加工、包装和分拣一般分为流通加工和组装加工,能有效降低运输成本,也可以减少装卸和运输过程中的损坏,还可以保证上市商品的完整性和合格度。配送功能发生于运输和消费的交汇处,是港口物流体系末端的延伸。同时,由于港口物流的配送覆盖面广、运输线路长、业务复杂,因此需要配有相应的管理、调度系统。

3. 信息处理功能

信息处理已经成为港口进行物流运作的不可缺少的功能之一。港口物流要对大量的、不同品类的、不同客户的、不同流向的货物进行管理、仓储、加工、配送,需要有很强的信息处理能力。通过利用港口的信息资源和通信设施以及电子数据交换网络,为用户提供市场和决策信息。其中主要包括物流信息处理、贸易信息处理、金融信息处理和政务信息处理等。

4. 保税性质的口岸功能

即在区域内实现保税(海关监管)区的功能,并设有海关、检验检疫等监管机构,为客户提供方便的通关报验服务。

5. 其他服务功能

港口物流还应具备其他一些辅助功能,如接待船舶,船舶技术供应,燃料、淡水、一切船用必需品、船员的食品供应,集装箱的修理冲洗、引航、航次修理,天气恶劣时候船舶的停靠,海难救助等。

总而言之,在现代物流体系下发展起来的港口物流,已成为一种重要的物流形态。港口物流功能的实现不仅使现代港口起到简化贸易和物流过程的作用,而且巩固和提高了港口在国际多式联运和全球综合物流链中的地位和作用,进而为国民经济和世界经济的发展发挥更大的作用。

2.1.5 现代港口物流的发展趋势

现代港口物流的发展趋势包括"大物流"趋势、"智能港"趋势和"虚拟链"趋势,见表 2-3。

表 2-3 现代港口物流的发展趋势

趋 势	内 容
"大物流"趋势	国际化、规模化、系统化
"智能港"趋势	依靠各种先进的技术实现"传统港"向"智能港"的转变
"虚拟链"趋势	基于港口物流信息平台形成"虚拟供应链"

1. "大物流"趋势

全球经济一体化的趋势,促使港口物流必须向国际化、规模化、系统化发展。港口物流产业内部的整合,与路域、航空物流的全方位合作势在必行。通过联合规划与作业,可以形成高度整合的供应链通道关系,进一步降低物流成本,提高物流效率,为客户提供更为满意的服务。

2. "智能港"趋势

高科技在港口物流中的应用力度加大,各种先进的技术,如条形码技术、自动识别技术、自动分拣技术、卫星定位技术、自动仓库、集装箱电子识别技术、物流仿真技术、辅助决策技术等将在港口物流领域广泛应用,使港口物流从传统的劳动密集型向技术密集型转变,逐步实现"传统港"向"智能港"的转变,实现物流运作方式的现代化,物流工艺合理化,物流设备自动化、电气化,全面提升港口物流的综合能力。

3. "虚拟链"趋势

港口是"虚拟物流链"的控制中心。港口物流必须建立在港口物流信息平台的基础上,形成四通八达的高速"虚拟供应链",提高物流信息的搜集、处理和服务能力,缩短物流信息交换与作业时间,大力发展电子商务,提供电子定舱、网上报关、报检、许可证申请、结算、虚拟银行等网上服务,依托"虚拟链"建设服务涵盖全球的"虚拟港",加大港口的腹地范围,通过"虚拟链"使港口物流供应链上任何一环都能达到资源、信息共享,从而实现总体功能最优化的物流服务目标(杨静蕾等,2005)[2]。

2.1.6 港口物流货物管理

现代港口物流货物管理,应重点关注以下目标的实现,提高货物管理的水平(久保,2008)[3]。

1. 物流费用的最小化

包装费用、陆上卡车费用、港口码头费用、海上运输费用、保险费用、航空运输费用的削减都是企业努力的目标。

2．物流时间的最优化

物流时间最优化的方法很多，海陆空多式联运的无缝链接、海上运输的最适合路线的选择、航空运输网络的规划、运载工具的合理化分配、港口枢纽的选择等。

3．工厂、物流枢纽与港口码头的最优配置问题。

一般的分析是以工厂的位置固定为前提的，国际物流和供应链根据工厂生产的货物数量来合理安排运输业务。但由于国际贸易中的产业转移，生产制造企业的基地也带来了很大的变化。区域自由贸易协定加速了这一趋势，在哪里设厂、保持多大规模等相关最优配置问题显得越发重要。融入港口的国际物流与供应链运营对企业经营战略变得十分必要。

4．货物事故的预防

运输过程中的温度、湿度、速度与碰撞等因素的应对，海盗、台风、港口罢工、新冠肺炎疫情等风险应对，包装、装卸搬运、仓储等方面的货物管理的强化等。

5．新海上运输货物的创造

挖掘与发现原来不适合海上运输的货物，通过运价调整、规模效益、新技术革新等方法变得适用，推动新货物品类适用于海上运输。集装箱运输就是一大革新，称得上运输的革命。原来不适合集装箱运输的大豆、生鲜果品等，现在已经通过"散改集"和冷藏集装箱的方式成功推行。

2.2　陆港—海港物流网络

2.2.1　港口演化理论

1．港口演化

随着运输的发展，作为运输服务的供给方之一，港口在现代运输体系下的功能和角色也在不断延伸。联合国贸易和发展会议（UNCTAD）曾提出港口代际发展的四个阶段，包括连接平台、运输和工商业服务的中心、综合物流中心与全球资源配置枢纽。进入21世纪以来，随着互联网企业的发展，传统的工业逐渐向个性化和柔性化的方向发展，港口已经成为全球的资源配置枢纽，是全球供应链不可缺少的一部分。近年来有专家已经提出了第五代港口，即以大型海港作为中转港，以陆港、支线港作为子港的共同经营的子母港群。

1990年以后，随着经济全球化以及地区之间合作的深化，UNCTAD认为某些海港的功能已超出了第三代海港的范畴，以港间联盟和供应链发展为特点，提供更精细化及差异化的服务。此外，还有学者从技术和环保的角度，指出智慧港口、"绿色"港口是未来的发展方向。值得注意的是，进入21世纪以后，全球化、联盟化进一步发展，尤其是多式联运的普及，推动并启发了港口企业的横向发展。以我国为例，21世纪以来，港口逐渐发展出一套自身的体系，港口集团在内陆地区开设分公司或与内陆地区合作，为整体运输服务。尤其是"一带一路"倡议下多式联运体系的完善和规划，将整个运输系统的重心逐渐转移到内陆地区。港口作为其中的一个重要环节，正发挥其主观能动性，积极地将服务范围拓展到内陆地区，由此产生了"无水港"和"陆港"（统称为内陆港口），从而造就了港口在运输体系下的新角色和新功能。

2．内陆港演化

（1）内陆港的产生

由于内陆港可以使得许多公司在同一地点开展业务，因此哈纳佩（Hanappe，1986）首先将内陆的多功能物流中心称作内陆港。后来，这些多功能物流中心开始强调与海港的连接，指定在港口所提供的服务范围，并对其所有权和服务做了非常具体的规定。再后来随着全球经济的发展，这些物流中心意识到需要简化通关手续等其他功能才能真正与内陆货运村、内陆清关站等有所区别，因此开始促进货物从货源地到目的地的转移而无须进行海关的检查，即所谓的直通运输，从而形成了现在的内陆港[4]。

（2）内陆港功能的演化

经过多年的发展完善，内陆港逐渐具有了四个功能：货物运输两种模式的协调；组装货物以准备转移；存放待提的货物；交付以及物流的控制。除了上述功能外，还有的内陆港也可以根据客户的需求在内陆港进行集装箱维护、通关和其他增值服务等服务。现在的内陆港已经发展为直接与海港相连的内陆多式联运码头，具有高容量的运输工具，通常带有铁路运输，在那里客户可以像直接进出海港一样运输货物。此外，内陆港也拥有了不同的类型，根据其功能和位置可以分为远距离、中距离和短距离的内陆港（Roso 等，2008），每一种类别的内陆港各有其特点[5]。内陆港功能的演化可以归纳为图 2-1 的形式。

图 2-1　内陆港功能的演化

3．陆港—海港物流网络

目前，陆港—海港网络已成为港口竞争优势的关键因素。因此，仅在运输链的海上部分取得进展，而没有通过内陆港改善腹地的情况，不足以使整个运输链发挥作用。如图 2-2 所示，内陆港可以演化发展为无缝的陆港—海港通道。但是，要建立有效的陆港—海港通道，就需要所有参与方之间的协调。在建立这种物流网络的过程中，除了必须有定期且可靠的铁路运行保障以外，内陆港的安全检查也至关重要，特别是通关手续的办理问题，实际上增加了隐性的内陆港实施成本。因此，内陆港必须适合一个复杂的系统，在该系统中必须要有必要的基础设施作为支撑，同时要确保维护并制定立法，设计适当的体制机制以优化公共和私有部门的参与。

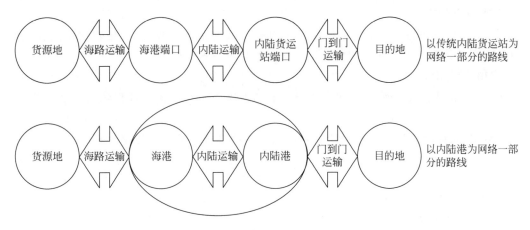

图 2-2 内陆港概念的演化

2.2.2 复杂网络理论

1. 复杂网络的概念

在自然界中,个体总是或多或少地与周围的环境紧密联系,受到周围环境的影响,同时也会反作用地影响着环境。所以在对系统进行分析的时候应该采用整体的系统分析方法,而不能剥离环境,孤立地进行分析。复杂网络是具有高度复杂性的网络,它的复杂性主要表现在以下几个方面:

(1) 网络规模的复杂性

网络的节点数不确定,可以成百上千,也可以不计其数,但是其行为必须要符合一定的统计规律。

(2) 连接结构的复杂性

网络的连接结构也有一定的不确定性,既非完全随机也非完全规则,它可以随时变化,可以拥有不同的特征、连接权重或者方向性,但是网络连接结构需要有一定程度上的规律性。

(3) 节点的复杂性

一是体现在复杂网络中节点多种多样,可以用于表示各种事物;二是表现在各个节点在其动力学属性方面也具有一定的复杂性。

除此之外,复杂网络还具有复杂的网络时空演化过程、小世界等特性。因此,我们所处的世界中复杂网络随处可见,需要我们在研究时将单元以及单元之间的相互作用分别抽象成点和边。借助运筹学中图论的相关概念,复杂网络便可以用于描述自然科学等领域中的各类关系模型。

2. 基本概念

1) 网络的表示

复杂网络理论中,可以用点的集合与边的集合构成的图来表示网络。其中,点的集合用 P 表示,边的集合用 E 表示,那么图 V 就能够表示为 $V=(P,E)$。网络中节点的数量用 D 来表示,任意节点组合 $(i,j) \in D$ 表示两个点。

2) 节点的度

节点 i 的度可以用与节点 i 有联系的点的个数表示。度越大,意味着这个点在网络中的重要性越强。可以从度的角度拓展出以下三个节点重要性指标。

(1) 点度中心度

节点 i 的点度中心度 DC_i 定义为节点 i 的点度与整个网络中连接的最大数量之比。反映了给定的节点与其他城市之间连接的数量,因此,DC_i 越高,意味着与其他节点之间的联系越多,从而说明该节点比其他 DC_i 值较低的节点更重要。公式如下:

$$DC_i = \frac{d_i}{N-1}$$

其中,d_i 表示节点 i 的点度。

(2) 接近中心度

对于某个节点而言,其接近中心度 CC_i 定义为其他节点除以该节点与其他节点的距离之和。CC_i 越大,该节点越接近于整个网络的中心。其公式如下:

$$CC_i = \frac{N-1}{\sum_{j=1}^{N} l_{ij}}$$

其中,l_{ij} 是节点 i 到节点 j 的最短距离。

(3) 中介中心度

中介中心度 BC_i 表示了节点 i 作为两个节点的中介节点的次数。因此,更高的 BC_i 值表示经过此节点的可能性会更高。其公式如下:

$$BC_i = \sum_{i \neq j \neq r \in V} \frac{k_{jr}(i)}{k_{jr}}$$

2.3 港口物流系统

2.3.1 港口物流系统的构成

港口物流系统是由提供港口物流服务的基础设施、设备工具、物流信息系统、生产运作与管理系统、集疏运系统和服务支持系统等相互影响、相互制约的要素组成的有机动态整体。它主要由自然地理条件子系统、基础设施子系统、集输运子系统、信息子系统、运营子系统、业务协调子系统和相关产业子系统构成(高玲,2017)[6]。

1. 自然地理条件子系统

由港口自然条件和地理区位条件组成,主要包括港口区位条件,港区陆域面积及海岸线条件,港口锚地条件,气象、水文、地质、泥沙、潮汐等综合天然条件。它是港口物流系统运作的前提条件,不仅为港口物流系统运作提供了基本的作业环境,而且在增强港口物流系统双向辐射能力、保证船舶顺利进出港等方面的作用也较为显著。

2. 基础设施子系统

由港口物流运作所必需的设施、装备组成,主要包括港口航道设施、码头及库场生产设施、辅助库场设施等。基础设施子系统是港口物流系统运作的物质基础,是保障港口物流系统成功运作的基础条件。

3. 集疏运子系统

是指与港口衔接，提供货物集中与疏散服务的交通运输系统。由水路、铁路、公路、航空、管道及相应的交接场站构成，是影响港口物流系统运转效率的重要因素，高效、畅通的港口集疏运子系统对于增强港口的腹地辐射能力，提高港口竞争力具有重要作用。

4. 信息子系统

是指覆盖或辐射港口物流系统以及与港口物流系统运作相关的机构或组织的信息支持系统。它利用现代化网络信息技术完成港口物流系统的信息收集、加工处理、统计分析、存储传递等功能，确保信息流在港口物流各个环节的及时、有效传递，对港口物流系统的正常运作提供信息支持。

5. 运营子系统

是整个港口物流系统的核心，主要用于完成港口物流活动的计划、实施、协调与控制。主要由港口的码头装卸、集疏港运输以及港口生产监控与调度等涉及港口物流运作的企业或部门组成。它结合港口生产工艺和港口物流系统的构成状况，通过综合运用现代信息技术和现代物流技术，优化港口物流业务操作流程，实现计算机辅助物流运营生产决策。

6. 业务协调子系统

是港口物流的业务纽带，主要负责对港口物流系统运作的管理、监督与协调以及人才的培养，主要由政府监督协调部门、港口行政管理部门、海关联检部门和行业协会等组成。该子系统不仅为港口未来的发展积极创造良好的政策环境、市场环境，并从港口管理体制以及人力资源等方面为港口物流系统提供制度的保证和人才的支持。

7. 相关产业子系统

是现代港口物流系统的重要组成部分，主要由港口附近的物流增值服务企业、中介及配套服务企业、生产性服务企业以及临港加工贸易企业等组成。该子系统是在港口由传统运输中转节点到综合物流服务链中重要环节的定位转变中出现的，是港口物流系统向集运输、工贸和多式联运等为一体的综合物流中心发展的体现。

2.3.2 港口物流系统一体化

港口物流系统一体化是将与港口物流相关的企业、技术、组织、信息、设施设备等资源有效集成，实现系统总成本和整体效益的最优化。具体而言，港口物流系统一体化有横向一体化和纵向一体化两种形式。

1. 横向一体化

港口物流横向一体化即港口物流水平一体化，主要表现为面向共同经济腹地的港口之间的合作。港口间通过合理分工与协作，进行优势互补，实现港口资源的优化配置，提高港口群的整体竞争力，达到合作共赢的目的。

港口物流横向一体化可采取的措施：

（1）共同投资建设港口航道、锚地等基础设施，缓解单一港口资金投入有限问题，提高港口群规模效应，降低成本。

（2）统一调配可以在港口之间移动的机械设备，提高设备利用率。

（3）整合港口之间的库场子系统和集疏运子系统，克服土地资源和集疏运通道紧张的瓶颈。

（4）整合各港口的信息系统，避免信息孤岛效应，实现信息共享，从而有效整合港口生产资源。

2. 纵向一体化

港口物流纵向一体化即港口物流垂直一体化，是指港口与物流供应链上下游企业之间的合作，主要表现为港口在提供装卸、仓储、转运等服务的基础上开展增值服务。

港口物流横向一体化可采取的措施：

（1）与船公司合作，将船公司视为战略合作伙伴，共同设计货物和信息的流动，从而最大限度地提高航线、泊位、装卸设备的效率，减少船舶和货物的等待时间，确保更高的服务质量。

（2）加强渠道整合，加强与铁路、公路、航空等内陆运输企业的合作，高效办理货物运输方式的转换，加快货物在港口的流通速度，通过平衡货流以及提高集装箱空箱等设备的使用率来降低货物运输到腹地目的地的成本。

（3）加强与货主、用户单位的合作，通过与供应链成员的信息共享，港口能够对日程的变更、订单的修改、设计流程的改变等做出快速应对决策，保证货物运输的及时性、准确性和安全性，进而提高客户满意度。

2.4　港口供应链

2.4.1　港口供应链的概念

我国物流术语国家标准将供应链定义为"供应链是生产及流通流程中，涉及将产品和服务提供给最终用户活动的上游与下游企业，所形成的网链结构"。可见，供应链以最终用户活动为目标，以产品和服务为输出方式，协调控制系统中不同的企业共同运作与发展。

供应链在不同运作模式的各个行业中又具有不同的具体内涵与特点。针对港口的运作模式，不同学者又提出港口供应链的不同概念。其中具有代表性的观点之一是，港口供应链是指以信息技术为手段，以系统集成化和协同化为指导思想，以建立一种战略合作伙伴关系达成共赢目的，以港口企业为核心企业，实现从供应链中源到汇的信息流、物流、资金流在整个供应链上的畅顺流动，由上下游相关企业所形成的紧密合作的服务型的企业供应网链结构（王玖河，2007）[7]。

港口供应链服务结构如图 2-3 所示（杨波峰，2018）[8]。

在港口供应链中，涉及原材料供应商、陆运公司、港口企业、分销商、零售商以及消费者等主体，各地原材料、产品向港口聚集，通过港口转运到世界各地的目的地，提供给最终的顾客用于生产或消费。不仅物流流通频繁，港口供应链上各企业间的信息流与资金流也异常庞大，极大地带动了港口供应链上不同企业的分工协作、互相沟通与共同发展，促进了整个港口供应链的整体收益。

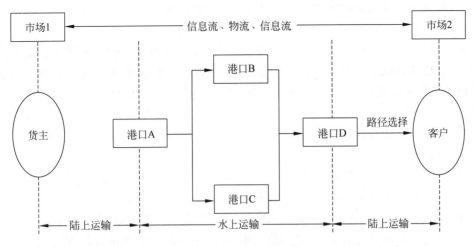

图 2-3 港口供应链服务结构

2.4.2 港口供应链的特征

港口运作模式的特殊性,决定了港口供应链与传统的制造型企业供应链之间存在一定区别,见表 2-4。在供应链成员方面,传统的制造型企业的供应链成员由原材料供应商、制造商、分销商、零售商以及消费者等组成;港口供应链的主要业务为港口物流,则由货主、货代、陆运企业、港口、航运企业等成员组成。对于供应链的主要增值过程,传统的制造型企业供应链主要通过生产制造、加工装配等过程进行增值;而港口供应链的主要增值方式是提供港口物流服务,如运输、仓储、装卸搬运、堆场服务和流通等,而并不进行制造等实物创造过程。关于供应链管理原动力,制造型企业供应链来自制造型企业,制造企业从降低成本和提升竞争力的要求出发,加强整个供应链的整合,将带动整个制造型企业供应链的共同提升与发展;港口供应链则主要依靠港口的驱动,协调整个供应链,实现多方共赢。

表 2-4 制造型企业供应链和港口供应链的区别

区　　别	制造型企业供应链	港口供应链
供应链成员	原材料供应商、制造商、分销商、零售商以及消费者等	货主、货代、陆运企业、港口、航运企业等
主要增值过程	生产制造	港口物流
供应链管理原动力	制造型企业,降低成本和提升竞争力,趋向加强整个供应链的整合	港口,协调港口供应链,实现多方共赢

从表 2-4 可以看到港口供应链在与成员、增值过程方面与制造型企业供应链有所区别。在此基础上,港口供应链也显示出自身的特点。

1. 协调一致性

港口供应链作为涉及供应链上诸多企业的系统,以向最终顾客提供物流服务等为目标,会合理分配供应链上各方责任与工作,合理分配各方权利与利益。各个企业会积极协调行动,寻求一致步调,以实现整个港口供应链的整体利益最大化。

2. 复杂和虚拟性

港口供应链由于较多涉及跨国贸易往来,所以供应链成员来自不同国家、不同地区。同时,供应链成员也来自不同行业的各个企业,各企业所在领域、专长各不相同。这使得港口供应链的成员组成千差万别,加上网链式结构,港口供应链组织结构十分复杂。虚拟性来自港口供应链实质为合作战略联盟,并不存在企业实体。而且供应链通过信息网络来进行信息共享,实现多方合作,创造价值。

3. 动态与不确定性

港口供应链的动态与不确定性来自内外部两个方面。外部来看,一是市场需求的不断变化,顾客需求逐渐个性化,最终顾客需求的不稳定直接导致了港口供应链的动态性。二是技术、社会环境等变化,使得港口供应链随时调整自身业务范围、战略方向。内部方面,港口供应链上成员的变动、成员间信息不对称、某一环节业务活动的变动等都会引起港口供应链的动态变化,而且这种动态与不确定性一直在增加。

2.4.3　港口供应链的运营模式

港口供应链按其战略伙伴关系的紧密程度可分为三种模式:"内部集成化"的港口供应链模式,"外包制"的港口供应链模式,以及"集成化动态联盟"的港口供应链模式(董艳梅,2010)[9]。

1. "内部集成化"的港口供应链模式

内部集成化是指将港口供应链中上下游企业进行纵向兼并,以此实现对原材料供应、港口物流、分销等环节的全过程控制,同时达到更低成本、更高效率。为实现内部集成化,供应链需要更先进的信息共享平台来进行实时信息传递,例如借助供应链计划和各企业内部的企业资源计划,来进行集成化的计划和业务管理。但是随着市场环境的动态变化,内部集成化需要港口供应链中的企业进行更多资金、人力的投入,以管理集成化的整个业务流程,企业间的沟通与磨合也造成了反应迟缓,为企业带来一定压力。

2. "外包制"的港口供应链模式

外包制形式的出现主要为了缓解日益激烈的市场竞争,将非核心业务外包给专业化的企业。对于港口供应链上的企业来说,一方面,可以节省内部资源投入,降低成本;另一方面,可以更专注于打造港口供应链的核心竞争力。部分业务的外包也可减少整个供应链的内部摩擦,整个港口供应链得以更加灵活,更加适应市场不断的变动,响应客户的需求。不过,外包制也对企业间的对接与合作提出了更高的要求,需要相关企业的更高效的配合。

3. "集成化动态联盟"的港口供应链模式

"集成化动态联盟"的港口供应链模式,结合了内部集成化的港口供应链和外包制的港口供应链模式的优势,促进供应链各个企业间和整个组织机构的重构和提升。集成化的动态联盟借助信息技术的集成,使用扩展的供应链计划等工具来进行信息沟通和管理。它极大地削减了供应链上的企业间的摩擦内耗和成本与时间的浪费。面对当前多变的市场环境,集成化的动态联盟可以更加快速敏捷地响应整个市场的需求信号,体现出速度、柔性、专业、易于创新等更大的优势,提供令顾客更加满意的服务。

2.5 港口物流与区域经济互动发展

经济区域是由经济中心、经济腹地和经济网线三部分共同组成的有机社会经济系统。在港口城市及城市群的孕育、发展乃至成为区域经济中心的过程中,需要通过经济网线使整个区域(包括腹地)的经济能量在港口及其临近区域聚集,并形成相当规模,进而推动港口经济的发展和港口城市的崛起。

2.5.1 港口物流推动区域经济发展

港口物流已经成为区域经济发展的增长极。发展经济学认为,在区域经济发展的过程中,不同的时期、不同的行业、不同的地区发展是不平衡的。在一个时期,经济的增长往往集中在一个或几个主导产业或地区,这些产业或地区就是经济增长极。近几年,我国沿海地区港口物流发展迅速,已经成为区域经济发展的重要带动力量。

从港口本身来看,港口作为港口城市的重要组成部分,往往对城市的经济发展起着"龙头"作用。现代港口的发展对港口的服务功能要求越来越高,从而使得城市与港口的关系变得越来越密切。一方面,城市作为港口设施的载体,成为港口产业发展的依托;另一方面,港口产业由于关联度大,经济带动性强而成为城市经济社会发展的重要促进因素。当港航产业发展到一定水平,成为城市的主要支柱产业时,城市的主要功能性质就会发生变化,"港兴城兴",形成广阔的经济辐射面,从多方面带动城市经济的发展。随着港口与城市的一体化发展,港口正成为开展国际贸易和服务业的集聚场所,成为城市经济增长的新的增长点。

2.5.2 区域经济是港口物流产业发展的腹地

经济腹地是指经济中心辐射和直接影响的地域范围,其范围受交通条件、运输成本等多种因素的影响。港口经济腹地的大小不仅与港口所在的区位相关,同时和港口与内陆之间的贸易和运输联系的紧密度相关;此因素反过来又决定了港口过境货物的流量、流向,从而在很大程度上决定了该港口的规模和地位。

一个国家首先融入世界经济的是沿海城市,它们相对内地先一步开放,在开发中求得了发展,形成了经济实力较强的城市群。而同期的内陆地区,由于缺少经济发展的引擎,与沿海城市群的差距逐渐加大。在这种情况下,腹地整合成为一种必然选择,沿海城市群需要在对外开放的同时,不断开拓腹地市场、资源空间,而内陆地区则需要通过沿海城市群融入世界经济,最终增强整个区域的综合竞争力,成为全球经济的一个重要节点。腹地整合是区域经济发展过程中的一个重要环节,尤其是沿海城市群对腹地的整合决定了腹地的发展机会。沿海城市群较之腹地先一步融入了世界经济,它们对腹地的整合决定了腹地的发展机会,单由腹地构筑的"经济世界"不能融入"世界经济"。

腹地整合可以提升港口等级与功能,世界级的港口需要世界级的腹地。纽约成为国际性大都市和它通过伊利运河、中央—哈得逊河铁路不断开拓内陆腹地市场有着非常紧密的关系;鹿特丹港口能成为欧洲的门户,也和它通过莱茵河、新航道把欧洲内陆和沿运河经济区牢牢锁定为自己的经济腹地有着紧密的联系。整合港口资源能大大提升港口群的经济集聚和产业派生能力,使港口所在城市从被动型生产力布局转变为主动型生产力布局,从过去过分依赖内陆腹地资源转变为综合利用海内外资源,创造新的经济增长点和产业链。

本 章 小 结

1. 港口物流作为物流过程中的一个无可替代的重要节点,提供整个供应物流系统中基本的物流服务和衍生增值服务。
2. 现代港口物流的发展趋势包括"大物流"趋势、"智能港"趋势和"虚拟链"趋势。
3. 陆港—海港网络已成为港口竞争优势的关键因素。
4. 港口物流系统一体化有横向一体化和纵向一体化两种形式。
5. 港口供应链上不同企业的分工协作、互相沟通与共同发展,促进了整个港口供应链的整体收益。
6. 港口物流推动区域经济发展,反之,区域经济是港口物流产业发展的腹地。

参 考 文 献

[1] 王玲,魏然,李克娜,杨静蕾. 港口物流系统的重构与评价指标体系的建立[J]. 物流技术,2005(2):13-15+24.

[2] 杨静蕾,刘秉镰,刘军. 港口物流国际竞争力评价研究[J]. 物流技术,2005(5):23-25+29.

[3] 久保雅义. 海上货物运输论[M]. 东京:成山堂书店,2008.

[4] Hanappe P. Plates-formes logistique, centres de logistigue, ports sec[J]. Recherche Transports Sécurité,1986(12).

[5] Roso V. Factors influencing implementation of a dry port[J]. International Journal of Physical Distribution & Logistics Management,2008,38(10):782-798.

[6] 高玲. 港口物流:理论与实践[M]. 北京:北京大学出版社,2017.

[7] 王玖河. 港口企业供应链的结构分析与优化[D]. 秦皇岛:燕山大学,2007.

[8] 杨波峰. 多式联运背景下基于收益共享契约的港口供应链协调研究[D]. 成都:西南交通大学,2018.

[9] 董艳梅. 基于供应链管理的港口物流发展模式设计——以江苏沿海港口为例[J]. 特区经济,2010(10):42-44.

第 3 章

集装箱运输物流

【本章学习目标】

通过本章的学习,学员应该能够:
1. 掌握集装箱的概念、特点,了解集装箱的分类。
2. 掌握集装箱运输的概念及特点,掌握适箱货源的概念,熟悉集装箱运输系统的组成。
3. 了解集装箱货物的概念与分类,掌握集装箱货物的交接形式。
4. 掌握集装箱不同运输方式的特点及适用范围。
5. 了解集装箱运输物流业务流程。

【引导案例】

横跨欧亚大陆的集装箱运输

横跨欧亚大陆的陆路运输主要是一个关于"集装箱的故事"。集装箱运输实际上仍然是跨欧亚大陆陆运货物的唯一运输方式。集装箱的使用有利于货物的保存,保证了标准尺寸,降低了包装成本,加快了货物装卸,统一了运输单据,促进了货物运输流量。从欧盟到中国的铁路集装箱运输量已从 2010 年的 1300 标准箱(相当于 20 英尺)开始激增,到 2018 年底,中欧双方过境集装箱运量达到 34 万标准箱。在此期间,交通流量以每年 30%~100% 的速度增长。

事实上,几乎所有的货物都是沿着两条路线运输的。第一条为欧亚中部走廊(中国—哈萨克斯坦—俄罗斯—欧洲,穿过哈萨克斯坦领土,然后到达俄罗斯,再到白罗斯,最后到波兰)。在哈萨克斯坦,有两个来自中国的入境点,即多斯特克(主要入境点)和霍尔果斯(交易量虽小,但仍在上升),路线总长度为 7000~7500 公里。与其他路线相比,它有许多优势:一是能够使用单一的运输方式(例如只有铁路运输);二是最少数量的海关清关点(只有两个,中国—哈萨克斯坦和俄罗斯、白罗斯—欧盟);三是由于该路线已用于双向运输,所以该路线的"传统"运输功能非常重要;四是与欧洲其他国家航运价格相比更具竞争力。

第二条路线是欧亚大陆的北部,从中国东北方向直接通往俄罗斯,或间接穿过蒙古,然后穿过俄罗斯全境,沿西伯利亚大铁路进入白罗斯,最后进入波兰。这条走廊较长,但在商业上也颇具吸引力,因为它起源于中国东北,途经俄罗斯若干发展中的工业中心,并受益于其优惠的价格优势。中国自2013年起提供交通补贴对推动跨欧亚大陆的集装箱运输至关重要。分析表明,2013年至2017年,中国—欧亚经济联盟—欧盟运输走廊的集装箱列车运输量平均每年翻一番,这在很大程度上要归功于中国政府对出口导向型铁路货运的补贴。经分析计算,笔者估计每个标准箱(相当于40英尺)的平均补贴为2500美元。另外,每标准箱的平均补贴仅占集装箱装运货物总价值的0.4%~0.5%,这个合理的费用有效促进了货物出口。基于此,预计到2020年将有大约50万个标准箱通过欧亚大陆北部和中部走廊运输。[1]

上述案例主要讨论了横跨欧亚大陆的集装箱运输近年来取得的成就,或许读完上述案例,你会疑问:集装箱运输是什么?集装箱运输究竟有何优势能够取得如此之大的成就。学完本章你将会找到上述疑问的答案。

3.1 集装箱概述

3.1.1 集装箱的定义

集装箱是进行散、杂货及特殊单元组合的大型容器性工具。我国《国家标准物流术语》中对集装箱的定义如下。

集装箱是一种运输设备。应满足下列要求:
(1) 具有足够的强度,可长期反复使用。
(2) 适于一种或多种运输方式运送,途中转运时,箱内货物不需换装。
(3) 具有快速装卸和搬运的装置,特别便于从一种运输方式转移到另一种运输方式。
(4) 便于货物装满和卸空。
(5) 具有1立方米及以上的容积。

集装箱这一术语不包括车辆和一般包装。

3.1.2 集装箱的特点

1. 集装箱的优点

通过定义中对集装箱的描述,我们可以知道集装箱相比其他容器性工具,具有以下优点:

(1) 由于集装箱强度高,保护、防护货物的能力强,因而运输过程中可降低货损。
(2) 集装箱容积较大,且一般具有防水等性能,因此使用集装箱时可以不再配置仓库等设施或减少配置数量。
(3) 集装箱具有一系列的规格标准,使得在运输途中可以层叠摆放,节省空间。
(4) 能长期地反复使用,具有足够的强度。
(5) 途中转运不用移动箱内货物,就可以直接换装,提高装卸效率。

2. 集装箱的缺点

与此同时,集装箱由于体积较大、制作成本较高等特点,也具有如下缺点:

(1) 自重一般较大,因而无效运输、无效装卸的比重大。
(2) 集装箱造价高,在每次集装箱运输中分摊成本较高。
(3) 集装箱返空困难。

3.1.3 集装箱的种类

集装箱种类繁多,如图 3-1 所示,可以按照结构、所装货物种类、集装箱主体材料、集装箱的总重以及用途等标准进行分类。

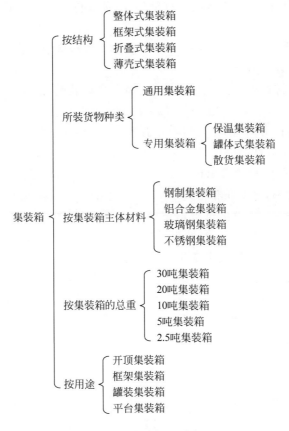

图 3-1 集装箱的种类

1. 按集装箱的结构分

集装箱按结构可分为整体式集装箱、框架式集装箱、折叠式集装箱、薄壳式集装箱等。

(1) 整体式集装箱,一般为刚性结构,具备完整的六面结构。

(2) 框架式集装箱,其主要相对于整体式框架而言,仅具有框架结构,不具有壁板和顶板,甚至部分框架式集装箱不具有底板。

(3) 折叠式集装箱,指集装箱的主要部件能简单地折叠或分解,再次使用时可以方便地再组合起来。优点是回空与保管时体积较小,缺点是强度较低。

(4) 薄壳式集装箱,是把所有部件组成一个钢体,它的优点是重量轻,不易永久变形。

2. 按所装货物种类分

集装箱按所装货物种类可分为通用集装箱(又称杂货集装箱)和专用集装箱,后者又分为保温集装箱、罐体式集装箱、散货集装箱等。

(1) 通用集装箱是最普通的集装箱,主要用于运输一般杂货,适合各种不需要调节温度的货物使用的集装箱。

(2) 保温集装箱,专用于运输对温度具有要求的货物,能进行适度的温度控制,其又可分为冷藏集装箱、低温恒温集装箱及隔热集装箱。

(3) 罐体式集装箱,适用于运输各种液体、气体及部分颗粒状货物,该类集装箱一般采用罐体结构。

(4) 散货集装箱是用以装载粉末、颗粒状货物等各种散装货物的集装箱。

3. 按集装箱主体材料分

集装箱按主体材料可分为钢制集装箱、铝合金集装箱、玻璃钢集装箱、不锈钢集装箱等。

(1) 钢制集装箱,用钢材造成,优点是强度大、结构牢、焊接性高、水密性好、价格低廉;缺点是重量大、防腐性差。

(2) 铝合金集装箱,用铝合金材料造成,优点是重量轻、外表美观、防腐蚀、弹性好、加工方便;缺点是造价高、焊接性能差。

(3) 玻璃钢集装箱,用玻璃钢材料造成,优点是强度大、刚性好、内容积大、隔热、防腐、耐化学性好、易清扫、修理简便;缺点是重量大、易老化、成本高。

(4) 不锈钢集装箱,一般用于制作罐式集装箱,优点是强度高、耐腐蚀性好、不易生锈;缺点是成本高、投资较大。

4. 按集装箱的总重分

集装箱按总重可分为30吨集装箱、20吨集装箱、10吨集装箱、5吨集装箱、2.5吨集装箱等。

5. 按用途分

集装箱按用途可分为开顶集装箱、框架集装箱、罐装集装箱、平台集装箱。

(1) 开顶集装箱是用于装载玻璃板、钢制品、机械等重货,可以使用起重机从顶部装卸,开顶箱顶部可开启或无固定项面的集装箱。

(2) 框架集装箱是以箱底面和四周金属框架构成的集装箱,适用于长大、超重、轻泡货物。

(3) 罐装集装箱是由箱底面和罐体及四周框架构成的集装箱,适用于液体货物。

(4) 平台集装箱是专供装运超限货物的集装箱,有一个强度很大的底盘。在装运大件货物时,可同时使用几个平台集装箱。

3.1.4 集装箱的标准

集装箱标准主要有两部分,一部分是硬件的标准,另一部分是软件标准。

硬件标准包括集装箱的外部尺寸、集装箱重量、集装箱的结构和强度、集装箱角件、集装箱门搭扣件等。

软件标准包括统一名称术语、作业规则、使用方法、装运方法、代码标志等。

其中三种国际常见的标准集装箱的标准如下,并规定1个20寸普通箱为1个标准箱,以此用于其他尺寸的标准箱的换算,以统一计算集装箱的营运量[2]。

20寸普通箱:5 898mm(长)×2 352mm(宽)×2 393mm(高)。

40寸普通箱:12 032mm(长)×2 352mm(宽)×2 393mm(高)。

40寸高箱:12 032mm(长)×2 352mm(宽)×2 698mm(高)。

3.1.5 集装箱的标记

为了在运输过程中便于识别和管理集装箱、编制集装箱运输文件,便于集装箱运输信息的传输和处理,在集装箱的箱体上要标打清晰、易辨、耐久的标记。用于国内运输的集装箱按国家标准进行标记。国际间使用的集装箱按国际标准 ISO 6346—1995 标记。如图 3-2 所示,主要标记有:箱主代号、顺序号、校对数、国家或地区代号、总重和自重、尺寸代号、类型代号等信息。

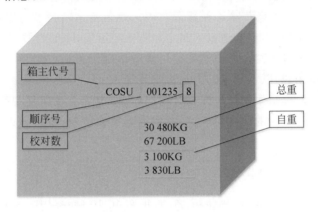

图 3-2 集装箱的标记

3.2 集装箱运输概述

3.2.1 集装箱运输的定义及特点

1. 集装箱运输的定义

我国《国家标准物流术语》中将集装箱运输定义为以集装箱为单元进行货物运输的一种货运方式。应当明确的是,集装箱运输是一种运输方式,它以集装箱为货运单位(单元积载设备),在海、陆、空运输中都可以使用。

2. 集装箱运输的优点

(1)集成成组单元,提高装卸效率

通过集装箱运输,扩大了装卸成组单元,从而提高装卸效率。托盘运输与单件货物相比,扩大了装卸单元 20~40 倍;而集装箱与托盘运输相比,能进一步扩大装卸单元 15~30 倍。

(2) 减少货损货差,提高货物运输的安全与质量水平

集装箱强度高,不易损坏箱内货物。同时,货物装入集装箱后,在整个运输过程中无须拆箱倒载,减少了装卸搬运的次数,进而减少了货损货差,提高了货物的安全和质量。

(3) 缩短货物在途时间,降低物流成本

集装箱化使得货物的装卸、堆码的机械化和自动化程度大大提高,降低了工人使用量。而由于装卸效率的提高,缩短了车船在港口和场站的非生产性停泊时间,从而很大程度地降低物流成本。

(4) 简化包装,降低包装费用

因为集装箱具有强度高,保护、防护货物的能力强的特点,集装箱化后,可以简化包装,甚至无包装,进而降低包装费用。

3. 集装箱运输的条件

集装箱运输虽然具有上述优越性,但值得注意的是,并不是所有情况下都适合进行集装箱运输,一般而言,需要满足以下三个条件才能进行集装箱运输。

(1) 有稳定而大量的集装箱适箱货源。因为集装箱运输一般为定期班轮运输形式,如果货物流量小且不稳定,就会造成大量空箱积压与运输,降低收益率。

(2) 有良好的基础设施。开展集装箱运输的基础设施除了集装箱与集装箱船舶外,还需要现代化港口、码头以及发达的内陆运输系统。

(3) 必须对集装箱进行专门掌握、调度、回收、修理等一系列复杂的管理工作。做好该工作的前提是具备强大的信息系统,随时掌握集装箱行踪,进行合理调度,以尽量避免空箱回运。

3.2.2 集装箱运输的起源

集装箱运输虽然是一种现代化的运输方式,但其发展却经历了漫长的过程。集装箱运输的发展可分为以下几个阶段。

1. 开创阶段(19世纪初—1966年)

1956年6月,美国泛大西洋轮船公司(后更名为海陆运输公司)在一艘 T-2 型油船甲板上设置了一个可装若干集装箱的平台,并取名为"马科世顿"号。随后又开始对其他货船进行改装,并开辟了几条集装箱运输航线,由此开启了现代集装箱运输时代。在该阶段集装箱运输所采用的船舶均由改造而来,且航线也基本局限在美国国内。

2. 成长阶段(1967—1983年)

在该阶段,全集装箱船出现,集装箱运输航线逐渐扩展到欧洲、日本、澳大利亚等国家和地区。随着集装箱全球航运的开始,集装箱国际标准开始制定,并出现了一批集装箱专用码头,集装箱运输优势逐渐凸显。

3. 成熟阶段(1984年以后)

1984年以后,世界航运市场摆脱了石油危机所带来的影响,开始走出低谷,集装箱运输又重新走上稳定发展的道路。

集装箱运输进入成熟阶段的特征主要表现在以下两个方面:硬件与软件的成套技术趋于完善;开始进入多式联运和"门到门"运输阶段。[3]

3.2.3 集装箱运输系统

1. 集装箱运输系统的定义

集装箱运输系统是指集装箱运输全过程所涉及的各个环节的集合,包括设施与设备、运输组织与管理、公共信息服务系统等各组成部分及内部各个环节。

由于集装箱运输是一种"门到门"的运输方式,是一种国际间的多式联运,所以集装箱运输是一个复杂的大系统。

2. 基本组成要素

(1)适箱货源

并不是所有的货物都适合于集装箱运输。从物理与化学属性是否适合装箱、货物价值以及对运费承受能力的角度,货物可分为如表3-1所示的四类货物。

表3-1 货物分类

种　　类	物理与化学属性是否适合装箱	货物价值	对运费承受能力
最适合装箱货物	适合	高	大
适合装箱货物	适合	较高	较大
边缘装箱货物	较难装箱	较低	较差
不适合装箱货物	不适合	—	很差

最适合装箱货物主要包括针织品、酒、医药品、小型电器、小五金类等;适合装箱货物主要包括纸浆、电线、面粉、皮革、金属制品等;边缘装箱货物主要包括生铁、砖瓦、原木等;不适合装箱货物主要包括原油、矿砂等。

集装箱运输所指的适箱货源,主要是指最佳装箱货和适合装箱货物。对于适箱货源,采用集装箱方式运输是有利的。

(2)标准集装箱

除了国际标准集装箱外,各国还有一些国内和地区标准集装箱,如我国国家标准中,有5吨、10吨两种适于国内使用的标准集装箱。

(3)集装箱船舶

集装箱船舶广义是指可用于装载国际标准集装箱的船舶,狭义是指全部舱室及甲板专用于装载集装箱的全集装箱船舶。相比于传统货船,其具有船舶吨位大、功率大、航速高、货舱开口大、货舱尺寸规格化、稳定性要求高等特点。

(4)集装箱码头

与集装箱水路运输密切相关的是集装箱港口码头。集装箱水路运输的两端必须有码头,以便与其他运输方式相连接。早期的集装箱码头一般与件杂货码头交叉使用,随着集装箱运输的发展,现代化的集装箱码头已高度专业化。

(5)集装箱货运站

集装箱货运站按其所处的地理位置和不同的职能,可分为设在集装箱码头内的货运站、设在集装箱码头附近的货运站和内陆货运站三种。集装箱货运站的主要功能包括装箱、拆箱和集拼、分拨等。

(6) 集装箱卡车

集装箱卡车主要用于集装箱公路长途运输、陆上各节点间的短驳以及集装箱的末端运输。

(7) 集装箱铁路专用车

集装箱铁路专用车主要用于铁路集装箱运输，即主要用于集装箱的陆上中、长距离运输和所谓的"陆桥运输"。

3. 集装箱运输子系统

集装箱运输系统的各个"基本要素"进行组合，大致可以组成以下子系统。

(1) 集装箱水路运输子系统

集装箱水路运输子系统的基本要素主要有集装箱船舶、集装箱码头与集装箱货运站等。该子系统主要负责完成集装箱的远洋运输、沿海运输和内河运输部分，是承担运量最大的一个子系统。同时，集装箱水路运输子系统由集装箱航运系统和集装箱码头装卸系统两个次级系统组成。

(2) 集装箱铁路运输子系统

集装箱铁路运输子系统的基本要素主要有集装箱铁路专用车、集装箱铁路办理站与铁路运输线等。随着"陆桥运输"的起始与发展，集装箱铁路运输子系统在整个集装箱多式联运中起着越来越重要的作用。

(3) 集装箱公路运输子系统

集装箱公路运输子系统的基本要素主要有集装箱卡车、集装箱公路中转站与公路网络。集装箱公路运输子系统主要负责完成短驳、串联和"末端运输"的任务。由于地理环境、道路基础设施条件的不同，集装箱公路运输子系统在不同国家和地区处于不同的地位，发挥着不同的作用。

(4) 集装箱航空运输子系统

集装箱航空运输子系统的基本要素主要有航空集装箱、装卸搬运等设备。近年来，随着世界经济增长和运输需求的提高，航空运输速度快、对需求响应及时、资金占用时间较短等优越性逐渐显现出来。集装箱航空运输子系统的地位正在逐渐提高。

(5) 集疏运子系统

集装箱运输的集疏运子系统是围绕各干线展开的，是由各种方式的运输线路和各类集装箱货物集散点组成的覆盖枢纽港及周边广大地区的网络系统。

(6) 集装箱运输管理子系统

集装箱运输管理子系统主要包括管理机构、经营机构、集装箱运输的法规及标准体系、集装箱运输技术和工艺体系、集装箱运输管理信息系统及与集装箱运输相关的子系统。[4]

3.3 集装箱货物与交接方式

3.3.1 集装箱货物概述

1. 集装箱货物的概念

集装箱货物是指以集装箱为单元积载设备而投入运输的货物。

通常适宜用集装箱装运的货物具有两个基本特点：一是能较好地利用集装箱的载货能力（重量和容积）；二是价格较高。

2．集装箱货物的分类

如图3-3所示，对集装箱货物可以按照如下标准进行分类：适箱程度、货运特性以及一批货物能否装满一个集装箱等。

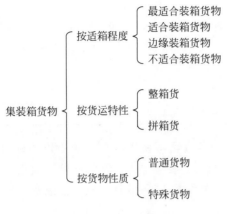

图3-3　集装箱货物的分类

1）按适箱程度分类

通过对货物物理与化学属性、货价以及运费承运能力三方面讨论分析，可将集装箱货物分为最适合装箱货物、适合装箱货物、边缘装箱货物和不适合装箱货物。

2）按货运特性分类

（1）整箱货（FCL）。整箱货是指货主托运的货物足以装满一个集装箱的货物。整箱货的发货人通常是一个人，而收货人通常也是一个人。

（2）拼箱货（LCL）。拼箱货是指仅由一个货主托运的不能装满一个集装箱，须由集装箱货运站或货运代理人将不同货主的但为同一目的地的货物进行合并后装箱的货物。拼箱货的发货人通常是多个人，而收货人也通常是好几个人。

3）按货物性质分类

按照货物本身的运输特性，可分为普通货物和特殊货物。

（1）普通货物本身性质不具有危险性，是不属于危险品规则上的货物，也是不需要保温或冷冻的货物，具体又分为清洁货和脏污货。普通货物适合于装载干货箱运输。

（2）特殊货物是指在性质上、质量上、价值上或形态上具有特殊性，运输时需要用特殊集装箱进行装载的货物，具体又分为高价货、易腐货、冷藏货物、危险货等。

冷藏货物对运输的温度有较高的要求，因此必须使用冷藏集装箱运输，主要有蔬菜、水果、海产品等。

危险货在运输过程中安全要求很高，通常装载于干货箱中，但在集装箱的四面外壁上必须贴上相应的危险品标志，并采取特别的安全措施，以保障安全。

3．集装箱的选择

对于不同类型的集装箱货物应选择不同类型的集装箱，具体选择标准可参照表3-2。

表 3-2 集装箱的选择

集装箱种类	货 物 种 类
杂货集装箱	清洁货、污货、箱装货、危险货
开顶集装箱	超高货、超重货、清洁货、长件货、易腐货、污货等
台架式集装箱	超高货、超重货、长件货、箱装货等
散货集装箱	散货、污货、易腐货等
平台集装箱	超重货、超宽货、长件货、散货等
通风集装箱	冷藏货、动植物检疫货、易腐货、托盘货等
动物集装箱	动植物检疫货
罐式集装箱	液体货、气体货等
冷藏集装箱	冷藏货、危险货、污货等

值得注意的是,部分特定货物可使用的集装箱不止一种,具体选择时应结合实际情况。如危险货既可以选择杂货集装箱也可以选择冷藏集装箱;污货可以选择杂货集装箱、开顶集装箱、散货集装箱和冷藏集装箱;散货可以选择散货集装箱和平台集装箱。

3.3.2 集装箱货物的拼装与交接方式

1. 集装箱装载

做好集装箱货物的配载工作十分重要。为了确保集装箱货运质量,必须注意集装箱货物的合理装载和固定。

集装箱货物的装载应做到以下几个方面:认真检查箱体及货物是否为适箱货源,质量分配合理,做好衬垫设置及货物固定,注意货物能否混载。

同时为了确保集装箱货运质量,必须注意集装箱货物的合理装载和固定,集装箱货物的装载应力求满足以下两个基本要求。

(1) 确保货物的完好和运输安全,不断提高运输服务质量。

(2) 集装箱载内容积应得到充分利用,不断提高集装箱的利用率。

2. 集装箱换装作业

将集装箱从一种运输工具上卸下,转装到另一种运输工具上,称为集装箱换装作业。同类运输工具之间,也会发生换装作业。换装作业有直接换装与间接换装两种方式。其中直接换装是集装箱从一种运输工具直接换装至另一种运输工具,而间接换装则需要从一种运输工具卸于堆场后再换装到另一种运输工具。

3. 集装箱货物的交接地点

(1) 发货人或收货人的工厂或仓库,即门(Door)。在发货人或收货人的工厂或仓库交接的货物都是整箱交接。一般意味着发货人或收货人自行负责装箱或拆箱。

(2) 集装箱码头堆场,简称 CY,包括集装箱前方堆场和集装箱后方堆场,但有些国家对集装箱堆场并不分前方堆场或后方堆场,统称为堆场。在集装箱码头堆场交接的货物,不论是发货港集装箱堆场,还是卸货港集装箱堆场,都是整箱交接。

(3) 集装箱货运站,简称 CFS,是处理拼箱货的场所。它办理拼箱货的交接、配积载后,将集装箱送往集装箱堆场,还接受集装箱堆场交来的进口货箱。

4. 集装箱货物的交接形式

集装箱货物交接的划分以点到点的形式划分,如图 3-4 所示,具体主要有九种形式。

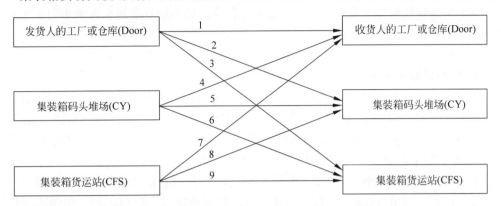

图 3-4　集装箱货物的交付形式

其中:

1 代表"门到门"交接,即 Door—Door,是一种整箱货运方式。

2 代表"门到场"交接,即 Door—CY,是一种整箱货运方式,与门到门交接相比承运人负责的范围有所缩小。

3 代表"门到站"交接,即 Door—CFS,是一种整箱—拼箱货运方式。

4 代表"场到门"交接,即 CY—Door,是一种整箱货运方式。

5 代表"场到场"交接,即 CY—CY,是一种整箱货运方式。

6 代表"场到站"交接,即 CY—CFS,是一种整箱—拼箱货运方式。

7 代表"站到门"交接,即 CFS—Door,是一种拼箱—整箱货运方式。

8 代表"站到场"交接,即 CFS—CY,是一种拼箱—整箱货运方式。

9 代表"站到站"交接,即 CFS—CFS,是一种拼箱货运方式。

3.4　集装箱运输方式

基于集装箱运输子系统,集装箱运输方式主要分为集装箱铁路、水路、公路、航空运输以及集装箱大陆桥运输。

3.4.1　集装箱铁路运输

随着世界经济与贸易的发展,集装箱铁路运输逐渐呈现出运输量增长迅速,运输设备不断更新改造以及综合交通网络、自动化运营管理的加快建设等特点。

1. 铁路运输方式选择

铁路运输方式受集装箱办理车站和路线的限制,进行运输作业时需要作出不同的选择,铁路集装箱运输方式主要有集装箱定期直达列车、集装箱专运列车、快运货物列车与普通货运列车等四种。

(1) 集装箱定期直达列车主要用于处理整列的集装箱货源。

(2) 集装箱专运列车也是用于处理整列的集装箱货源,但其主要用于处理货源不均衡与船期不稳定的问题。

(3) 快运货物列车主要用于对难于编入定期直达列车或专运列车的整车的集装箱货源的运输。

(4) 普通货运列车主要运输对象为整箱的集装箱货源与拼箱的集装箱货源。

2. 铁路运输车辆的选择

一般铁路货车均可装运集装箱,但集装箱大小及长度受铁路货车尺寸的制约;普通铁路平板货车虽可装运集装箱,但自重较大,无效运输较严重,车辆结构也不适于快速装卸和大量运输。专门进行集装箱运输的线路及定期集装直达列车一般都采用集装箱专用车[4]。集装箱运输的专用车主要类型有:

(1) 普通集装箱专用平车,是世界各国最常见、使用最普遍的集装箱运输车辆。

(2) 公铁路两用车,使铁路与公路运输可以直接连接,但其结构复杂,使用和维修不方便且不易存放与管理。

(3) 双层集装箱货车,即将集装箱叠放成两层进行运输,其运输效率较高。

(4) 背驮运输车,是将集装箱车卡车或拖车原封不动地搭载在平车或凹底平车上来运输,有利于提高装卸效率。

3.4.2 集装箱水路运输

集装箱水路运输主要以海上国际集装箱运输为主,即使用集装箱运输船舶装载国际集装箱货物经由海上从一个国家或地区运至另一个国家或地区的国际运输。[5]

1. 集装箱水路运输船舶

能载运集装箱的船舶种类很多,但载运能力、载运方式相距甚远。现在主要采用的有以下几种。

(1) 全集装箱船,又称集装箱专用船,是一种专门用于装载集装箱的船舶,只能装运集装箱而无法装载杂货。按照装卸集装箱方式的不同,又可分为吊装式集装箱船、滚装式集装箱船。

(2) 载驳集装箱船,又称子母船。按照装卸载驳方式不同,又可分为普通载驳船、海蜂式载驳船、浮坞式在载驳船。

(3) 半集装箱船,是一种集装箱与杂货混装于一船的船舶。

(4) 多用途船,其通用性强,使用范围广,通常是以某一干货为主,兼运其他干货。

2. 我国集装箱港口布局

我国集装箱港口布局分为北、东、南三大集装箱主枢纽港群。

北部集装箱主枢纽港群——以大连港、天津港和青岛港为主;东部集装箱主枢纽港群——以上海港、宁波港为主;南部集装箱主枢纽港群——以香港港、深圳港和广州港为主。

3. 集装箱水路运输航线分类

(1) 按航线地位分类,可分为干线运输和支线运输。目前世界三大主要集装箱运输干线分别为远东—北美航线,远东—欧洲、地中海航线,以及北美—欧洲、地中海航线。[6]

(2) 按航线设计类型分类，可分为多港挂靠的直达运输航线，以及干线支线中转运输航线。

3.4.3 集装箱公路运输

集装箱公路运输能够简化货物流通环节，提高运输效率，节约包装材料，减少货损货差，降低流通成本，改善运输质量。公路运输以其机动灵活、快速直达的优势，已成为集装箱多式联运中重要的环节。

1. 集装箱公路运输车辆

（1）普通集装箱卡车，由集装箱牵引车（又称拖车）和集装箱组成。其中牵引车按拖带挂车的方式又可分为：半拖挂方式，全拖挂方式以及双联拖挂方式。

（2）集装箱半挂车，具体又可分为平板式集装箱半挂车，骨架式集装箱半挂车以及鹅颈式集装箱半挂车。

（3）集装箱自装自卸车，按其装卸方式又可以分为后面吊装型以及侧面吊装型。

2. 集装箱公路运输的经营范围

集装箱公路运输的经营范围按照起始点及相关运输内容可大致分为表3-3所示的五种。

表 3-3　集装箱公路运输的经营范围

起点/终点	终点/起点	运输内容
港口	内陆腹地	延伸运输、中转运输以及在内陆中转站进行的集装箱和集装箱货物的作业
国内铁路集装箱中转站	收、发货人仓库	车间、堆场间的门到门运输及代理货物的拆箱作业
沿海、内河国内水	腹地	延伸运输、中转运输或至货主间的短途门到门运输
各城市	各城市	干线公路直达的集装箱运输
内地	港澳之间及其他边境口岸出入国境	集装箱运输、接驳运输以及大陆桥运输

3. 集装箱公路运输的形式

集装箱公路运输的选择应当根据收发量的大小进行决定，具体选择方式见表3-4。

表 3-4　集装箱公路运输形式的选择

发量	收量	运输形式
大	大	整箱货装箱——集装箱运输——整箱货拆箱
大	小	整箱货装箱——集装箱运输——拼箱货在货运站拆箱
小	大	拼箱货在货运站装箱——集装箱运输——整箱货拆箱
小	小	拼箱货在货运站装箱——集装箱运输——拼箱货在货运站拆箱

由表可知,对于发货量大的货物采用整箱发货,反之使用拼箱发货;在经过集装箱运输后,对于收量大的货物以整箱形式拆箱,反之则在货运站以拼箱形式拆箱。

3.4.4 集装箱航空运输

由于受到飞机负荷的限制,集装箱航空运输具有成本高、运费贵,且水路、陆路集装箱无法用于航空运输等问题,但航空运输具有运程长、速度快、降低货损等不可替代的优势,因此随着技术发展、经济增长以及客户运输要求的提高,航空运输的地位越来越重要。

1. 集装箱航空运输的要求

受到飞机负荷及自身空间受限的影响,航空运输在集装箱尺寸、结构和容积等方面的要求与其他集装箱不同。因此,所有空运集装箱和成组货载装置、弯顶、低底板的集装箱都比国际标准集装箱质量更轻、耐火性更强且要与飞机的相应部分的形状相一致[7]。

2. 货物进出空港业务

(1) 出港业务。航空公司出港货物操作主要包括:预审国际货物订舱单、整理单据(含现场中转散货单据、已入库的大货单据)、过磅与入库、出港。

(2) 进港业务。航空公司进港货物操作主要包括:进港航班预报、办理货物海关监督、分单业务、核对运单和舱单、电脑信息录入以及交接。

3. 集装箱航空运输方式

(1) 班机运输,指在固定航线上飞行的航班,不适用于大批量货物的运输。

(2) 包机运输,主要分为整包机运输和部分包机运输。

(3) 集中托运,由空运代理公司将若干单独托运人的货物集中起来组成一整批货物,由航空公司托运到同一到站地;在货到国外后由到站地的空运代理办理收货,报关并拨给各个实际收货人。

(4) 急件传递,指由专门经营这项业务的公司与航空公司合作,设专人用最快的速度在货主、机场、用户之间进行传递。[7]

3.4.5 集装箱大陆桥运输

1. 大陆桥运输概述

(1) 含义

大陆桥运输,又称国际铁路集装箱运输,是指以集装箱为主要运输工具,以横贯大陆的铁路、公路运输系统作为中间桥梁,把大陆两端的海洋连接起来的运输方式。[8]

(2) 优点

大陆桥运输的优点主要为:可简化作业环节,可迅速转换运输工具,缩短货物运输时间,降低运输成本等。

2. 世界主要大陆桥简介

(1) 北美大陆桥

北美大陆桥是指从日本港口海运至太平洋沿岸港口卸货,再用铁路将集装箱运至大西洋沿岸或墨西哥湾港口,经海运运往欧洲或相反方向的运输路线。北美大陆桥包括:美国大陆桥、加拿大大陆桥、小陆桥、微桥运输。

(2) 欧亚大陆桥

第一欧亚大陆桥,又称西伯利亚大陆桥,其航线为以俄罗斯东部的符拉迪沃斯托克(海参崴)为起点,经西伯利亚大铁路通向莫斯科,然后通向欧洲各国,最后到荷兰鹿特丹港。第二欧亚大陆桥指1990年9月与哈萨克斯坦铁路接轨的经我国兰新铁路、陇海铁路的新欧亚大陆桥,由于所经路线很大一部分是经原"丝绸之路",所以又称现代"丝绸之路",是目前亚欧大陆东西最为便捷的通道。[9]

欧亚大陆桥运输具有下列特点:运距短、时间快、费用少、手续简便、结汇快。

(3) 亚欧大陆桥

亚欧大陆桥是指从中国连云港经新疆阿拉山口西至荷兰鹿特丹及相反方向的运输路线,是跨及欧亚大陆的又一条大陆桥。

亚欧大陆桥与欧亚大陆桥相比具有以下特点:运程短、运期短、运费少;东桥头堡具有多桥头堡的条件;东桥头堡无封冻期。

3.5 集装箱运输物流业务

3.5.1 集装箱运输物流进出口业务

1. 集装箱出口业务

国际集装箱运输系统需要集装箱码头、船公司、船代、货代、外理、集装箱货运站、口岸监管部门以及银行、保险公司等各方共同参与和配合,才能保证出口货运工作的顺利开展。[8]场到场交接下集装箱出口货运业务流程见图3-5。

(1) 订舱托运

按照贸易合同要求,应由发货人负责订舱托运。发货人按合同规定的交货期,根据船期表,选择合适的船名航次,向船公司或船代订舱托运。

(2) 投保

由发货人根据确认的订舱单向保险公司投保,支付保险费。

(3) 申请空箱

发货人在完成订舱托运后,通常向船公司或船代申请空箱,以装箱出运。后者根据订舱资料,签发集装箱空箱发放凭证交发货人。

(4) 装箱

发货人提运空箱至装箱点,负责装箱、填制装箱单,并在海关监管下施封。

(5) 重箱进场

通常在装船前三天,发货人负责将出口重箱送入集装箱码头。

(6) 出口报验、报关

依据先备货、后报关制度,发货人装箱后才能报关,在报关前还应先报验。通关后,海关在装货单上加盖海关放行章,准予出口装运。

(7) 装船理箱

装船时,由外轮理货公司代表承运人理箱并于码头在船边进行集装箱交接。

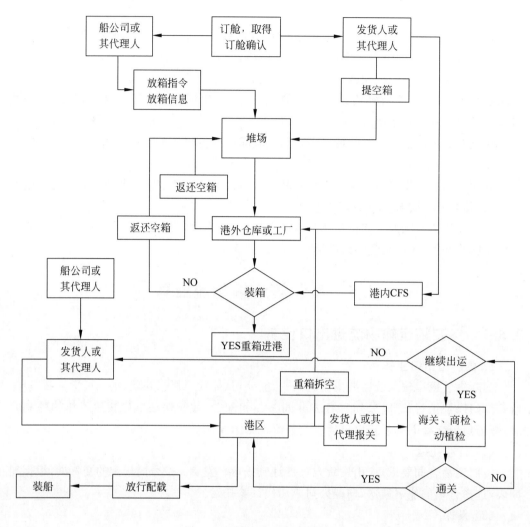

图 3-5 集装箱出口货运业务流程

(8) 签发提单

发货人凭码头签发的场站收据正本向船公司或船代换取提单,后者审核无误、结清运费和其他费用后,收下场站收据正本,签发提单交发货人。

(9) 结汇

发货人凭提单和其他货运单证向议付行结汇,收取货款。

2. 集装箱进口业务

场到场交接下集装箱进口货运流程见图 3-6。

(1) 进口货运资料预到

出口货物在装运港装船开航后,装运港船代根据装船实际情况编制一系列出口货运单证,寄往卸船港船代,使其及时掌握进口货运情况,做好接船接货准备。

(2) 发出到货通知书

卸货港船代根据船期在船舶到港前,发出到货通知书,告知收货人使其做好提货

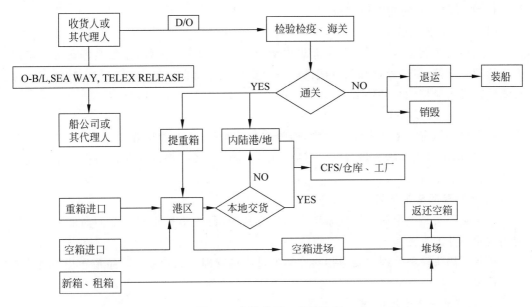

图 3-6 集装箱进口货运流程

准备。

(3) 赎取提单

收货人向开证行办妥手续、结清货款及有关费用后,获取提单。

(4) 卸船、理箱

集装箱码头根据资料,制订卸船作业计划,并按计划组织卸船外理公司代表承运人理箱并于码头在船边进行集装箱交接。

(5) 换取提货单

收货人凭到货通知书和提单向船代换取提货单。

(6) 进口报关报验

收货人凭提货单等单证向口岸监管部门报关检验,海关审核后在提货单上加盖海关放行章,准予进口箱提运。

(7) 提运重箱

收货人凭通过报关的提货单向集装箱码头办理提运重箱手续后,提运重箱出场。

(8) 拆箱

收货人拖重箱至拆箱点负责自行拆箱。

(9) 还空箱

收货人拆箱后,清扫空箱,并在规定的还箱期内拖空箱至指定的还箱点。

3.5.2 集装箱码头的商务管理

集装箱运输物流业务除了前文详细讲述的进出口业务外,还包括集装箱码头的检查口业务、箱务管理、堆场管理以及货运站业务管理等。

1. 集装箱码头的检查口业务

（1）检查口的含义

检查口是集装箱卡车托运集装箱进出集装箱码头的必经之处，是集装箱码头与拖箱人进行箱体交接、单证处理和信息记录的一个重要业务部门。它是码头与内陆承运人进行集装箱设备交接的主要环节。

（2）检查口的基本职责

检查口的职责主要体现在四方面：检验集装箱箱体，进行集装箱交接；审核有关集装箱单证，磅出出口箱实际重量；配合堆场作业，指定收箱或提箱堆场箱位；进场、出场集装箱的信息汇总处理。

2. 集装箱码头箱务管理

集装箱码头是整个箱务管理系统中的核心环节，码头箱务管理效率的高低将直接影响到运输利益的高低。

集装箱码头箱务管理主要包括对空箱的进出场管理，冷藏箱、危险品箱和特种箱的进出口管理。

3. 集装箱码头堆场管理

堆场管理作为箱务管理的基础和前提，是集装箱码头生产的一个重要条件，其效率的高低，将会影响码头堆场的利用率，以及整个作业流程的效率。

堆场管理主要包括对出口箱、进口重箱的堆放，以及集装箱的搬移。其中搬运根据业务需要和集装箱类型的不同又分为：装船结束后退关箱的搬移，进口箱集中提运前的搬移，进口箱提箱作业基本结束后的搬移，空箱的搬移和装船需要的搬移。

4. 集装箱货运站业务管理

集装箱货运站是指以装箱、拆箱和集拼、分拨为主要业务的运输服务机构，主要分为设置于集装箱码头内的集装箱货运站、设置于集装箱码头附近的集装箱货运站以及内陆集装箱货运站。

集装箱货运站业务流程主要包括进口业务流程和出口业务流程两大部分。

以进口业务为例，业务流程主要包括：取得进出口箱相关信息单证、发出交货通知、从码头堆场领取重箱、拆箱交货、收取有关费用、制作报告。

本 章 小 结

1. 集装箱作为进行散、杂货及特殊单元组合的大型容器性工具，具有强度高、容积大、具有一定防水性等特点，其可按照结构、所装货物种类、集装箱主体材料、集装箱的总重以及用途等不同标准进行分类。

2. 集装箱运输是以集装箱为单元进行货物运输的一种货运方式，具有集成成组单元，提高装卸效率；减少货损货差，提高货物运输的安全与质量水平；缩短货物在途时间，降低物流成本；简化包装，降低包装费用等优点。

3. 集装箱货物是指以集装箱为单元积载设备而投入运输的货物。集装箱运输所指的适箱货源，主要是指最佳装箱货和适合装箱货物，其具有两个基本特点：一是能较好地利用集装箱的载货能力(重量和容积);二是价格较高。对集装箱货物可以按照如下标准进行分类:适箱程度、货运特性以及一批货物能否装满一个集装箱等。

4．集装箱运输方式主要分为集装箱铁路、水路、公路、航空运输以及集装箱大陆桥运输,应根据运输货物类型、始发地和目的地、运输成本要求等各因素合理选择集装箱运输方式。

5．集装箱运输物流业务主要包括集装箱进出口业务、集装箱码头的检查口业务、箱务管理、堆场管理以及货运站业务管理。

参 考 文 献

[1] 叶甫根尼·维诺库罗夫,郭舒,文君．横跨欧亚大陆的集装箱运输:"一带一路"的成功案例[J]．清华金融评论,2020(4):101-103.

[2] 刘心,吴庆主编．物流运输管理实务[M]．成都:电子科技大学出版社,2018.

[3] 郭敏,陈俊杰主编．集装箱运输管理[M]．成都:西南交通大学出版社,2016.

[4] 张理,刘志萍主编．物流运输管理[M]．北京:北京交通大学出版社,2012.

[5] 高明波主编．集装箱物流运输[M]．北京:对外经济贸易大学出版社,2008.

[6] 王娟娟,岳一姬主编．集装箱运输实务[M]．天津:天津科学技术出版社,2019.

[7] 江明光主编;陈心杰,刘鸣华副主编;林莉莉参编;王鸿鹏主审．集装箱运输实务[M]．北京:北京理工大学出版社,2019.

[8] 王斌义主编．港口物流[M]．北京:机械工业出版社,2011.

[9] 郑若函,赵东明主编．集装箱运输实务[M]．北京:对外经济贸易大学出版社,2014.

第 4 章

油轮运输物流

【本章学习目标】

通过本章学习,学员应该能够:
1. 理解油轮及油港的概念。
2. 掌握油轮的具体分类及主要运输路线。
3. 了解油轮运输的发展历史。
4. 理解油轮主要运输货物及特点。
5. 了解中国油轮实践与创新。

【引导案例】

湛江油港——油运的重要纽带

湛江港东接珠三角、西临北部湾、面向东南亚,处于连接南北半球、沟通太平洋和印度洋航道的中心位置,更是中国大陆通往中东、东南亚、非洲、欧洲和大洋洲距离最短的港口,与全球140多个国家和地区通航往来,处于中石化、中石油、中海油三大石油集团海岸运输的交汇点。湛江港是新中国第一个自行设计和建设的油港,是华南地区海上原油的最佳上岸基地,已成为国家级油品转运中心、华南地区大型油品集散基地之一,主要为华南、西南及珠三角地区的各大炼厂和三大石油公司提供油品装卸、储存、中转等服务。

港口拥有30万吨级、5万吨级、2.5万吨级、5000吨级、3000吨级等13座油品及化工品装卸泊位,年设计吞吐能力达4383万吨。现有储罐46座,总罐容100.8万 m^3,其中原油71.5万 m^3,成品油及化工品29.3万 m^3。目前在用压力管道共94公里;有155个铁路装卸位、14个汽车装车台位及相应泵站设施,可同时装卸原油、轻柴油、汽油、液氨、苯类、醇类等多种油品和化工溶剂,拥有完善的石油管线系统,拥有"湛江—茂名""湛江—北海"原油管线,"湛江—珠三角""湛江—大西南"成品油管线,管道运输周转效率可达300万吨/天,年疏运量达2000万吨。

同时湛江港集团还将加强与中石油、中石化等大型石化企业开展战略合作,开展原油贸易、原油期货、保税转口等新业务,并积极开拓液氨、乙醇等液体化工业务,打造华南液体化工集散中心。

了解完湛江油港的基本状况,在接下来的章节中,我们将探讨油轮、油港的相关知识,认识油港的基础设备设施,了解世界和中国油运市场发展与现状等问题。

(资料来源于湛江港集团股份有限公司官网介绍)

4.1　油轮及油港概述

4.1.1　油轮概述

1. 油轮定义

油轮又称油船,是指建造为专门用于运载散装原油或成品油的一类船舶,有时也可以用来运载其他液体,比如水等。油轮主要有以下特点:一是油轮的航行速度较慢,一般为30千米/小时左右,属于航速比较慢的船;二是外形较容易与其他船舶进行区分,甲板非常平,布置有纵通全船的输油管;三是由于油轮所装载货物基本上是易燃、易爆的危险品,因此其相对普通船舶的安全要求更高、管理更加严格。早期的油轮是单层底、单壳的结构,但出于环保防污的考虑,国际海事组织出台《防止船舶污染国际公约》规定逐步淘汰单壳油轮、新建油轮必须具有双层底、双壳结构。

2. 油轮分类

油轮一般按照运输产品和运载能力的不同来进行分类。

(1) 根据运输产品的不同可以分为:原油油轮和成品油油轮。

原油油轮是指从事原油运输业务的油轮;而成品油油轮是指从事除原油以外的油类运输业务的油轮。根据国际规定,两类油轮一般情况下不可混用。

(2) 根据其运载能力主要可以分为灵便型油轮、巴拿马型油轮、阿芙拉型油轮、苏伊士型油轮、超级油轮、超大型油轮(表 4-1)。灵便型油轮具有灵活性强、吃水浅、舱数多等特点;巴拿马型、阿芙拉型、苏伊士型油轮是以名称对应的运河通航条件(如运河对船宽、吃水的限制)为上限来命名的。

表 4-1　油轮分类(按运载能力)

船　型	载重(单位:万吨)
灵便型油轮 Handysize	1～5
巴拿马型油轮 Panamax	5～8
阿芙拉型油轮 Aframax	8～12
苏伊士型油轮 Suezmax	12～20
超级油轮 VLCC (Very Large Crude Carrier)	20～30
超大型油轮 ULCC (Ultra Large Crude Carrier)	30 以上

3. 油轮发展简况[1][2]

液体油类最早是使用木桶、铁桶等容器装运到船上运输的,但这种方式成本高、占地大、易产生破损泄漏,因此很快出现了专门用于运输油品的船舶——油轮。18世纪中期,开始出现散装的帆船来运输油类;19世纪末出现了专门运载油品的机动油船。

1886年,英国建造的"好运"(GLUCKAUF)号机帆船,是世界上第一艘具有现代油船特征的散装油轮。第一次世界大战后,随着石油产量和运输量的迅速增长,为了适应大运量、长航程的需要,油轮逐渐开启专业化、大型化的进程。由于1956年战争的爆发,苏伊士运河被迫关闭,石油从波斯湾运输到欧洲的航路距离增加了5000多海里,不得不绕道非洲南端的好望角。运输距离的大幅度增加、好望角恶劣的海上环境以及为了获得更高的经济效益,运输船舶必须增加数量、吨位,才能保证安全和收益,因此当时各国竞相建造大型油轮,推动了油轮的大型化。

1966年12月,"出光丸"(Idemitsu Maru)号油轮首次超过了20万载重吨临界值,打破了世界造船史的记录。一个新名字:VLCC(Very Large Crude Carrier)——即载重量在20万～30万吨的超级油轮由此诞生。1976年油轮的载重突破了50万吨。而后随着苏伊士运河的重新开放,超级油轮、超大型油轮由于经济性、适航性和吃水等限制,加之西方国家改变了以石油为主的能源结构;同时大规模修建油气输送管道和采取节能措施,从而导致了海上石油总运输量的降低,超级油轮、超大型油轮陷入过剩状态,因此油轮大型化趋势逐渐停止。

4.1.2 油港及码头设施

1. 油港定义[3][4]

油港是指可供油轮停靠的、专门用于装卸原油或成品油的港口。一个港口一般包括多个码头,石油及石油产品通过石油码头运输到最终用户或其他储存设施。

由于油品的易燃易爆性,油港的地址应当设置在港口的边缘地区和河道的下游区域,并且独立设置装卸作业区,同时应当与铁路、公路等建筑物保持规定的安全距离,与相邻的其他货运、客运码头保持安全距离。

2. 石油码头设备设施

油港的石油码头通常设置有管道系统、油品储存设施、船舶装卸设备等设备设施来确保油品安全高效地储存和运输(图4-1)。石油码头设备布置的最大特点是固定性,油品的输送由管道进行,布局相对简单[5]。

1) 管道设施

管道是石油码头主要的作业设施,是石油码头装卸设备系统中重要的组成部分。管道作为石油码头前沿和储罐区相连接的运输通道,承担着完成卸货、装货任务的职责。

石油码头管道按照运输油品的不同可分为原油管道,成品油管道和液化气管道(包括液化天然气管道和液化石油气管道等)。石油码头的输送管道经常与油田、炼油厂、石油化工厂等的管道直接相连,形成一个完整的运输系统。

石油码头输送管道一般由管道泵站、加热站、计量设备等组成。其中泵站承担油品运输中加压的任务,确保油品的持续运输。加热站负责给一些比较黏稠的油品进行加热,这些油品通常需要一定的温度才能在管道中顺利运动。计量设备则承担对输送的油品进行计量的任务。由于油品的天然易燃易爆性,石油码头一般还需要配置消防管道和泡沫灭火剂等,来保证码头的消防安全。

图 4-1　港油装卸（日照港供图）

2）油品储存设备

（1）储罐

石油的储存设备主要是储油罐，从结构外形上可以分为立式储罐、卧式储罐和球形储罐（图 4-2）。

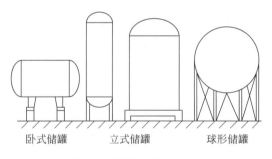

图 4-2　储罐的结构示意图

① 立式储罐。包括拱顶储罐和浮顶储罐。拱顶油罐结构简单，承压能力较强，便于施工和备料。而浮顶储罐是指拥有一个漂浮在油面上，随油面上下浮动的盖顶的储罐。按储罐壳体是否封顶，又可分为外浮顶储罐和内浮顶储罐两种。浮顶储罐的罐顶悬浮在所贮油面上，具有防止油品气化、减少蒸发损耗的功能。这种结构不仅可以延缓油品质量的变化，同时还能降低油气对大气的污染。浮顶储罐被广泛用于存储成品油、溶剂等轻质、易挥发的各类油品。

② 卧式储罐。卧式储罐的容积一般小于 100 立方米，通常在生产环节或加油站中使用较多。由于卧式结构的占地面积及钢材单耗大，因此卧式储罐的性价比较低。

③ 球形储罐(以下简称球罐)。主要在我国石油、化工等部门被广泛应用。由于球体形状的特点,球罐所需钢材最少,同时其板材厚度较其他储罐低。此外,球罐占地面积、基础工程量小,可以提高对土地面积的利用率。储罐一般还包括加热器、量油管、排水系统、阻火器、搅拌器、防雷电接地装置等配套设施。

(2) 储油库[6][7]

储油库是石油码头的一个重要组成部分,由大量的储罐组成,不同的油品分门别类地储存在不同的储罐内。在实际生产工作中,一个码头至少应该拥有两个储罐,以满足生产上的需要。同时储油库应特别注意遵守消防规范,防止发生火灾爆炸等。

按照油库储罐计算总容量划分,储油库可以分为特级和一到五级,如表 4-2 所示。

表 4-2 储油库的分级

等 级	储罐总容量(m^3)
特级	1 200 000～3 600 000
一级	100 000～1 200 000
二级	30 000～100 000
三级	10 000～30 000
四级	1 000～10 000
五级	1 000 以下

数据来源:石油库设计规范 GB 50074—2014

(3) 输油臂[8][9]

输油臂具有使用方便、安全可靠、省力、效率高、维修费用低等优点,有利于实现石油码头的装卸自动化,进一步提高油品装卸效率。其系统由装卸臂、液压系统、电气控制设备三部分组成。

① 装卸臂。有陆用和船用两种,是用于连接船上管道和码头上管道的输送设备,可以安装在码头上用于完成石油化工产品的装/卸船任务,并能够适应不同场景,是一种高效、安全的油品码头装卸设备。同类的石油化工品可共用装卸臂,但共用一台装卸臂的石油化工品不宜太多(一般不超过五种),并且装卸臂应当设置紧急脱离装置。

② 液压系统。装卸臂配套使用的液压系统由一台液压钻、管线、液压缸构成,主要功能是满足装卸臂在不同方向的运动、实现不同操作方式等。

③ 电气控制部分。电气控制系统主要包括码头防爆控制台、无线电遥控盘、报警信号等。主要负责为液压马达提供动力,输油臂的选择,输油臂超过工作范围的声光报警等工作。

4.2 油轮运输物流

4.2.1 油轮运输主要运输货物及特点

油轮运输的货物主要包括石油、石油产品(包括汽油、煤油、柴油等)。另外,经过加工制成的液化石油气(Liquefied Petroleum Gas,LPN)和液化天然气(Liquefied Nature Gas,LNG)则有专门的船舶来运输。

油轮运输的货物通常具有以下几个特性[10][11]。

1. 易燃性

由于石油和石油产品的成分大量含有碳、氢等元素,因此它们很容易燃烧,这种性能称为易燃性。这一特性可以用闪点、燃点来衡量。闪点是指在一定温度下,石油蒸汽与空气组成的混合物在接近火焰时发生闪火现象的最低温度。燃点又称着火点,是指石油产品在规定的加热条件下,接近火焰后发生闪火现象,并且能继续燃烧五秒以上时的最低温度。闪点和燃点越低,石油产品越容易燃烧,危险性越高。根据闪点可以为石油划分一到三级的危险等级(表 4-3)。石油的易燃性要求油轮在装卸、运输过程中注意落实防火措施。

表 4-3 石油危险等级划分

等 级	闪 点	石油类别
一级	28℃以下	纯苯、汽油、某些原油
二级	28℃~65℃	煤油、轻柴油、某些原油
三级	65℃及以上	重油、渣油、润滑油等

2. 挥发性

石油及石油产品在液体表面转变为气体的现象称为挥发。石油产品是极易挥发的物品,它的这一特性使液面附近充满了可燃的石油气,遇火星或明火容易发生燃烧和爆炸。同时挥发性会导致石油产品数量损失、质量降低。石油产品的挥发性受温度、空气流速、液体表面大小、自身密度等因素影响,温度愈高、空气流速愈快、液体表面愈大、自身密度愈小,挥发性能就愈好。因此石油及其产品须在密闭容器(如油轮、油管、油罐车)中装卸、运输、储存。

3. 爆炸性

在一定条件下,当石油及石油产品挥发出的蒸气与空气形成爆炸混合物时,混合物遇明火便会发生爆炸,石油及石油产品的这种性能称为爆炸性。这种爆炸燃烧速度快,危害性极大。因此在船舶运输和装卸石油产品过程中以及船舶进坞修理时,必须严格遵守操作规范,以防发生爆炸事故。

4. 毒害性

石油及其产品中含有大量会对人体造成不同程度的毒害的物质。石油的毒害性与其挥发性有密切关系,挥发性越好,毒害性越大。石油中毒有两种原因:大部分是因吸入石油挥发出来的气体造成的;小部分是由于接近石油液体从皮肤接触侵入体内造成的。

5. 静电性

由于石油产品中含有一定的杂质,这些杂质会形成离子从而使得石油产品具有一定导电性。当石油产品在输油管道内流动时会与管壁摩擦产生电荷从而引起静电。此外,从舱口灌注石油时,石油飞溅冲击舱壁,用压缩空气扫除管线存油和洗舱时,油、水或水蒸气等的高速喷射都会产生静电。当静电荷积聚达到一定程度时,就会产生放电现象,出现电火花,这时如果接触到油气与空气的混合物就可能引起燃烧甚至爆炸。为了预防静电放电发生危险,油管、油罐等储存、运输设备必须有接地装置。

6. 黏结性

指原油、重油、柴油等不透明的石油产品在低温时粘结成糊状或块状的性能。油品的黏结性会对储运工作带来影响。当装卸高黏度的油品时,应采取加温的办法降低其黏度。但加温应适当,温度过高不仅会使油品中某些物质挥发,还可能使流速降低。

7. 胀缩性

石油体积由于温度的变化发生膨胀或收缩的性质,称为石油的胀缩性。其胀缩程度由石油的体积温度系数 f(又称膨胀系数)决定。膨胀系数即温度变化 1℃时体积的变化率。由于石油具有胀缩性,油轮在运输过程中,对于装运石油产品的油舱或其他储油设施,应根据不同油种的膨胀系数进行计算留出适当的空间,防止发生溢油。且当航行过程中经过温度剧烈变化地带时必须采取温度控制设施来保证船舶的安全。

4.2.2 油轮运输主要航线

据 2020 年 BP 世界能源统计年鉴统计,全球已探明石油储量约为 2446 亿吨。其中排名前五位的国家占据了全球 60% 以上的储量,分别为委内瑞拉、沙特阿拉伯、加拿大、伊朗、伊拉克,具体情况如表 4-4 所示。

表 4-4 全球国家石油探明储量(前五名)

国　　家	探明储量(亿吨)	全球占比(%)
委内瑞拉	480	17.5
沙特阿拉伯	409	17.2
加拿大	273	9.8
伊朗	214	9.0
伊拉克	196	8.4

全球石油资源的分布与消费区域之间存在着不均衡现象,同时各区域对油品的需求与该区域所赋存的自然资源往往不匹配,这些因素都促进了油轮运输的发展。油轮运输作为世界石油贸易的主要运输方式之一,在石油的国际贸易中扮演着重要的角色。2019年 BP 世界能源统计年鉴数据显示,2019 年全球石油贸易量为 7092.5 万桶/天,日均消费量为 9827.2 万桶/天。

1. 石油主要出口地区

(1) 波斯湾地区

波斯湾地处一条巨大的石油带内,其中蕴藏着占世界石油总储量一半以上的石油。波斯湾地区不仅石油资源丰富,开采条件也十分优越,因此石油开采成本较低,石油大量出口至世界其他国家和地区。由波斯湾地区出发的油轮数量占全球的 40% 以上,运输量占世界石油海运量的一半以上。

(2) 俄罗斯

俄罗斯也是世界上重要的石油出口国,大部分原油资源分布于乌拉尔山脉与中西伯利亚高地之间,同时包括向西南延伸至里海的区域。截至 2019 年底其石油探明储量约 147 亿吨,年出口量占世界的 10% 左右,大部分运往东欧国家,也有一部分运往日本、拉丁美洲等。进入 21 世纪以来,俄罗斯向中国原油出口逐渐增多,甚至一度超越沙特阿拉伯,成为对中国最大的石油出口国。

(3) 东南亚地区

在东南亚的经济体系中,石油相关工业占有特殊的地位,是东南亚出口收入的最大来源。印度尼西亚、马来西亚等国家是东南亚地区的主要石油出口国,该地区石油探明储量合计约 7 亿吨。其油田所产原油质量较好,含硫率比波斯湾地区低得多,因而得以在国际原油市场中占据一席之地。

(4) 拉丁美洲

拉丁美洲地区拥有丰富的石油储量,是世界重要的原油出口地。主要出口国有委内瑞拉、墨西哥、阿根廷、巴西等国家,大部分石油输往美国,部分运往加拿大和西欧。其中委内瑞拉是该地区石油资源最为丰富的国家之一,拥有百余年的石油生产和出口经验,全国有近 1/3 的领土面积蕴藏着石油,其储量占世界 17.5%。

(5) 西非、北非

1998 年以来非洲石油产量增长迅速,被称为"第二个中东地区",同时有部分新发现的油气资源尚未开发,具有广阔的发展前景。主要出口国有尼日利亚、利比亚、安哥拉等国家。其中安哥拉是非洲最大的产油国之一,该国几乎所有原油都出口至国外,其中大部分出口至亚太地区,原油出口最大目的地就是中国。

2. 石油主要进口国家和地区

美国、欧洲、中国是世界三个最大的石油进口国家和地区,约占世界石油进口量的一半。近年来,随着中国经济的发展以及工业的崛起,中国对石油的需求逐年攀升,2020 世界能源统计年鉴数据显示,其石油进口量占世界总额的 16.7%。

3. 石油运输航线[12]

全球石油海运主要流向为:从以中东、西北非、南美为主的石油出口地区,运往北美、西欧以及中国为代表的亚太地区。石油海运航线的起点主要有以下四处。

(1) 波斯湾

波斯湾拥有最大的石油海运流量,其石油经由霍尔木兹海峡至阿拉伯海,一种选择是向东去往印度或过马六甲海峡运往东亚地区。该航线若使用超级油轮 VLCC 来运输,则需绕道龙目海峡和望加锡海峡;另一种选择是向西经由曼德海峡过苏伊士运河和地中海抵达西欧和北美,或者选择绕路好望角到达欧美地区。此路线通常使用超级油轮 VLCC 来运输,是西欧、北美石油消费区的主要供油航线,最高年运量曾高达 6 亿吨。

(2) 西、北非

西非的石油主要通过好望角运输至东亚地区,或经大西洋运输至欧洲或北美;北非则是通过苏伊士运河将石油运输到亚洲地区。

(3) 俄罗斯

从俄罗斯出发的油轮主要有两条航线：一是从西海岸出发经苏伊士运河至亚洲；二是从东海岸过日本海运至中国、日本、韩国等。

(4) 南、北美

南、北美地区的石油出口，若选择东岸出发，则过大西洋经好望角抵达东亚国家；若选择西岸出发，则过太平洋运至亚洲。

另外还有部分区域性航线如东南亚—东亚、西非—西欧、西非—北美等。

4. 重要海峡[13]

位于中东产油区波斯湾的霍尔木兹海峡，以及位于亚洲的连接印度洋和太平洋的马六甲海峡是目前全球石油流量最大的海峡，在石油海运中承担着重要的角色。

(1) 霍尔木兹海峡(Strait of Hormuz)

霍尔木兹海峡位于亚洲西南部，位于伊朗与阿拉伯半岛之间，连接波斯湾与阿拉伯海，其最狭窄处只有约30公里，是海湾地区与印度洋之间的必经之地，素有"海湾咽喉"之称。中东地区沙特阿拉伯、伊朗和阿联酋等世界石油生产大国输出的石油绝大部分都需要通过这一海峡输往西欧、美国、东亚等地，因而霍尔木兹海峡是世界上最重要的石油枢纽。据美国能源信息署(Energy Information Administration，EIA)统计，霍尔木兹海峡承担着全球近40%石油的出口供应，平均每五分钟就有一艘油轮进出海峡。

(2) 马六甲海峡(Strait of Malacca)

马六甲海峡，是位于马来半岛与印度尼西亚的苏门答腊岛之间的漫长海峡，由新加坡、马来西亚和印度尼西亚三国共同管辖。该海峡是连接太平洋、南中国海和印度洋的重要航道，通航历史长达2000多年，是环球航线的重要环节、世界最繁忙的海峡之一。另外也是连接西亚和东亚的重要通道，被誉为"海上生命线"。

随着经济的快速发展，中国对于能源进口愈发依赖，中国进口石油主要来自中东地区和非洲部分国家，马六甲海峡是运输航线的必经之地。中国船只占每天经过马六甲海峡的世界各国船只的60%以上，马六甲海峡对中国有十分重要的战略意义。

4.3 油轮运输物流的发展

4.3.1 世界市场概述

1. 世界贸易状况

石油被称为"黑色的金子"，作为一种重要的战略资源，对国家的经济、社会发展具有重要意义，而世界上近三分之二的石油贸易都通过海路来进行运输。2018年全球海运货物贸易量为119.1亿吨，其中石油占26.2%（原油约17.1%，成品油约9.1%），充分体现了石油航运在全球海运贸易中的重要地位。如图4-3所示，世界油品需求在2015—2016年间较旺盛，全球海运石油总量增速保持在高位，分别为5%和4.03%，其中原油和成品油增速分别为4.1%和7.24%，由此可见此次需求的上涨受成品油拉动更多。世界经济发展速度是推动原油消费和油轮运输需求的根本动力[14]，2017—2018年间世界经济不稳定性较高，全球经济增长的放缓导致全球油品海运量增速降低，仅呈现小幅度的增长：该年份全球石油海运贸易量增速仅为1.23%，体现出市场需求的减少。因而全球石油海运贸易市场的发展趋势可以概括为：可能存在短期波动，但长期保持上升的趋势不变。

图 4-3　全球石油海运贸易量及增速（含原油和成品油）

而从石油海运进口分布来看（表 4-5 和表 4-6），亚洲是全球主要石油进口区域（中国、韩国、日本、印度等进口大国占据了绝大多数），且油品进口量一直保持稳定增长，其次分别为欧洲、北美等地。从 2012 年至 2018 年间，亚洲原油海运进口量从 9.18 亿吨增长至 11.48 亿吨，成品油海运进口量由 2.76 亿吨增长至 3.28 亿吨，增速均超过 15%。其中，中国的原油进口量位列第一，远超韩国、日本等。

表 4-5　原油海运进口总量　　　　　　　　　　　　（单位：百万吨）

国家/地区	2012 年	2013 年	2014 年	2015 年	2016 年	2017 年	2018 年
澳洲	29	28	27	24	20	22	23
北美	340	288	245	240	254	252	235
欧洲	498	471	462	495	497	529	519
亚洲	918	921	940	992	1068	1108	1148

数据来源：克拉克森网站

表 4-6　成品油海运进口总量　　　　　　　　　　（单位：百万吨）

国家/地区	2012 年	2013 年	2014 年	2015 年	2016 年	2017 年	2018 年
欧洲部分地区	300	316	297	310	312	295	305
北美	81	83	76	81	90	85	91
拉丁美洲	98	91	98	100	104	117	116
亚洲	276	291	283	287	307	324	328

数据来源：克拉克森网站

2. 世界油轮船队

船队的规模可以根据船队总运力来进行衡量。船队运力主要受经济发展速度、市场需求等因素的影响。2013—2018 年间,全球油轮运力总量始终保持增长,如图 4-4 所示,呈现出先快速上升再增长放缓的特点。2016 年受到油品市场需求旺盛、进口量大增的影响,全球油轮运力增速达到六年间最高点(6.95%)。而 2016 年后由于全球经济态势低迷、运力过剩等,全球油轮运力增长明显放缓。2018 年,全球油轮运力增速小于 1%,其中原油油轮增速仅为 0.34%,体现出油轮市场的持续低迷。

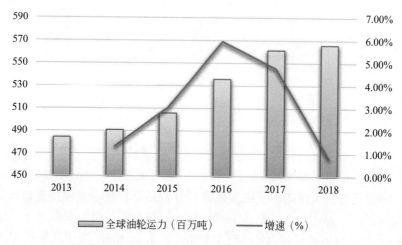

图 4-4　全球油轮运力情况(单位:百万载重吨)及增速

全球油轮运力还可以按照船型、订单和交付量进行分析。若按照不同船型运力分析,2013—2018 年间苏伊士型、VLCC 型、ULCC 型的运力总量均呈现缓慢上升的趋势;而巴拿马型和阿芙拉型油轮运力总量出现轻微下降,这一现象出现的原因主要有巴拿马油轮的更新换代、部分地区原油需求的疲软以及阿芙拉油轮相关航线的天气恶劣导致延误等。若按照油轮新船订单量分析,同期间内全球原油油轮的订单量呈现先上升再下降趋势,订单量于 2015 年达到高峰,约 7240 万载重吨。而 2017—2018 年间,订单量大幅度降低,主要归因于资本市场的困难局面和银行信贷投放紧缩,船东出于市场的谨慎态度,选择暂缓新订单。由于新船从订单到建造再到投入使用平均需要 1~2 年的时间,在 2018—2019 年的大量新船交付以及原油贸易的缓慢增速将进一步导致油轮市场面临运力过剩的问题。如果要缓解运力过剩、提高船队的利用率,应当从控制订单量的增速入手,从而能够控制船队增长的规模,真正达到运力供需匹配,构建和谐的油轮运输市场环境。

4.3.2　中国油轮运输的实践与创新

1. 国内油轮运输现状[15]

1) 国内原油进口

随着经济、工业的发展,我国对石油的需求量逐年上升,而我国原油资源相对匮乏,原油必须大量依靠进口。我国 2015—2020 年原油进口数量及增速见图 4-5,根据中国海关数据显示:2020 年中国原油进口数量为 54239 万吨,同比增长 7.3%,2020 年原油进口增速虽较前几年有所降低,但我国原油进口数量仍保持稳定增长趋势。

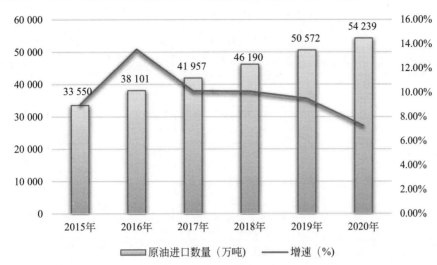

图 4-5　2015—2020 年中国原油进口数量及增速

2) 国内原油进口运输

中国原油进口主要采用陆上石油管道和海上油轮运输两种方式,其中油轮运输在原油进口中起着不可替代的重要作用。中国主要从东南亚、拉丁美洲、中东、非洲等地区进口原油,绝大多数航线都采用 VLCC 超级油轮来进行运输,运输时间依距离而定,约 8~45 天不等(见表 4-7)。

表 4-7　中国原油进口主要地区

进口地区	承载油轮	运输周期
东南亚地区(印尼、马来西亚、泰国等)	6 万~8 万吨级	8 天
拉丁美洲(加勒比海、巴西)	VLCC 级	40~45 天
中东地区(沙特阿拉伯、科威特等)	VLCC 级	约 20 天
西北非(安哥拉、尼日利亚等)	VLCC 级	30~32 天

从东南亚、拉丁美洲、中东、西北非地区出发的油轮主要运输航线共有 10 条,如图 4-6 所示[16]。

我国的原油进口 80% 以上是通过海上运输实现的,大部分的海上石油运输又必须通过马六甲海峡(或巽他、龙目海峡),因而马六甲海峡在我国石油海运中具有重要的战略意义。在 2010—2018 年间上示 10 条航线中,"中东—波斯湾—霍尔木兹海峡—马六甲海峡/龙目海峡/巽他海峡—中国"这一航线上的运量所占总运量的比例平均约为 40%;其次是"西非—好望角—马六甲海峡/龙目海峡/巽他海峡—中国"这一航线,所占比例约为 19%。

从我国原油进口海运通道的分布来看,中东的原油进口通道有三条,非洲的原油进口通道有四条,拉丁美洲两条,东南亚由于距离较近,只有一条进口通道。其中占比较大的

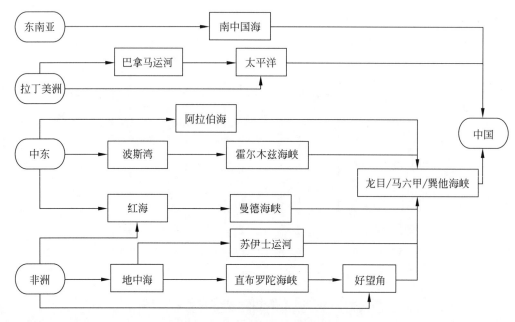

图 4-6　中国原油进口路线

路线均是运输距离较长的中东、非洲和拉美航线,因此在船型的选择上会更偏向于中大型油轮(如 VLCC)。从各通道的关键节点来看,80% 左右的原油进口需要经过马六甲海峡(或龙目海峡、巽他海峡)。这些海峡和平状况堪忧,存在战乱、海盗等干扰。而且关键通道节点过于集中,一旦海峡发生战事或被经济封锁,通道容易受到控制,造成海上运输中断的风险较大。

3)国内油轮船队

(1)规模

克拉克森数据表明,截至 2019 年 7 月,位居世界前十的国家(地区)的油轮船队运力总量约占世界的 70%。其中中国排名第二,拥有总计 5657.52 万载重吨的油轮船队,占世界油轮船队 9.32%。

中国油轮船队运力发展情况如表 4-8 所示,在 2015—2018 年间总体呈现出快速上升再放缓的趋势,运力增速由 2017 年的 12.5% 下降至 2018 年的 6.6%。2017 年以来由于油轮运力供给逐渐饱和、油轮运输市场形势低迷,我国油轮运力的增长低于船队总运力的增长,如中国船队总运力 2018 年的增速为 14.2%,远高于油轮的增速。随着我国经济、产业的不断发展,对石油仍存在较大的需求,预计未来石油进口总量仍会保持增长,船队规模会进一步扩大。

表 4-8　中国油轮船队运力情况　　　　　(单位:百万载重吨)

	2015 年	2016 年	2017 年	2018 年
中国油轮运力	23.1	25.6	28.8	30.7
增速	7.94%	10.82%	12.5%	6.6%

(3) 结构

中国目前主要的进口油轮运输企业船主要是中远海运能源运输股份有限公司(COSCO SHIPPING Energy Transportation Company Limited)和中国能源运输有限公司(China VLCC Company Limited)两家。这两家企业所拥有的油轮运输船队基本代表了我国的油轮海运船队的情况。

截至2019年6月,我国油轮船队结构如图4-7所示,共有172艘油轮,其中超级油轮VLCC的数量最多,共91艘,占总数的53%。根据运量统计,我国VLCC以53%的数量装载了近71%的石油进口量,由此可见VLCC在我国油轮船队中起着不可替代的作用。灵便型、巴拿马型油轮分别占总数的19%和16%,而其他几种船型,特别是苏伊士型油轮数量较少,仅有3艘。我国油轮船队这一结构格局形成的原因有以下两点:一方面是由于我国的石油进口地区大都距离较远,如中东、非洲等,因此有益适合长距离运输的超级油轮VLCC的发展,以达成规模效益、降低运输成本;另一方面是我国沿海原油运输市场比较活跃,适宜采用载重较小的巴拿马型、灵便型船舶来运输,成本低、效率高。

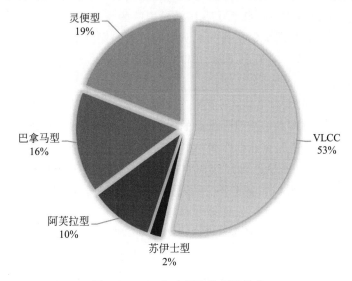

图4-7　2019年中国油轮船队结构

为了应对油轮市场的波动,我国始终注重油轮运输企业的整合规范,并斥整合巨资打造超级油轮VLCC船队来保证石油运输的安全和效率。按照目前趋势推测,我国的石油进口仍会保持持续增长,而为了保障我国石油进口的稳定性,应当继续大力发展VLCC船队,扩充船队规模,提升造船技术,降低原油进口运输的对外依存度,积极践行"国油国运"政策。

2. 我国创新实践

(1) 智能油轮[17][18]

2019年6月22日,由中国船级社(CSS)、中国船舶重工大船集团、中国船舶工业系统工程研究院等多家科研单位共同研究设计制造的30.8万吨智能超大型油轮(VLCC)"凯征"(NEWJOURNEY)号在大连交付并开始运营。这艘"庞然大物"长度超过了300米,高度与21层楼大致相当,排水量达30.8万吨,相当于5艘辽宁舰的排水量。"凯征"号通过构建服务智能系统的网络信息平台,能够实现船舶航行辅助自动驾驶、综合能效管理、设备运行维护、智能液货管理、船岸一体通信五大智能功能,这极大地填补了国际智能VLCC的空白。该船舶实现的一人驾驶技术,标志着我国自主研发的第六代超大型油轮获得初步成功。"凯征"号的成功交付表明我国已经具备研制高度智能化大型船舶的能力,在我国智能船舶发展进程中具有里程碑式的意义。

2019年8月28号,全球第二艘30.8万吨智能超大型油轮"新海辽"号成功命名交付,"新海辽"号是"凯征"号的姊妹船。值得一提的是,这艘VLCC取名为"新海辽"号,是旨在纪念新中国成立前夕"海辽"号成功起义70周年。该船还通过了有关开阔水域辅助避碰决策功能的实船验证,其运营积累的实践数据和相关经验,将为实现"智能船舶2.0",即在2025年前实现船舶远程控制、部分自主;以及"智能船舶3.0",即2035年前实现船舶的完全自主的计划奠立坚实的支撑。

虽然我国在超大型油轮方面起步较晚,在很长一段时间落后于其他国家,但是"新海辽"号、"凯征"号的交付,进一步壮大了我国油轮船队的综合实力,足以证明我国现如今强大的造船工业实力。这些进步促使我国船队能够进一步提供全方位的综合物流供应链服务,更积极地为"一带一路"的未来建设不断注入新动力[19]。

(2) 绿色油轮[20][21]

为了保护环境,遏制全球变暖,全世界正持续掀起低碳化浪潮,如何进一步节能减排已成为世界各国关注的焦点。在倡导低碳的大背景下,造船和航运业也不可避免地受到其影响。目前世界各国造船企业都在聚焦绿色油轮相关技术的研究,并逐渐将如太阳能、风能技术,油轮船型优化等绿色研究应用到船舶之上。为了积极践行绿色理念,《73/78防污公约》《1992年油污损害民事责任公约》《1990年国际油污防备公约》等国际公约对于油轮的尾气、含油污水、压载水的处理等方面提出了更严格的新要求。世界各机构都加大了对绿色油轮领域研究的投入,研究主要集中在环保涂料、新式绿色低排放主机等油轮的结构、材料、动力方面,其中低排放绿色主机是当下研究的热点。同时,采用含硫量更低的绿色燃油,可以有效减少排放尾气中硫氧化物和氮氧化物的排放量,降低对大气环境的污染;安装特殊的压载水处理系统,可以大幅度减少船舶压载水造成的污染,保护当地海洋生态环境。

对于我国的航运、造船业而言,应当增加对绿色油轮标准的研究重视,加大对环保型油轮设计开发的投入,重视环保材料、新能源、新涂料的应用,积极建造出满足市场需求的、对环境友好的绿色油轮。目前我国绿色油轮领域也有了一定的实践成果[22]。

2015年4月16日,由大连中远川崎船舶工程有限公司建造的30.8万吨油轮"远翔湖"轮实现交付。通过加装螺旋桨节能装置、采用绿色节能主机等新技术的应用,该船相比同类船型,每天可节省6%的燃油消耗。同时该船采用了双壳保护结构,优化了燃油储存舱,使其对低硫燃油的使用成为可能,降低了污染物的排放。于2019年投入使用的全球第二艘30.8万吨智能超大型油轮"新海辽"号,在第一年的运营中,碳排放量为4.22g/吨海里,远低于国家碳排放标准;油耗降低了3%~5%,践行了绿色环保的理念。

本 章 小 结

1. 油轮是指建造为专门用于运载散装原油或成品油的一类船舶,根据运输产品的不同可分为原油油轮和成品油油轮。

2. 油港是指可供油轮停靠的、专门用于装卸原油或成品油的港口。一个港口一般包括多个码头,石油及石油产品通过石油码头运输到最终用户或其他储存设施。

3. 油轮运输的货物主要包括石油、石油产品(包括汽油、煤油、柴油等)。此外,经过加工制成的液化石油气(LPN)和液化天然气(LNG)则有专门的船舶来运输。

4. 油轮运输的货物具有易燃性、挥发性、爆炸性、毒害性、静电性、黏结性、胀缩性等,在运输中需要重点关注。

5. 世界石油主要出口地区有波斯湾、俄罗斯、东南亚、拉丁美洲、西北非等。

6. 美国、欧洲、中国是世界三个最大的石油进口国家和地区,约占世界石油进口量的一半。近年来,随着中国经济的发展以及工业的崛起,中国对石油的需求逐年攀升,数据显示,其石油进口量占世界总额的16.7%。

7. 随着我国经济、工业的发展,对石油的需求量逐年上升,而我国原油资源相对匮乏,原油大量依靠进口。我国原油进口数量近年来保持增长的总趋势不变。

8. 中国原油的主要进口来源地为中东、非洲、拉丁美洲、东南亚等地区,主要路线共有10条。

9. 我国油轮船队的结构较为特殊,根据运量统计,我国VLCC以53%的数量装载了近71%的进口量。灵便型、巴拿马型油轮分别占总数的19%和16%,而其他几种船型,特别是苏伊士型油轮数量较少。

10. 我国油轮运输的创新实践主要包括智能超大型油轮VLCC"凯征"号、"新海辽"号,绿色油轮等。

参 考 文 献

[1] 陆悦铭,周乐.油轮120余年的发展史[J].航海,2012(2):74-80.
[2] 杨培举.油轮技术之变[J].中国船检,2010(5):27-30+108-109.
[3] 杨茅甄 中国港口协会.散货港口管理实务[M].上海:上海人民出版社,2010.
[4] Wang X, Roe M, Liu S. The Sustainability of Oil Ports[M]. Springer,2020.
[5] 韩彪.交通运输学[M].北京:中国铁道出版社,2000.
[6] 本社.GB 50074—2002 石油库设计规范[M].北京:中国计划出版社,2012.
[7] 真虹主编.仓储经营管理,南海出版公司,1996(8):97.
[8] 王立坤.现代港口理论与实务[M].上海:上海交通大学出版社,2011.
[9] 张晓飞,白宁.输油臂在海洋石油码头中的成功应用[J].中国修船,2008(S1):43-44+47.
[10] 李治平主编.货运技术[M].广州:新世纪出版社,1992.

[11] 邱文昌. 船舶货运[M]. 上海：上海交通大学出版社，2015.

[12] 崔连德. 世界油运版图[J]. 中国船检，2010，No.120(5)：22-26+106.

[13] 陈舜，苏同江，王学锋编著. 租船运输理论与实务[M]. 上海：上海交通大学出版社，2013.

[14] 倪艺丹. 新的国际形势对油轮运输业的影响[J]. 中国水运，2019(7)：24-25.

[15] 陶为. 我国国际原油贸易中的运输风险分析[D]. 外交学院，2012.

[16] 王丹，李丹阳，赵利昕，王杰，王蕊. 中国原油进口海运保障能力测算及发展对策研究[J]. 中国软科学，2020(6)：1-9.

[17] 中国正式交付全球首艘大型"智能"油轮凯征号[J]. 能源与环境，2019，No.155(4)：106.

[18] 大船集团交付全球首艘智能VLCC[J]. 船舶物资与市场，2019，No.161(7)：7.

[19] 詹宇，刘学. 智能货物管理在新建超大型油船上的实践与展望[J]. 世界海运，2020，v.43；No.295(1)：44-47.

[20] 刘江洁. 油轮的生命轨迹[J]. 中国船检，2010(1)：34-38+123.

[21] 郭海鹏，李路，王慧芳. 绿色油船发展趋势分析[J]. 上海造船，2010，No.82(2)：25-26+41.

[22] 我国新一代节能环保型油轮交付[J]. 船舶工程，2015，v.37；No.219(5)：77.

第 5 章

干散货运输物流

【本章学习目标】

通过本章学习,学员应该能够:
1. 理解干散货及其特点。
2. 掌握干散货运输物理特点及干散货相关指数。
3. 理解主要的干散货运输物流。
4. 掌握干散货运输市场构成及形态。
5. 了解中国干散货运输的实践与创新。

【引导案例】

青岛港董家口——大型矿石船母港

青岛港是中国重要的矿石进口装卸港口之一,年均铁矿石装卸量过亿吨。为进一步顺应世界海运船舶大型化的发展趋势,青岛港董家口港区建设的 40 万吨级矿石码头,配备了 4 台世界最大、最先进的 3500 吨/小时的卸船机,满足 40 万吨级矿石船满载直靠的相关需求。2016 年青岛口岸铁矿石进口量再创历史新高,青岛港(包括董家口港区)进口铁矿石 1.11 亿吨,同比增长 22%。目前,青岛港董家口港区实现了 40 万吨码头、20 万吨码头、15 万吨码头的一体化运作,可以根据船舶情况合理安排靠泊,大大提升了装卸效率。

青岛港不断顺应港航发展方向,满足客户新需求,致力于打造世界一流、功能齐全、成本最低、最高效率的现代综合物流服务提供商。目前,青岛港正在积极探索矿石交易新模式。港口不仅可以接卸、堆存铁矿石,还可以拓展一部分增值延伸服务,满足不断变化的市场需求。同时,青岛港还开展了混矿业务,为客户提供高附加值服务,淡水河谷公司将这种混矿称为"董家口标准矿",并表示:董家口矿石码头是淡水河谷的货物在中国的一个非常重要的目的地,希望今后在更加多元化的领域携手合作,共同打造"淡水河谷·董家口铁矿石分销中心"。

2020 年 6 月 19 日,青岛港董家口港区,国内首套智能化矿石铁路快速定量装车系统试装车取得了圆满成功,智能化无人装车技术获得历史性突破。2019 年,董家口港区上线了矿石铁路快速定量装车系统,让港区步入了"铁路时代",大大提高了运输效率。实现无人化装车,成为董家口港口升级为"智能无人化港区"的关键所在。青岛港还将通过进一步延伸产业链、探索码头服务新业态,加快实现由单一的码头运营商向全程综合物流服务提供商转型,打造干散货大船时代的核心竞争力。面对中国经济发展的新常态,青岛港不断强化转型升级的范围和速度,依托 40 万吨级矿石码头和大船聚集效应,青岛港计划把董家口矿石码头打造成辐射长江以北和东北亚地区铁矿石物流中心,成为大型矿石船的母港。

(张伟."青岛港效率"打造中国干散货大船时代接卸品牌[J].大陆桥视野,2015(12):19.部分介绍来源于中煤科工智能储装技术公司官网 http://mkcz.ccteg.cn/contents/3318/19996.html)

那么,干散货都包括哪些?其都具有哪些性质?干散货港口有何特点?主要干散货运输物流如何发展?以及干散货市场如何变化?以上都是本章将要重点探讨的问题。

5.1 干散货及概述

5.1.1 干散货及其特点

1. 干散货定义[1]

干散货是指无包装的,呈松散颗粒、粉末、块状的,可直接运输、装卸和保管的货物。典型干散货主要包括铁矿石、煤炭、粮谷、铝矾土和磷矿石五大类。另外部分化肥、糖、水泥、盐等也有采取散装运输的,这些也属于干散货。

2. 主要干散货物及特点[2][3]

1) 煤

煤是非常重要的能源,也是冶金、化学工业的重要原料。煤主要由碳、氢、氧、氮、硫等元素组成,碳、氢、氧三者占 95% 以上。其中硫属于有害成分,在燃烧时转化为二氧化硫,会造成大气污染;危害动、植物生长及人类健康,腐蚀金属设备等。当含硫多的煤用于冶金炼焦时,还会影响焦炭和钢铁的质量。因此硫的含量是评价煤质量的重要指标。

煤通常按照挥发性分为褐煤,烟煤,无烟煤三大类,再分别按其煤化程度和工业利用的特点分为多个小类。挥发是指煤中的有机质在一定温度和条件下,受热分解后产生可燃性气体。煤的特性主要有会产生可燃性爆炸气体、自热性与自燃性、冻结性等。煤炭在装船运输时应注意以下几点:

(1) 由于煤会产生可燃气体,具有自热、自燃性,因此应避免把易燃物和爆炸物品(如木头、布类等)与煤炭一起装载。同时运输途中应经常给煤炭进行表面通风,及时排除有毒可燃及可爆炸气体。

(2) 煤的冻结性会导致其在冬季含水量高于 5% 时发生冻结,控制含水量是避免煤冻结的最有效、经济的办法。

2) 矿石

除了少数贵重矿石(如钨矿石、锡矿石等)及矿砂材采用袋装运输外,其余大部分金属或非金属矿石(如铁矿、黄铜矿等)都可以采用散装运输。矿石的种类繁多,由于其化学成分不同,特性各异,其性质大致归纳为:比重大、易蒸发水分、易扬尘、渗水性、冻结性、能散发瓦斯、自热自燃性等。矿石在装船运输时应注意以下几点：

（1）由于矿石体积小、密度大，船舶在装卸过程中，必须注意船体受力情况，应使各舱同时开始工作（一般先从中舱开始，其他各舱相继同时开始工作），均衡装卸，不可逐舱装卸，以保持平稳受力。

（2）当装运易自燃的矿石时，在运输途中要定时测温，与其他易燃、怕热货品分装。

（3）当装运易散发蒸汽和有害气体的矿石时，在运输途中要经常进行表面通风换气，以排除有害气体。

3）散粮

谷物是散货运输中的大宗货物，谷物包括小麦、玉米、燕麦、大麦、大米、豆类以及种子类等。谷物有包装运输的，也有散装运输的，但谷物散装运输具有许多明显的优点：如可节省包装材料和费用、有利于机械化装卸、降低装卸的劳动强度，可以提高运输船舶的装载量等，因此大宗谷物一般均采取散装运输方式。散装谷物具有以下自然特性。

（1）下沉性。是指由于谷物装载时之间存在空隙，当受船舶振动、摇摆等影响时，会产生谷物表面下沉的特性。谷物的下沉性，一是会导致谷物的重心下降，二是会使货舱出现空当，会直接影响船舶运输的安全。

（2）散落性。船舶内的散装谷物因受摇摆、颠簸等外力作用，能自动松散流动，这样的特性称为散落性。谷物的散落性有利于装卸，但是当在运输过程中发生横向移动，形成一种与液体的自由液面移动相似的情况时，对船舶的稳定性将产生极为不利的影响。谷物散落性的大小，一般用自然倾斜角 α 表示，如图 5-1。静止自然倾斜角是指谷物在地面自然形成圆锥，圆锥体边线与地面的夹角。静止自然倾斜角大，表示散落性小，反之则大。据测定，谷物的静止自然倾斜角一般为 $35°\sim37°$。干燥时倾斜角变小，约为 $20°\sim30°$。

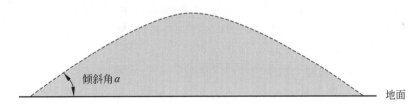

图 5-1　谷物的自然倾斜角 α

散粮在装船运输时应注意以下几点[4]：

（1）谷物的呼吸作用会释放热量，从而导致温度不断升高、货舱内出现环境恶化，容易使谷物发芽，霉变，腐烂等，影响谷物的运输质量。因此在运输途中应注意控制温度、湿度，以抑制谷物的呼吸作用。

（2）谷物很容易感染虫害、鼠害，会造成谷物的重量损失、品质降低。因此为防止虫害和鼠害，谷物舱内需要用药物进行蒸熏，并定期检查。

5.1.2　干散货运输物流特点

1. 干散货运输特点[3]

干散货的运输作业主要体现出以下几个特点。

1) 大型化、机械化程度高

随着工业和相关技术的发展,工业生产越来越向大型化、机械化迈进。大型化生产是指用现代技术、设备进行大规模的生产,以产生规模效益,降低成本。而机械化是指采取机械代替人工劳作,从而提高劳动生产率,降低劳务成本。海上运输业也不例外,其大型化、机械化趋势始于干散货和液体散货的运输。

在发达国家,干散货装卸的机械化实现较早。而我国干散货码头的机械化,大约从20世纪60年代开始。比如码头上开始采用门式起重机来完成煤炭的卸船,但这时机械化程度并不高,在舱底必须还使用高劳动强度的人力来清舱,效率很低。到了20世纪70年代后期,干散货的清舱作业开始使用机械(抛煤机、推扒机等),基本不再需要人力,大大提高了散货装卸效率,由此干散货卸船彻底摆脱了人力劳动。这是我国干散货运输机械化的重要进步,比件杂货实现集装箱化彻底摆脱对体力的依赖大约早了20年。

2) 装卸作业连续性强,自动化程度高

干散货自卸船的出现,正是干散货作业连续性强、自动化程度高的体现。干散货自卸船是指自身带有卸货装置(皮带机等),能够进行连续自动卸货的散货船舶。其卸货效率高、机动灵活,可以实现全自动化,有利于提高船舶运输的经济效益。

干散货装卸的设备也实现了连续、系列化、自动化作业,进一步提高了装卸效率。如链斗式卸货机械,可以用于卸煤炭、粮食等;负压式卸货机械可以用于卸粮、散糖、散化肥等;皮带运输机被广泛用于煤炭的装船和卸船作业,这些都是能够实现连续作业的机械。在部分干散货的装卸中,还采用了系列化装卸机械来作业,即将一系列的机械连接起来进行接力连续自动作业,构成一个有机的系统。如煤炭的系列化,大致流程为在岸边用门机抓斗进行卸货,通过皮带输送机将煤炭送上高架皮带机,然后输送到堆煤机,堆放到煤炭堆场。若是堆煤机顶端的滚轮反向转动,则成为取煤机,通过整个系列机械,又能反向实现煤炭的装船作业,整个过程体现了较强的连续性与较高的自动化程度。

3) 机械与工艺的改进快

我国干散货作业的发展大抵经历了以下阶段:

(1) 20世纪50—60年代,我国处于人力加简易机械时期,通过技术改造和简易装卸工具、机械的使用,改善了港口的劳动条件。如水平运输使用移动皮带机,装卸船使用船吊抓斗等。

(2) 20世纪70年代,通过机械的改进和国外购入先进机械,我国干散货港口实现了初步机械化。

(3) 20世纪80年代以后,随着我国改革开放和经济的发展,船舶大型化的加快以及我国机械设计、制造水平的提高,干散货相关装卸机械、工艺也有了重大改进,新的机械、工艺层出不穷,逐步赶超其他国家,达到世界先进水平。这些都促使散货装卸的效率大大提高、成本降低。

2. 干散货码头特点[5]

我国的干散货码头表现出以下特点。

(1) 深水化

对于干散货船来说,其运输效率与船舶吨位成正比,因此干散货船舶一般为大型船舶,载重达 20~30 万吨。这就要求码头具备足够的水深来保障船舶的正常通行、停靠等。而我国大型干散货码头前沿水深基本为 -15m 以上,足以适应大型干散货船舶的需求。

(2) 大型化

为达到更高的经济效益,干散货船舶日益趋向大型化,这对码头作业能力提出了更高的要求,因此我国干散货码头设备也正日益大型化。例如我国大型煤炭码头火车卸车已经拥有"双联双翻"翻车机,即一次可以翻卸四节火车车皮,大大提高了装卸效率。铁矿石码头的装车,已配备数层楼高的定量装车机,可自动定量装火车专用车厢,且具备除尘功能。

(3) 系列化

我国的专业干散货码头,如散粮、煤炭专业码头等,针对干散货的特点,将一系列的机械连接起来进行接力连续自动作业,实现了整个装卸过程的无缝连接,形成了完整的设备设施体系,这就是系列化。

(4) 洁净化

散货是不加包装的,在装卸过程中由于货物运动,难免产生大量粉尘等污染,为了保证货物与码头的纯净,干散货码头采取了各种方式和设备进行除尘、防尘,以达到码头洁净化的目的。

5.1.3 干散货相关指数[6][7]

指数是用来反映各个时期某一社会现象变动情况的指标。运价指数则是运价变动的相对数,反映着国际航运市场的运价水平和变化。

1. 发展历史

波罗的海航运交易所从 1985 年开始发布运价指数。最初是波罗的海运价指数 BFI (Baltic Freight Index),BFI 以 1985 年 1 月 4 日作为基期,基期指数为 1000,运输货物以谷物、煤、矿砂、磷矿石、铝矾土为主。最初的 BFI 指数包括了主要的 13 条航线,后调整为 11 条航线。1999 年 9 月 1 日,波罗的海航运交易所将原来反映巴拿马型船和好望角型船的 BFI 指数分解成 BCI(Baltic Capesize Index)和 BPI(Baltic Panamax Index)两个指数,与已设立的大型灵便船运价指数 BHI(Baltic Handymax Index)共同构成三大船型运价指数。同年 11 月 1 日,在这三种指数的基础上产生的波罗的海干散货运价指数 BDI (Baltic Dry Cargo Index)取代了 BFI。目前 BDI 指数是各国家、机构发布的航运运价指数中最具影响力的指数。

2. 影响因素[8]

干散货的相关指数本质来说是干散货海运服务的价格,因此其适用于以下经济学原理:商品价格是由供给和需求决定的。而影响干散货指数有诸多因素,如运输成本、经济状况、燃料费用等。主要从需求和供给两个角度来分析干散货指数的影响因素。

1) 需求角度

(1) 世界经济状况。海洋运输业深受世界经济状况的影响。世界经济主要从商业周期和贸易发展周期两个方面来影响海洋运输业。由于经济运行具有周期性,因此受其影响的海洋运输业同样具有明显的周期性。21 世纪以来,以"金砖四国"为首的新兴国家,尤其是中国的高速发展,拉动了对原材料和海运需求的同步增长,促进了干散货海运市场的繁荣。与此同时,国际干散货海运市场还会受国家宏观调控的影响,比如关税制度、贸易制度等。中国是金属矿石和粮食进口大国,作为世界市场的重要参与者,其经济贸易活动、政策变动等会对世界干散货海运市场造成重要影响。

(2) 运输成本。根据经济学基本原理,运输成本会影响海洋运输需求,进一步影响到运价指数。例如运输成本上升,会刺激其他形式的运输需求上涨,海运的需求降低。

2) 供给角度

(1) 燃料费用。近些年来煤、石油等燃料的价格受各种因素的影响一直居高不下,在海洋运输成本中占有越来越大的比重,而这会直接影响干散货市场的供给。燃料费用还会影响船只营运的速度,因此会对船舶的利用率和生产率产生间接影响。如果燃料价格相对较高,那么船舶经营者会降低船舶的运营速度以减少燃料费用。

(2) 船队规模。船队规模可以通过购买新船、搁置船只和废弃旧船来实现控制。此外,在经济萧条时,船主可以通过维修和维护促使船舶退出市场。因此船队规模的动态调整会对干散货海运市场的供给造成显著影响。而长期来看,船队拥有非常灵活的规模。当运输费用处于高位的时候,船主会选择下更多的船舶订单,船队规模增加。当运费处于低位的时候,船主会停止订购新船,并且会将船舶搁置,同时废弃掉部分破旧和成本很高的船只。订购船只还存在时间滞后问题:从订购新船到船实际交付使用之间存在时间差。海洋运输业是动态的,市场环境瞬息万变。在交付使用前的时间内,市场环境可能发生剧烈变化,与最初订购船只时有很大差别。从短期来看,船队规模是相对稳定的。只要运费比营运成本高,船只就会投入使用。

(3) 海盗。21 世纪以来,由于政治等因素的影响,国际海运途中遭遇海盗的事件层出不穷。从 2006 年到 2010 年,大约发生了约 1600 起海盗绑架事件,对海运市场造成了影响。海盗事件给干散货运输业带来各种额外成本至少包括:一是海盗诉讼成本。据估计,在欧洲海域内发生的海盗事件的平均诉讼费用是 24.6 万美元,而在北美,这个数字高达 33.5 万美元。二是赎金成本。近些年,海盗愈发猖狂,赎金成本呈指数级增长。2005 年时,海盗索取的平均赎金约为 15 万美元,到 2010 年海盗平均索取 540 万美元。三是船只由于海盗事件不得不改变航线绕行所带来的成本。为了避开海盗经常出没的海域,海运船只不得不绕行走另外的航线,而这将带来额外的成本。例如船只为了避免通过亚丁湾和苏伊士运河,通常会选择绕行好望角。原本从沙特阿拉伯到美国的船舶如果选择绕道好望角,会增加 2700 海里的路程;而从欧洲到远东地区船舶将会增加 15～20 天的路程。四是船舶保险。由于海盗事件频发,据统计,船舶保险大约成本增加了一倍。这些成本或者会直接减少海运供给,或是一同算入运费之中,间接对海运供给造成影响,从而影响干散货指数。

3. 指数种类

(1) 波罗的海干散货运价指数 BDI

波罗的海干散货运价指数(BDI)由波罗的海航运交易所 1999 年 11 月 1 日创立以取代 1985 年 1 月 4 日创立的波罗的海运价指数(BFI),是由全球传统的主要干散货船(好望角型、巴拿马型、灵便型等)航线的即期运价,按照各自在航运市场上的重要程度和所占比重通过加权计算而成,是测量不同类型干散货船运价的综合指标。

BDI 是由好望角型 BCI、巴拿马型 BPI、灵便型 BHI 三个反映干散货不同船型的运价指数综合得出,各部分占比均等,如表 5-1 所示。BDI 指数的计算方法是将 BPI、BCI 和 BHI 指数相加,取平均数,然后乘以一个固定的换算系数 0.998007990 得出。以 2000 年某日数据为例:BHI 为 1157 点,BPI 为 1557 点,BCI 为 2275 点,总计 4989 点,平均值为 (4989/3)=1663(点),因此 BDI=1663×0.998007990≅1660(点)。

表 5-1 波罗的海干散货指数 BDI 组成

名　　称	吨　　位	主要运输货物
波罗的海好望角型指数 BCI	8 万吨以上	铁矿砂、焦煤等
波罗的海巴拿马型指数 BPI	5 万~8 万吨	谷物等
波罗的海灵便型指数 BHI	5 万吨以下	水泥、碳酸钾、磷肥等

BDI 指数是反映干散货航运市场运行状况的一个参考指标,有着重要的指导意义。一方面,因干散货主要包括金属矿石、煤炭、粮食等工业原材料,BDI 指数的波动与全球经济贸易形势紧密相关,且具有一定的先导性,其对进行干散货航运市场分析、预测,指导干散货船租船业务有着至关重要的作用,因此 BDI 指数被视作全球经济的"晴雨表"和"风向标"。如果该指数出现明显上升,说明世界经济情况良好,国际间贸易火热。另一方面,BDI 指数也是波罗的海国际运价期货市场进行运价期货交易和结算的重要依据。对期货市场的投资者来说有着重要的参考意义。另外 BDI 相对客观,几乎不存在资金炒作的问题,如资金进入大宗商品市场炒作,但同期 BDI 没有明显上涨,那么大宗商品市场的价格波动就值得引起利益相关方的注意。

(2) 波罗的海灵便型船运价指数 BHI

波罗的海灵便型船运价指数(Baltic Handysize Index,BHI)是波罗的海航运交易所 1996 年在 BFI 的基础上推出的一个衡量干散货运输市场灵便型船运价趋势的价格指数。BHI 以灵便型船为统计对象,以 1997 年 1 月 7 日为基期,基数定为 1000,有效弥补了 BFI 指数的缺陷。后续又将灵便型分为波罗的海超大灵便型船指数 BSI 和小灵便型指数 BHSI。

(3) 波罗的海大灵便型船运价指数 BHMI

波罗的海大灵便型船运价指数(Baltic Handymax Index,BHMI)是波罗的海航运交易所 2000 年 10 月推出的另一个反映干散货船运输市场运价变动的价格指数。波罗的海运价指数和期货小组会议决定用大灵便型船运价指数 BHMI 来取代 BHI,于 2001 年 1 月 2 日开始生效。

5.2　主要的干散货运输物流

5.2.1　煤

1. 资源分布

煤炭在人类的生产和生活领域里使用广泛,几乎遍及各个经济领域。按世界煤炭资源的储量、密度来分析,北半球高于南半球,特别是高度集中在亚洲、北美洲和欧洲的中纬度地区,而南半球含煤率相对较低。

在常规能源中,煤炭是仅次于石油的第二大能源,据 BP 世界能源统计年鉴 2020 统计,2019 年全球煤炭总产量为 81.29 亿吨,同比增长 0.5%。其中产量排名前五位的国家分别为:中国、印度、美国、印度尼西亚、澳大利亚。我国一向是世界产煤大国,2019 年中国煤炭产量占全球总产量的 47.3%。

2. 贸易状况

目前,世界煤炭消费占全球能源消费总量四分之一以上,是仅次于石油的第二大能源。为了促进经济和相关工业的发展,世界许多地区和国家的煤炭的消耗量逐年攀升。全球煤炭交易量于 2019 年达到了有史以来的最高水平,为 14.45 亿吨,其中 92% 采用了海运运输方式。

相关研究表明[8],自 1990—2016 年间世界煤炭的输出总体呈增长趋势,主要有以下特点:

(1) 亚太地区的煤炭输出量明显增长。

(2) 北美地区的煤炭输出基本保持不变,其中美国是最大的煤炭输出国家。

(3) 欧洲地区的煤炭输出量明显上升,其中俄罗斯的煤炭出口增加是主要动力。

由于各国的煤炭资源分布存在不均衡性,导致部分国家地区为了满足自身发展的需要,不得不依靠外部煤炭输入,煤炭输入量的逐年增加充分反映出这一特性。而世界煤炭输入量同期也保持着稳定的增长,主要是由亚太和欧洲地区拉动形成的。从国家地区来分析,印度、中国、日本、韩国的煤炭输入占据了较高比例。我国虽然煤炭资源储量丰富,煤炭储量居世界第二位,但随着内部需求增长以及国家限制出口政策的影响,中国已由煤炭出口国转为净进口国。

3. 煤炭装卸相关机械

港口的煤炭装卸如图 5-2 所示。主要包括煤炭装船和煤炭卸船两种类型。

图 5-2　港口煤炭装卸(日照港供图)

1) 煤炭装船

煤炭装船的主要设施有装船机、皮带机等。

（1）装船机。大型煤炭专业码头的装船机基本都采用连续式装卸设备，即从开始作业到装舱完毕，整个作业过程是连续无停顿的。装船机由主体部分、尾车部分和喂料皮带机三部分构成。近年来，随着技术发展和设备的改善，装船设备的效率有了很大提高。国内建设的装船机效率通常为6000~8000t/h。国外部分煤炭码头（如理查德湾）装船机效率甚至已经超过了10000t/h。

（2）皮带机。皮带机是依靠传送带与滚筒之间的摩擦力来进行驱动，完成干散货运输的机械。位于煤炭装船码头前沿的高架皮带机通常沿码头岸线建筑，横贯整个码头前沿。码头前沿的高架皮带机与贯穿码头煤炭堆场的高架皮带机通过转接塔相连接，可以将存放在堆场的煤炭输送到码头前沿的皮带机，然后通过一系列流程装入船舱。

2) 煤炭卸船

与装船码头相比，煤炭卸船码头的装卸机械规模通常较小，效率也比较低。煤炭卸船的相关机械主要有：

（1）垂直运输机械。此类机械包括连续式煤炭卸船机械、间歇式煤炭卸船机械及船吊。连续式卸船机械可以实现连续作业，效率远高于间歇式，但其有初始投入大、难以维修、粉尘与噪音大等缺点。

（2）水平运输机械。煤炭卸船码头的水平运输机械主要是各类皮带机：流动皮带机与高架皮带机。流动皮带机用途广泛，如将煤炭运输到堆场，若多台连接使用，可以实现灵活变向，完成货物的水平输送。高架皮带机一般没有坡度，长度较长，作用是完成煤炭在港区内长距离的水平运输。

5.2.2　铁矿石[10]

铁矿石是钢铁工业的重要原料，全球铁矿石资源总量较大，但生产和分布并不均衡。全球铁矿石贸易90%以上是靠水路运输完成的，在国际干散货运输中占据首位，其海运需求约占干散货海运总需求的30%。

1. 资源分布

根据美国地质调查局2019年数据显示，世界铁矿石探明储量约1800亿吨，其中澳大利亚、巴西、俄罗斯、中国、乌克兰等是铁矿石资源较为丰富的国家。不同地区的矿石品质差异较大，如澳大利亚、巴西铁矿石的平均品位高达60%以上，是世界上最优质的铁矿藏区。而俄罗斯、中国和乌克兰的铁矿石品位较低，平均只有30左右，铁矿石需要经过筛选才能投入使用。

2. 贸易状况

2000年以来，随着世界经济的发展，特别是中国工业化和城镇化对钢铁需求的快速增长，全球铁矿石海运贸易也随之大幅增长[11]。世界铁矿石主要出口国家有澳大利亚、巴西、印度、南非等；主要进口国家有中国、日本、欧盟等。目前国际铁矿石市场形成了以巴西淡水河谷公司、澳大利亚必和必拓公司、FMG和英国力拓集团四大巨头主导全球铁矿石出口贸易的局面。这几家公司的铁矿石供应量约占铁矿石全球出口总量的60%以上。随着中国钢铁业的强劲增长,自1996年超过日本,成为世界最大的钢铁生产国以来,钢铁需求增长加快,于2003年超过日本成为世界上最大的铁矿石进口国,其进口量约占世界总进口量的三分之一。

3. 铁矿石装卸

铁矿石的装船与其他干散货大致相同,主要采用相应的装船机来完成。而卸船方面,由于铁矿石的自身特性:比重较大、滑性较小,因此铁矿石的卸船通常使用间歇式卸船机械。主要包括桥式卸船机(带斗桥吊)、带斗门机、翻斗车等。其特点是利用抓斗来抓取铁矿石完成卸船作业。铁矿石的港口装卸如图 5-3 所示。

图 5-3　铁矿石的港口装卸(日照港供图)

按照相关规定,大型、专业化的码头(如铁矿石码头)通常使用流程作业系统,即从货物进港到出港,全程需要通过相互连接的机械系统,进行不间断的连续作业。流程作业的基础是大型系列化的机械系统,它能够高效地进行标准化的作业。而且垂直运输、水平运输货物进站、货物出站,甚至包括防尘作业,所有作业过程都应实现无缝链接。我国进口铁矿石的专业码头一般配备有大型桥式卸船机,采用大流程作业。其流程作业系统包括:卸船系统、堆场系统、装船系统、装车系统。

对于非专业性大宗散货码头,一般不配备大型皮带机运输系统来完成装卸作业。通常会选择巴拿马型船来进行作业。卸船设备主要使用带斗门机。这类水平运输虽然有运输成本高、能耗高、安全性相对较差和扬尘难以控制的缺点,但其投资少、灵活性好,使其在通用泊位上使用甚多。

5.2.3　散粮[12][13]

谷物是散货运输中的大宗货物,谷物包括小麦、玉米、燕麦、大麦、大米、豆类以及种子类。谷物可以选择包装运输,也可以散装运输,但谷物散装运输比包装运输具有许多明显的优势,如可节省包装材料和费用、有利于装卸机械化、降低装卸的劳动强度、提高运输船舶的装载量等,因此大宗谷物一般采用散装运输方式。

1. 世界粮食生产

粮食是人类生活的必需品,同时也是酿造和制糖业的主要原材料。目前世界上绝大多数国家和地区仍以粮食为主食;林业和渔业的发展也离不开粮食;畜牧业的发展,更是主要依靠粮食作为饲料。世界粮食生产的总趋势是不断增长的,尤其是第二次世界大战以后,世界粮食生产发展较快。从地区来看,亚洲产量最大,其次是欧洲和北美洲。从国家来看,粮食产量悬殊状况十分突出,世界谷物产量超过亿吨的国家有三个:中国、美国、印度。中国自1984年起,粮食产量跃居世界首位,2019年产量达14亿多吨,约占世界总产量的21%。美国尽管人口仅为世界总人口的5%,却生产了世界16.3%的粮食。

2. 世界粮食市场

自20世纪50年代以来,世界粮食市场发生了一系列的变化,主要表现在:

(1) 粮食进口国增加

从前出口粮食的一些亚非拉国家变成了粮食净进口国,尤其引人注目的是,过去一直大量出口粮食的苏联,成了大的粮食净进口国。人口稠密,但粮食单位面积产量很高的日本,由原来的粮食自给国变成了世界大的粮食进口国。

(2) 粮食出口国减少,出口地域更为集中。

第二次世界大战前,世界上出口粮食的国家较多,到了20世纪70年代中期,有余量出口的国家迅速减少到只有十多个,而其中每年出口粮食在1000万吨以上的五六个国家,就占世界粮食出口总量的90%以上。

(3) 发展中国家粮食出口锐减,进口骤增

20世纪50年代以来世界粮食净出口国的减少,主要发生在亚非拉地区,包括南亚中南半岛,西亚和北非一些国家。目前在发展中国家中,除阿根廷、泰国以及另外少数几个国家有少量出口外,都成了粮食净进口国家。与此相反,法国和位于高纬度地区的西欧发达国家,如瑞典,丹麦等国家,却从粮食净进口国变成了粮食净出口国。由此可知,"二战"后亚非拉发展中国家逐渐由粮食净出口区域变成净进口区域。

(4) 美国等发达国家粮食输出量大增

由于"二战"的影响,战前发达资本主义国家粮食净出口量约800万吨,战后数量骤增,其中增加最多的是美国和法国,美国由战前的出口数百万吨,增加到6000~8000万吨。法国战前是经常进口粮食的,但20世纪60年代以来,其粮食出口不断增加。同时,加拿大和澳大利亚粮食的出口量也有很大增长。其中,美国就提供了世界粮食出口总量的50%左右,发展中国家进口的粮食,大部分来源于美国。

3. 世界粮食贸易

世界粮食贸易有近200年的历史,进入21世纪以来,全球粮食海运量呈现出明显增长趋势,2017年全球粮食海运量达5.15亿吨,接近历史最高点。长期来看,粮食的生产和消费具有明显的地域性特征,随着经济全球化的加深,粮食海运贸易是调节粮食供需地域不平衡性的重要途径。根据联合国粮农组织(FAO)统计数据,20世纪80年代以来全球粮食贸易量增长133%[14]。世界粮食贸易中净进口粮食的国家为数众多,而净出口粮

食的国家却很少。据统计,前者约占世界国家和地区总数的90%,即150个左右,后者只有十多个国家。其中能大量出口粮食,在世界粮食出口中占有相当地位的国家则为数更少,粮食进口国家主要包括中东国家、中国、日本、韩国、俄罗斯等。以地区来看,亚洲最多,次为独联体和东欧诸国,再次是非洲,西欧最少。以国家来看,经济发达的国家进口的粮食多于发展中国家,世界上进口粮食数量很大的都是经济发达国家。主要出口国家有美国、加拿大、澳大利亚、阿根廷、欧盟等。在进口构成中,发展中国家以小麦为主,发达国家则以饲料谷物为主。

而随着经济全球化的发展以及物流运输技术的提高,粮食的交易数量和范围都在逐渐扩大,世界粮食物流大体呈现出:国际粮食贸易中集装箱运输比重逐渐增大、物流设施现代化、粮食物流加工技术提高、粮食物流在电商中地位和作用更加凸显,以及对专业化人才的更高需求五个特点。

4. 散粮装卸相关机械

散粮的港口装卸如图 5-4 所示。港口的散粮装卸设备主要有散粮卸船机、散粮装船机及其他配套设备组成。

图 5-4 散粮的港口装卸(日照港供图)

(1) 散粮卸船机

散粮卸船机是散粮港口主要的卸货设备,按其作业的连续性,散粮卸船机可以分为间歇性卸船机和连续性卸船机两大类。间歇型卸船机是指作业过程间断的卸船机械。即在作业过程中,前一个作业周期和后一个作业周期是完全断开的。其典型机械类型是抓斗卸船机,具有装卸效率较低,结构简单、造价低、通用性强的特点。连续型卸船机指作业过程连续不间断地卸船机,其机械作业效率高,但通用性差。因此一般用于货种单一,专业性很强的码头。具有以下的优点:效率较高、可连续自行取料、自重轻、能源消耗低、设备使用寿命长。

(2) 散粮装船机

散粮码头使用的装船机一般都是连续型作业机械。在我国主要散粮码头,如大连港、营口港等得到了广泛的应用。散粮装船机用于散粮码头装船时效率更高,洒落更少,便于散粮装卸作业的随机性。由于散粮装船机通常是连续作业,因此码头必须有与之配套的设备(如筒仓、皮带机等),提供连续的物流,使装船机可以连续装船。

(3) 其他配套设备

带式输送设备是大型散粮码头常用设备之一,主要用于物料不同距离的水平运输,有时也能进行一定坡度的垂直运输。带式输送机结构简单、能耗低、效率高、维修费用少。斗式提升机也是散粮码头常用设备之一,主要用于物料的垂直运输,将粮食输送到筒仓仓顶,实现粮食入仓,因此是散粮筒仓系统重要的竖直提升输送机械。夹皮带提升机,一般的带式输送机只有一层大皮,只能用于散货的水平运输或小坡度的垂直运输。而夹皮带提升机使用双层大皮,将物料夹在双层大皮中,就能实现散货的垂直运输。

5.3 干散货运输物流的发展

5.3.1 干散货运输市场构成及形态[15]

干散货的运输绝大部分都是通过租船的形式来完成的。租船体系包括承运人、托运人和代理人三方面构成。散货运输市场按照租船形式的不同,可以分为四类:航次租船、包运合同、期租船和光船租船。

1. 航次租船(Voyage Charter)

航次租船也称程租船,是以航次为基础的一种租船形式。船东采用指定的船舶,通过一个或多个航次来完成承租人指定的运输任务。

2. 包运合同(Contract of Affreightment)

同航次租船存在相似之处,船东在约定期限内通过多个航次来完成托运任务,但可以自由安排适当的船舶进行运输。

3. 期租船(Time Charter)

期租船是以船舶和租期为基础的租船形式。船东将指定的船舶出租给承租人使用,由船东承担相关费用,租期从几个月到十几年不等。在规定期限内,承租人具有较大的自主权,可以使用该船舶进行运输任务或转租给他人使用。

4. 光船租船(Bareboat Charter)

同样是一种以船舶和租期为基础的租船形式。但与期租船不同的是,船东将指定的一艘空船舶出租给承租人使用,由承租人负责相关费用。这种租船形式的租期一般比期租船要长,船东一般是银行等金融机构。

5.3.2 世界市场发展概述[16][17][18]

干散货运输是全球贸易的重要组成部分,通过水运运输的货物量在全球贸易总额中居于首位,其中干散货又占据了水运市场的最大份额。2020 年干散货海运量占全球海运贸易总量的 40% 以上。由图 5-5 可见 2009—2019 年间,随着经济全球化的发展,对煤炭、粮食等原材料的需求上涨,全球干散货海运量始终保持增长。数据显示,干散货海运贸易量于 2020 年首次突破 50 亿吨,其中,近 29 亿吨货物将在中国卸货,约占总量的 48%。

影响全球干散货航运需求的因素主要有宏观经济、相关产业生产状况(如钢铁工业)、海运的距离等。首先,经济发展状况与干散货航运市场密切相关。干散货所运输的货物

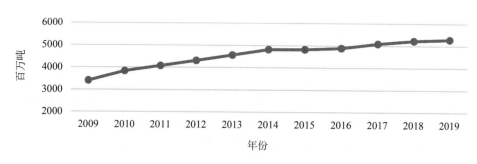

图 5-5 全球干散货海运贸易量

包括铁矿石、煤炭、粮食等经济发展必不可少的原材料与基本需求,因此其与全球经济和贸易形势紧密相关。如 2008 年金融危机的爆发导致全球经济发展变缓甚至停滞,与此同时干散货市场进入寒冬,BDI 指数跌至历史低点。其次,与钢铁工业联系密切的铁矿石、焦煤、钢铁等占据干散货总运输量 50%,因此世界钢铁的需求及生产会对全球干散货市场产生重要影响,其中中国对于钢铁的大量需求是拉动市场的一个重要因素。最后,在很大程度上海运距离决定了干散货市场的需求,平均海运距离的变化改变了全球干散货市场的结构。如亚洲诸多国家尤其是中国工业化的高速发展促使了资源的重新配置,货物海运距离逐渐变远成为趋势。

1. BDI 指数发展

BDI 指数衡量的是全球远洋运输货运能力(货运能力的供给)和国际间贸易所需要运输的初级大宗商品的数量(货运能力的需求)之间的关系,被称为干散货运输市场的"晴雨表"。由于国际间航运货船数量较为固定,货运能力弹性较小,所以 BDI 指数可以反映出全球对初级产品和原材料的供应趋势,其与初级产品价格往往存在正相关的关系,当初级产品,如煤炭、铁矿石、谷物等价格上涨时,BDI 指数一般也同步上涨,一定程度上反映全球的经济状况。若 BDI 指数上升,说明全球经济状况良好,国际间贸易火热。

BDI 指数发展大致经过了以下几个阶段(见图 5-6):2003 年前 BDI 指数长期在700～2400 点范围内波动,平均值约 1290 点。自 2003 年起全球干散货航运市场展示出一片繁荣,BDI 指数持续攀升,于 2008 年 5 月达到 11793 点的历史顶峰,之后逐渐下行。2008 年金融危机爆发后,BDI 指数直线性下跌,12 月 5 日达到 663 点,创下历史最低。然而此后全球经历了长达十多年的低迷期,BDI 指数一直在低位徘徊,至今仍处于低谷阶段。归根结底是因为此前一直存在的运力过剩问题,加之受 2020 年全球新冠肺炎疫情影响,市场态度较为悲观。

2. 船队规模

自进入 21 世纪以来,全球干散货船舶总运力发展的基本趋势是随着时间推移持续增长。金融危机前,尤其自是 2003 年起,干散货航运市场行情火热,大量船东选择订购新船,导致这一期间运力增速加快。在金融危机后,由于金融危机前的大量新船订单陆续开始交付,散货船船队运力规模依然保持高速增长,2004—2012 年的年均增速高达 9.9%。然而,自 2013 年以来,由于拆解量的持续增多,全球散货船船队运力增速逐步放缓。全球散货船船队运力变化情况见图 5-7。根据市场统计,截至 2020 年初,全球干散货船总运力

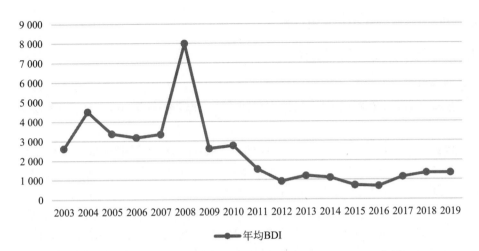

图 5-6 2003—2019 年均 BDI 变动

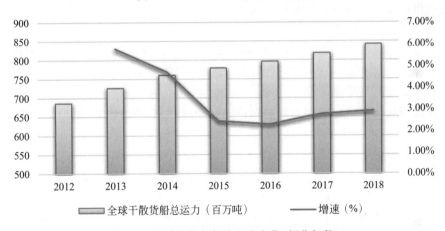

图 5-7 全球散货船船队运力变化(部分年份)

约占全球航运市场所有类型船总运力的一半,总计约 8.8 亿载重吨;其中海岬型散货船最多,总吨位约 3.48 亿吨,约占干散货市场总运力的 40%;巴拿马型散货船其次,总吨位约 2.17 亿吨,约占干散货市场总运力的 24.5%。

3. 干散货市场发展前景

自 2017 年以来,干散货海运市场的各项指标,包括 BDI 指数、船舶运力增速等都大致恢复至 2002 年以前的常态水平。随着相关技术的发展,干散货航运市场已经进入一种新的常态,这种新常态具有以下特点:

(1) 需求增速放缓

随着中国相关产业、技术的升级改造以及经济的转型发展,中国基本原材料的进口对干散货海运市场的引擎推动作用将进一步减弱。加之 2020 年新冠疫情对全球经济贸易造成冲击,进而对干散货运输市场带来不利影响。

(2) 运力持续过剩

自 2008 年以来,航运市场的火爆导致运力高速增长,但与需求不匹配的高速增长所造成的运力过剩现象至今未能得到有效的缓解。在需求增速放缓的市场大背景下,干散货海运市场仍将面对运力过剩的问题。

5.3.3 中国干散货运输的实践与创新

1. 准班轮[19][20][21][22]

在航运市场中,主要有班轮运输(定期船运输)和租船运输(不定期船运输)两种方式。班轮运输指船舶按照公布的船期表和规定的运价,在特定航线上以规定的挂靠港顺序从事的各港间货物运输,具有"四固定"的特点。租船运输,则是根据船舶所有人与需要运输货物的货主所共同签订的租船合同安排运输,其客户主要为特定的、集中的、少数大宗货物客户。而准班轮运输是班轮运输与不定期船运输之间的一种中间模式,是指大宗散货物流链中的关键企业,通过选择位于上下游的合作伙伴,事先协定好相关规则,将运输相关环节整合成一个有机的整体,按照班轮(定船名、定班期)的相关要求运行,即在既定的时间将既定的货物配送到既定的地点,以实现最低的成本和最高的运输效率。

这种准班轮运输模式主要有以下优势:

(1) 港口经营方面

一般遵循准班轮优先原则,大大提高了装运、接卸的速度,提升了泊位的利用率,减少了资金占用和港口场地占用支出,并实现港口吞吐量的增加。

(2) 航企经营方面

由于准班轮仿照班轮采用固定的泊位,能够节省船舶停泊相关费用,使船舶周转率得到明显提高,燃料费成本明显降低。

(3) 相关企业经营方面

主要包括煤企及电厂,准班轮运输高效运营的特点能够帮助客户显著降低成本,减少资金的占用,提高了企业自身的竞争力。

我国比较成功的准班轮实践当属秦皇岛"煤炭准班轮运输模式"。秦皇岛港凭借其区位优势,于2014年3月率先创造出"煤炭准班轮运输模式"并开始实施。在一年的时间内共转运船舶136次,煤炭吞吐量达到210万吨。同时不断优化现有的运营模式,充分利用新兴信息科技技术,使准班轮运输模式进一步迈向规范。

截至2018年底,中远海运散货运输有限公司散运的准班轮航线已经发展到22条。其中第22条航线准班轮名称为"外贸班轮",是中远海运散运第一条外贸准班轮航线,航线从印尼出发至广东,装载货物是煤炭。

2. 干散货港口全自动化作业流程[23]

烟台港是中国沿海重要的矿石、散粮中转港以及煤炭装船港。此前,我国港口的智能化发展主要集中在集装箱码头,而干散货码头的智能化发展起步较晚,相关设备设施也较为落后,存在诸如效率低、能耗高、环保性差的缺点。2019年,自动化卸船机控制、自动化装船机控制、自动化装车机控制、3D数字化干散货码头生产管控系统、矿石码头作业流程全自动化控制等技术已经成功在烟台港矿石码头应用。全自动化作业流程的实现,降低了矿石码头的操作人员数量和码头运营成本,能够实现对矿石码头的智能化在线管理,能够为客户提供更好的服务,提升经济效益。

此外,相关项目研究的3D码头数字化和矿石作业流程全自动化控制技术,实现码头装卸船、水平运输等全过程作业自动化和集中管控，大大提高了作业精度和管理效率，节省了运营成本。烟台港全自动化作业流程的实现为推动我国干散货码头的智慧化建设提供了技术支撑和实践参考依据。

本 章 小 结

1. 干散货是指无包装的，呈松散颗粒、粉末、块状的，可直接运输、装卸和保管的货物。典型干散货主要包括铁矿石、煤炭、粮谷、铝矾土和磷矿石五大类。此外，化肥、糖、水泥、盐等也有采取散装运输的，也属于干散货。

2. 煤通常按照挥发性分为褐煤，烟煤，无烟煤三大类，再分别按其煤化程度和工业利用的特点分为多个小类。煤的特性主要有会产生可燃性爆炸气体、自热性与自燃性、冻结性等。

3. 除了少数贵重矿石（如钨矿石、锡矿石等）及矿砂材采用袋装运输外，其余大部分金属或非金属矿石（如铁矿、黄铜矿等）都可以采用散装运输。矿石种类繁多，由于其化学成分不同，特性各异，其性质大致归纳如下：比重大、易蒸发水分、易扬尘、渗水性、冻结性、能散发瓦斯、自热自燃性、自然倾斜角较大等。

4. 谷物是散货运输中的大宗货物，谷物包括小麦、玉米、燕麦、大麦、大米、豆类以及种子类等。谷物有包装运输的，也有散装运输的。散粮具有下沉性、散落性，会对运输造成一定影响。

5. 干散货运输的特点主要为：大型化、机械化程度高；装卸作业连续性强，自动化程度高；机械与工艺的改进快。

6. 我国干散货码头具有：深水化、大型化、系列化、洁净化的特征。

7. 波罗的海综合指数BDI反映着国际航运市场的运价水平和变化。其由三个分指数BCI、BPI和BHSI构成，是一个综合性指数，其三个分指数所占权重相等。

8. 干散货运输市场按照租船形式的不同，可以分为四类：航次租船、包运合同、期租船和光船租船。

9. 干散货运输是全球贸易的重要组成部分。目前通过水运运输的货物约占全球贸易总额的85%，其中干散货占据了水运市场的最大份额。

10. 中国干散货运输的主要创新实践包括：准班轮的运行以及各类特色码头。如天津港智能码头等。

参 考 文 献

[1] 刘翠莲. 港口装卸工艺[M]. 大连：大连海事大学出版社，2013.
[2] 杨茅甄. 现代物流理论与实务[M]. 上海：上海人民出版社，2003.
[3] 邱文昌. 船舶海运[M]. 上海：上海交通大学出版社，2015.
[4] 乐美龙. 国际物流＝International Logistics[M]. 上海：上海交通大学出版社，2012.

[5] 人力资源社会保障部人事考试中心组织编写. 运输经济（水路）专业知识与实务：中级[M]. 中国劳动社会保障出版社；中国人事出版社，2012.

[6] 蔡敬伟. 全球干散货航运市场发展形势分析[J]. 世界海运，2018，41(5)：14-20.

[7] 蔡益泉. 影响波罗的海干散货指数（BDI）的供需因素研究：一个文献综述[J]. 珞珈管理评论，2012(2)：140-149.

[8] 王诺，张进，吴迪，赵伟杰. 世界煤炭资源流动的时空格局及成因分析[J]. 自然资源学报，2019，34(3)：487-500.

[9] 杨茅甄. 中国港口协会. 散货港口管理实务[M]. 上海：上海人民出版社，2010.

[10] 陆琪. 世界海运地理[M]. 上海：上海交通大学出版社，2011.

[11] 蒋林. 国际铁矿石供给格局及对好望角型船市场的影响[J]. 中国远洋海运，2020(11)：70-73+9.

[12] 李泉斌. 国际经贸地理[M]. 上海：立信会计出版社，1999.

[13] 谭钧. 港口物流[M]. 长春：吉林大学出版社，2012.

[14] 王介勇，戴纯，周墨竹，刘正佳. 全球粮食贸易网络格局及其影响因素[J]. 自然资源学报，2021，36(6)：1545-1556.

[15] 陈舜，苏同江，王学锋. 租船运输理论与实务[M]. 上海：上海交通大学出版社，2013.

[16] 刘刚，郭克禄. 全球干散货航运市场发展回顾与展望[J]. 中国经贸导刊(中)，2021(7)：11-14.

[17] 王大山，刘文白. 国际干散货航运市场发展趋势研究——基于主变量—自回归模型的分析[J]. 技术经济与管理研究，2021(4)：83-88.

[18] 孙军. 国际干散货航运市场分析与经营对策研究[D]. 大连海事大学，2007.

[19] 刘艺惠. 干散货引入准班轮新散运创造经营新模式[J]. 中国远洋海运，2018(3)：18+8.

[20] 刘林，关鹏. 中远海运散运的新名片：准班轮运营[J]. 中国远洋海运，2017(11)：36-37+8.

[21] 付任顺尧. 干散货船准班轮运输模式创新[J]. 天津航海，2017(3)：27-30.

[22] 袁继革，袁旭梅. "出售"秩序——秦皇岛港的煤炭准班轮运输模式[J]. 企业管理，2013(11).

[23] 孙付春，张学炜. 干散货码头全自动化作业流程[J]. 港口科技，2019，No.164(10)：1-4.

第 6 章

内陆港物流与供应链管理

【本章学习目标】

通过本章学习,学员应该能够:
1. 了解内陆港的发展背景,掌握其定义、功能、优势以及不同的分类标准。
2. 了解内陆港物流的发展背景、发展模式,掌握内陆港物流系统一体化的相关知识。
3. 明确内陆港供应链的定义。
4. 掌握内陆港供应链的构建目标、要求、方法。
5. 了解我国内陆港物流的发展状况,并能举例说明。

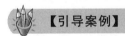

【引导案例】

山东内陆港落于河南

在很多人的印象中,内陆港从来都建于沿海。能不能在不沿边不靠海的内地也建一座"内陆港",把内陆港的各项功能搬过来,让各种货物从当地出关,直通海外?

答案是毋庸置疑的。随着高铁崛起,陆运优势凸显,很多内陆城市将内陆港作为腾飞发展的重要砝码。近年来,西安、郑州、成都、洛阳等城市纷纷竞逐内陆港建设。

2021年9月,山东内陆港物流集团郑州公司携手一拖(洛阳)物流,在一拖物流园为河南洛阳内陆港挂牌,这是继2021年1月河南南阳内陆港挂牌后,山东内陆港再次落子河南,标志着山东内陆港内陆港"家庭"再添新成员。

洛阳市位于河南省西部、欧亚大陆桥东段,是国家区域性中心城市和全国重要的工业城市,陇海、焦支两大铁路干线交汇于此,中国(河南)自由贸易试验区洛阳片区、洛阳综合保税区、跨境电商综合试验区相继规划建设,区位优势十分显著。山东内陆港与洛阳市有着良好的合作基础,早在2012年,山东内陆港青岛港率先在洛阳地区启动多式联运业务,为加快建设河南至山东的物流大通道奠定了基础;2015年,山东内陆港与一拖(洛阳)物流合作发运海铁联运集装箱班列;2021年4月,"两业"一体化助力双循环——山东内陆港·中国一拖服务洛阳都市圈客户恳谈会在洛阳召开,山东内陆港与洛阳市的合作关系进一步巩固深化。此次洛阳内陆港的正式挂牌,将有力推动双方在多式联运、产业协同、商贸物流等方面进行深层次、多维度合作,开创互利共赢、共同发展的新格局。

山东内陆港物流集团将以此次挂牌为契机,抢抓洛阳生产服务型国家物流枢纽和青岛市商贸服务型国家枢纽的发展机遇,在政府、海关、铁路、船公司的支持下,携手一拖(洛阳)物流不断完善内陆内陆港岸功能,加快构建"通道＋枢纽＋平台＋商贸"的现代物流运输体系,以实际行动助力港城联动,实现融合发展。

(资料来源:陶建华.洛阳至连云港班列首发打通物流出海新通道[J].当代农机,2021(02):19.其余部分介绍来源于齐鲁网-济南日报 news.iqilu.com/shandong/shandonggedi/20210908/4949400.shtml)

内陆港成为新宠必定有它的发展背景和动因,内陆港物流是什么？有什么优势？本章将详细讲述。

6.1 内陆港基础知识

6.1.1 内陆港概述

1. 陆港的发展背景

集装箱货物的海运运输一直以惊人的速度增长,运输量的增加要求供应方的运力相应增加,同时需要采取措施发展规模经济和控制单位成本。为此,多式联运链的海事部门雇用了越来越大型的船舶以充分利用规模经济。海港供应链中的其他参与者,例如:内陆港运营和内陆通道,必须有效地容纳这类船舶。

由于集装箱运输的增加,海港目前面临的主要问题是海港码头空间不足和进出航线日益拥堵。尽管在集装箱码头容量方面进行了大量投资,但集装箱的大量流动严重使海港作业紧张。内陆港容量的增加可以通过以相当大的成本扩大现有的码头,通过增加额外设备或新形式的技术提高生产率。

内陆港腹地的运输服务也因流量增加而紧张。因为海上流量的增长意味着道路流量几乎成比例地增加,运输模式不平衡导致道路交通拥堵加剧。使海港和内陆运输能力与日益增长的海上集装箱运输需求相协调,同时以可持续的方式降低对环境的影响,迫使海港和其他运输系统和社会行为者通过多式联运解决办法寻找内陆海港。

内陆港是依靠多式联运增加内陆港吞吐量、扩大内陆地区,将部分内陆港业务转移到内陆码头的一种手段。多式联运是解决环境问题的主要潜在因素,外部成本的完全内化将大大有利于多式联运。内陆港就是一个内陆多式联运码头,它通过铁路直接连接到海港,这使得客户可以像直接到海港一样装卸货物。内陆港也是通过捆绑流量和将集装箱运输从公路转移到铁路来合理进出的一种手段,从而减少内陆港附近的拥堵,并带来其他环境效益。

2. 内陆港的定义

内陆港(又名陆运口岸、干港、无水港)是建设在内陆区域的通过铁路运输、公路运输以及发达运输网络直接和内陆相连的位于内陆的多式联运枢纽,具有沿海母港除装卸船以外的所有功能,其将内陆货物集中后运输至海港或将来自海港的货物分拨至内陆各地,具有运输代理、提单的签发、报关报检、出入境检验等内陆港功能,实现了货主一站式服务。其作为内陆进出口集装箱货物的集散地,为该地区货物提供便捷、专业化的进出口服务,目标是把内陆港的海关特殊监管区的功能和政策延伸到非沿海口岸的内陆地区。

3．内陆港功能

建立在内陆地区的内陆港是内陆港向腹地发展的产物，其建设带动内陆地区贸易发展，其结构决定了其具有综合性功能。内陆港具备除了沿海内陆港码头装卸船操作以外的所有功能，按功能的辐射范围可分为基础业务功能、协调辅助功能和社会效益增值功能。

1) 基础业务功能

基础业务功能是内陆港自身所具备的核心功能，主要用于拓展内陆港运输网络系统，为与腹地联系搭建桥梁。主要有以下四方面。

(1) 集装箱中转功能

内陆港可以将几种不同的交通运输模式在一点进行联系，合理衔接，而作为集装箱转运的重要节点，货主可在内陆港完成进出口商品的整理、保管、堆存、拆装箱、还箱等一系列集装箱作业，以满足运输要求。作业完成后，对货物采取行之有效的安排，达到在规定时间内安全运输至指定地点的目的。内陆港的集装箱中转功能可在一定程度上减小商品运输过程中的费用，减小内陆港以及邻近地区的运输压力。

(2) 国际货运代理功能

内陆港可为国际货运提供代理的服务。首先，它可以包揽国内乃至国际上的货物运营服务；其次，还可以为船主或者其他客户提供各种服务，包括提单的办理、货物的报关、租箱、拆装箱、配载、订舱、保险以及海运等多种多样的服务，以保证国际货运顺利进行[1]。

(3) 第三方物流服务功能

内陆港在第三方物流服务方面有很多优势，主要包括货物的储存、转运以及相关操作等许多部分，具体负责转运商品的整体调动，货物信息的接受、发布等运营操作。内陆港可以通过满足客户对物流服务的需求，并且对相关的企业进行统筹与经营，从而完成供应链的重新组装和改建。

(4) 内陆口岸功能

在内陆港园区内，通常设立海关等监督检查机构，为客户货物的通关提供了方便。另外，为了保证货物运输通道畅通，内陆港还可以与一些重要内陆港实现了直达。

2) 协调辅助功能

协调辅助功能是在基础业务功能上进行进一步专门服务性能的提升。其主要包括以下两个部分。

(1) 信息服务功能。和企业、海关等有关部门联网，运用信息系统管理，对车辆、货物等的实时信息进行全程跟踪服务，以便为顾客提供精确的位置等信息。

(2) 集装箱管理功能。对集装箱的空箱进行运输、调配和堆存。在报检业务中，按国家规定进行集装箱的清洁、消毒、熏蒸和维修等，对特种箱提供专门的服务。

3) 社会效益增值功能[2]

随着现代物流业的快速发展，单一的运输服务已经无法满足要求，环保意识的提高、供应链增值服务的产生、地方经济与区域经济协调的需要都催生了内陆港的增值功能。其主要包括以下四个部分。

(1) 绿色环境保护功能。实证研究表明，建立内陆港能够减少25％的CO_2排放，同时其建立能够有效减缓沿海内陆港地区的交通运输压力,使得货流得到集中运输。由于内陆港有助于降低碳排放,很多国家都致力于其建设。

(2)供应链增值服务功能。内陆港作为一个物流节点,能够依照消费者需要,在内陆港完成货物暂时储存和多样化生产。

(3)与区域经济发展协调功能。建设内陆港来调整和均衡内陆地区货源布局,优化其进出口物流,促使整个内陆地区的经济稳定上升。

(4)提升内陆港的竞争力功能。内陆港的建立能够为沿海母港拓展经济腹地,吸引更多的货源,提高了内陆港的竞争力。

4. 内陆港的优势

(1)促进多式联运发展

内陆港极大地促进了多式联运的发展,内陆本就远离海洋,若想将内陆的货物进行远距离运输,必须运送到沿海内陆港,若经过内陆港装船,由内陆港直接运输至目的地,其中的申报,检测,放行等通关内容将被大幅度缩减,极大地降低了运输成本,缩短了运输时间,促进了多式联运的发展。

(2)方便内陆公司,降低运输成本

内陆港提供的服务中包括提供集装箱堆场,从集装箱上卸下的货物空箱可直接运往内陆港,不再返回沿海内陆港,此举动可减少内陆公司提箱还箱的流程。与此同时,内陆公司也可直接从内陆港提取空箱,不再直接从沿海内陆港提取,在运输环节中节省了资金成本,同时降低了企业运输资金成本。

(3)加快内陆贸易同国际接轨

内陆港的物流、金融、口岸功能满足了企业所需,内陆港的三大功能如图 6-1 所示,几乎涵盖了国际贸易所需的所有方面,推动内陆港的建设能够有效地促进内陆地区打通国际贸易,促进内陆地区与国际市场接轨,带动本地发展接轨国际市场。以我国中西部地区为例,内陆港的建成开放有助于这些内陆地区的货物进出口,创造需求满足市场,同时能够引进外部投资,突破发展停滞期,使内陆地区也能与国际贸易接轨。内陆港的建设也将外部先进技术、优质产品带入内陆,使之成本更低,传播的范围更广。

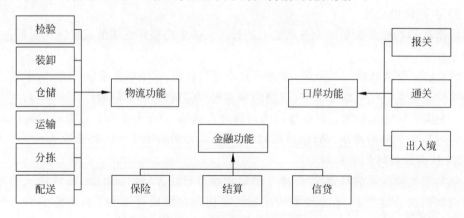

图 6-1 内陆港的三大功能

(4) 提供高新技术支持

内陆港的建成有效地提高了内陆港总体水平的技术支撑,内陆港所涉及的企业更注重加强对企业及客户的价值,即增值服务。其中包括运用,电子数据交换及其他信息跟进技术,保证内陆港物流信息及后续信息跟进能够及时、快速、准确地反馈给企业及客户,内陆港的建成赋能传统的货物中转站,将其代入信息化、数据化时代,产业的发展提出提升技术的需求,技术的需求反哺产业的发展,推动高新技术在内陆港的建成与实施。

(5) 缩小内陆地区与沿海地区经济差距

沿海地区凭借其优越的地理优势以及长久以来的发展侧重,依托其面向海洋的独到地理优势,加之对外开放的政策,相对于内陆地区沿海城市的发展更为迅速,同时也造成了经济发展不平衡的问题,内陆地区与沿海地区经济差距大,发展不够全面。内陆港的建成有效地缓解了这一矛盾,同时为内陆地区带来了全新的发展动力。针对内陆地区独有资源,形成合理方案,本地进口更加充足更多选择的商品,同时也从外向内引进投资与高新技术,充分发挥内陆港腹地优势。与此同时,内陆港也为沿海内陆港输送了更多的资源,为沿海内陆港的发展注入新活力、新动力[3]。

图 6-2 为内陆港发展对国内与国际的影响,内陆港的发展连接东西,平衡东西部资源,带动中西部经济发展,以此促进国家整体发展,国内的内陆港经济发展为国际内陆港带来更大的发展空间,同时创造部分需求,需求再反过来作用内陆港经济发展,国际内陆港经济发展在带动国内经济发展,实现高效闭环增长中发挥了重要作用。

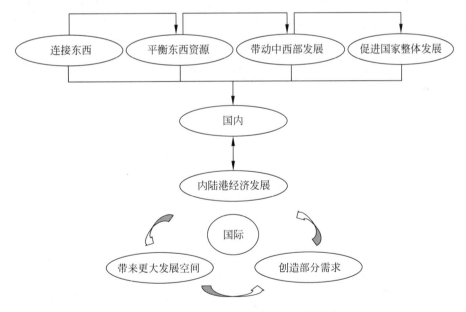

图 6-2 内陆港发展对国内与国际的影响

5. 内陆港的分类

1) 按吞吐能力分类

根据内陆港的年吞吐能力大小划分四个级别:小型、中型、大型和超大型,见表 6-1。

表 6-1 内陆港按吞吐能力分类

级 别	单 位	国内内陆港	国际内陆港
小型	TEU	2 000～5 000	4 000～8 000
中型	TEU	5 000～10 000	8 000～16 000
大型	TEU	10 000～20 000	16 000～30 000
超大型	TEU	20 000 以上	30 000 以上

2）按地理位置分类

根据内陆港所在的地理位置和距离沿海内陆港的远近可分成三种类型：近、中和远距离内陆港。以下是按地理位置的分类以及不同类型内陆港对运输系统参与者产生的影响，见表 6-2。

表 6-2 内陆港对运输系统参与者产生的影响

	远 距 离	中 距 离	近 距 离
海港	减少拥堵、扩展腹地、与腹地连接	减少拥堵、专用列车仓库、与腹地的连接	减少拥堵、增加容量、仓库、直接装载船列车
海港城市	减少道路拥堵、增加土地使用机会	减少道路拥堵、增加土地使用机会	减少道路拥堵、增加土地使用机会
铁路运营商	规模经济、获得市场份额	日间列车、获得市场份额	日间列车、获得市场份额
道路运营商	减少了在拥堵道路和内陆港站的时间	减少了在拥堵道路和内陆港的时间	减少了在拥堵道路和内陆港的时间、回避环境区域
托运人	改良海港通道、环境营销	改良海港通道、环境营销	改良海港通道
社会	降低环境影响、增加就业机会、区域发展	降低环境影响、增加就业机会、区域发展	降低环境影响、增加就业机会

（1）远距离内陆港。一般位于离海港 500 公里以上的地区，其产生的比中、近距离内陆港要早。远距离内陆港拓展了海港的经济腹地，作为降低物流公司的费用及提升物流服务质量的场所，其为顾客提供较低费用、较高效率的服务，促进了母港与内陆区域的共同发展。远距离内陆港从公路到铁路的模式转变带来的好处，导致海港闸口及其周围地区交通拥堵减少。在欧洲，一列火车可以取代约 35 辆卡车，由此对沿途的外部环境影响会减少。如今，海港不仅在关税和转运能力方面，而且在内陆通道的覆盖面和质量上都处于竞争地位。远距离干港也给海港带来了竞争优势，因为它扩展了海港的腹地，即通过为托运人提供低成本和高质量的服务，改善了海港进入传统腹地以外地区的通道。铁路运营商仅仅通过将集装箱从公路运输到铁路而从远距离干港中受益，增加了他们的业务。从托运人的角度来看，一个实施良好的远距离干港在干港地区提供了更广泛的物流服务。对于有环保意识的托运人来说，它提供了使用铁路而不是公路的选择，从而减少了其产品对环境的影响。

（2）中距离内陆港。一般位于距离海港大约 500 公里处的地区，该位置处于公铁交汇、竞争最为激烈的地区，超过此距离铁路运输方式将会是首选。所以，考虑各种铁路和公路的交通线路,在该地区建立中距离内陆港,能够有效地整合附近货源,增强内陆港的揽货竞争力。中距离干港的好处可与远距离干港相媲美,中距离内陆港是不同铁路服务的巩固点,这意味着在离海港仅一个码头的地方就需要专门用于海上运输的管理和设备。通过整合流量和相对较短的距离实现的高频,便于在专用列车上装载一艘集装箱船的集装箱。因此,这种内陆港可以起到缓冲作用,缓解海港的堆放区域。

(3) 近距离内陆港。在海港的所在地区或周边建立近距离内陆港,其作为母港的缓冲池,可有效地弥补母港集散能力有限、空间制约、空气污染等不足。在海港的内陆实施近距离内陆港,使海港能够增加其码头容量,从而解决空间不足或内陆通道不当的问题。这种内陆港可用于在内陆港附近储存集装箱。随着码头容量的增加,生产率也有可能提高,因为更大的集装箱船可能会停靠海港。公路运输商在公路运输方面失去了边际市场份额,但仍会从干港码头的更短等待时间中获益。

6.1.2 内陆港的发展现状

1. 内陆港发展存在的问题

由于经济快速发展,物流量和进出口贸易量增加,沿海与内地发展程度缩小,内地有强烈的国际贸易、国际物流的需求,要求通过海港找到顺畅流通的渠道。沿海内陆港的竞争激烈,迫切需要扩展腹地,内陆港发展速度快,但同时存在大量问题。最大的问题是缺少整体规划或规划不科学。主要表现在集疏运体系、场地、工具、运输方式不匹配,运营规则不清晰、不适用等。保税区占地面积过大,保税业务量不足,土地、建库、检验检验设施、海关查验设施、铁路专用线、办公大楼投资较大,进出口货物的保税收费不足以支撑;海关通关一体化改革,许多海关采用属地报关口岸放行通关制度,企业通关更加便利,业务向这些内陆港集中;一些内陆港出于利益的考量,与其他内陆港的合作逐步淡化,合作协议名存实亡等。

2. 内陆港发展方向

(1) 科学规划内陆港物流园区和业务。首先,确定进出口货物的品类,不同品类货物配备不同的仓储、装卸设施设备。其次,进行科学的物流量预测,减少不合理的仓储设施建设,提高空间利用率。按原要求建设的内陆港保税物流中心要实事求是地缩园,可以存储保税货物和非保税货物,只要在物理上隔断,监控上加强。

(2) 建立内陆港的生态系统。内陆港只是提供了平台,利用平台进行业务活动的是各类企业,包括进出口贸易企业、货运代理企业、展览展销企业、金融保险企业、仓储运输企业、生产制造企业、财务评估企业、维修维护企业等。要创造一个各类企业和谐共存的环境,做好公共服务工作,进行放管服改革,实施负面清单,减轻企业负担。

(3) 部门协同。包括基础设施建设、投资便利化、投融资体制和渠道、行业研究与选择、企业引进和培育、财政税收金融配合、上下游企业利益协调、公共事务和监管事项、放管服的制度性改革等。

(4) 各相关方的支持政府方要为出台相关政策进行引导,充分发挥政府的宏观指导与协调作用,鼓励建设内陆港。因为建设内陆港要与政府、海关、商务、航运企业等展开合作,并面对建设要求高、投资风险大且回报率低、回收期长等特点。所以需要加强政府的支持,从政府入手针对内陆港的建设提供政策,统一进行规划,合理布局安排,避免各个地区盲目竞争带来资源的重复和浪费。政府同时也要提供税收、土地等方面的优惠政策,减轻建设压力,予以运输补贴等。

现代内陆港物流的发展需要政府与企业的互相配合与共同协作。政府在内陆港物流的发展过程中,必须充分发挥其总体规划者与调控者的作用。政府的巨大作用主要体现在以下几个方面。一是内陆港整体发展的规划者。二是基础设施建设的投资者。三是政府法规的制定者。四是物流人才的培养者和引进者。

(5) 加快内陆港物流人才的培养,提高工作人员专业技能和综合素养。内陆港物流产业的发展和运作不仅需要高级物流人才,还需要各项具体工作的执行人员、基层领导岗位和第一线的实际操作人员。

内陆港物流专业还要加强继续教育和职业培训。我国物流业要在政府部门的指导下,调动社会各方面力量,组织规范化的岗位培训、继续教育,特别是资质证书教育。面对物流人才的匮乏和人才需求快速增长的矛盾,满足物流企业的用人需求,仅靠学校教育是难以实现的。这就要求把继续教育和职业培训作为学校教育的补充。随着社会经济和科学技术的发展,即使受过高等教育的从业者也要不断学习,不断更新知识。内陆港及其相关产业的发展,还需要高级派遣工作人员进行业务交流,开展员工培训等,推动内陆港的管理事务步入正轨。

6.2 内陆港物流系统一体化

6.2.1 内陆港物流系统

1. 内陆港与物流的关系

内陆港和物流的发展是相辅相成、互相促进的关系。内陆港以其大进大出的特点成为大量货物的集散地、远洋运输的起点和终点,其因独特的地位成为开展物流活动的理想场所。但内陆港必须融入现代物流体系,结合得天独厚的地理自然条件建立竞争优势,所以物流是内陆港企业求生存、促发展的必然选择。

随着物流管理理论与实践的发展,物流管理技术水平的发展以及货主对货物运输的安全、准时、经济性等服务质量要求的提高,国际班轮运输开始注意到海上运输及陆路物流系统各个环节的可靠性,班轮公司经营规模不断扩大,服务不断延伸,逐渐朝集团化、多元化经营的全球承运人方向发展。经济贸易与航运的发展使得现代内陆港日益成为全球运输体系中的神经中枢,其功能也逐渐从原来的海陆中转发展成为促进经济发展和服务于国际贸易的综合物流中心。

2. 内陆港物流系统的内涵及要素构成

内陆港物流系统是指由提供内陆港物流服务的仓储设施、集疏运条件、运输车辆、集装箱、通信设施和网络、内陆港作业及管理人员、配套服务设施体系和内陆港后方物流园区、基于供应链的内陆港物流系统规划研究中心、集疏运系统及其信息系统等相互影响、相互制约的若干动态要素组成的具有特定功能的有机整体。简单来说,内陆港物流系统是由内陆港物流基础设施、设备与工具、物流信息系统、集疏运体系、生产运作与管理、内陆港服务支持体系等构成的动态的有机整体,一般具备四个基本要素,即流体、载体、流向、线路。

(1) 流体

是指经过内陆港的货物。内陆港物流的目的是实现货物从提供者(如接卸货物时的船舶承运人)向接收者(如疏港的铁路经营人)的流动。所有经过内陆港的货物都要经历装卸、搬运或仓储等过程来实现空间的移动。因此,总的说来,内陆港货物是处于不断流动的状态。根据流体的自然属性和社会属性,可以计算出流体的价值系数,即每立方米体积该货物的价值。该系数可以反映货物的贵贱,对内陆港生产组织部门确定货物作业方案有重要的参考价值。价值系数越大的货物,尤其要重视对内陆港物流过程的安排,一方面,可采联货物的保险措施;另一方面,应合理安排货物的搬运、保管、包装、装卸等各个环节的组织和作业。

(2) 载体

是指流体借以流动的设备和设施。载体分为两类:一类是基础设施,如航道码头、港内道路、港池等;另一类是直接载运流体的设备,如装卸机械、搬运设备等。内陆港物流载体的状况,尤其是物流基础设施的状况直接决定内陆港物流的质量、效率和效益。

(3) 流向

是指流体从起点到止点的流动方向。内陆港物流的流向一般有四种:第一种为自然流向,即根据合理线路安排的货物在港内搬运、装卸的物流方向,这是一种自然选择的流向;第二种是指定流向,如内陆港管理机构为了各港区任务的平衡,人为指定内陆港货物的流向;第三种是市场流向,即根据货主或承运人的意图确定货物在内陆港的流向,如由货主指定货物在某泊位上装卸;第四种是实际流向,指在内陆港物流过程中实际发生的流向。

(4) 线路

是指流体流动的轨迹。线路有港内和港外之分。港内线路是指港区内的货物搬运线路。合理布置港内线路,能提高搬运效率。港外线路是指货物由提供者向接收者移动的线路。合理选择港外线路能提高时效、降低货物移动成本。

上述诸要素构成了内陆港物流运作的四大子系统。

① 船舶航行作业系统。包括航道、锚地、掉头水域、港池、船舶通信导航设施、各种港作船等。

② 装卸作业系统。包括码头、装卸作业锚地、装卸搬运机械和运输机械等。

③ 存储作业系统。包括港内各种库场及库内机械设备。

④ 集疏运系统。包括铁路、公路以及内河水网等。

四个子系统的协同构成了内陆港物流综合运作能力——内陆港通过能力。

6.2.2 影响内陆港物流系统发展的经济因素

1. 世界经济和国际贸易对内陆港物流的影响

世界经济的发展是内陆港物流业发展的基础,内陆港物流的发展也受世界经济发展的影响。世界经济发展的周期性变化必然对世界贸易产生影响,世界贸易的波动又会影响到各国的进出口业务,进而影响其内陆港物流及内陆港物流经营状况。世界经济发展与内陆港物流经营的变化方向是相同的。世界经济一体化带来了世界贸易和海上运输需求的增长,跨国公司的发展直接推动了集装箱运输与全球综合物流服务方式的发展。同时,世界贸易的区域化和集团化趋势也很明显。现在世界上已建立了30多个区域性的贸易集团,这些集团的建立促进了各个区域内部国际贸易的增长,进而对航运和内陆港物流业务产生了较大的影响,集装箱支线运输和近洋运输将成为全球集装箱运输发展的主要增长点,内陆港作为集装箱多式联运内陆码头,其吞吐量随世界经济增长。

2. 国内经济对内陆港物流的影响

国内经济因素对内陆港物流业发展的影响主要表现在以下几个方面。

(1) 国内宏观经济对内陆港物流业的影响

从一定意义上来说,内陆港是国民经济运行的晴雨表,国民经济的发展速度与内陆港物流生产的增长息息相关。如,我国目前正处在国家工业化过程中,国家经济发展处在一个持续高速增长时期,国民经济发展速度将直接促进内陆港物流业的增长,同时带动内陆港物流业增长。

(2) 产业结构的调整对内陆港物流的影响

我国现在正处于工业化过程中,第二产业即加工制造业已是经济增长的主要产业和经济发展的支柱产业,必将导致以制成品为主的集装箱运输需求的迅速稳定增长。国家产业结构调整可直接对运输市场的货源结构和数量及运输方式产生影响。大而强的现代物流产业则是内陆港建设的支撑。

(3) 国民经济区域布局的调整对内陆港物流的影响

我国从"九五"开始.根据东、中、西、北部经济布局调整的原则提出了西部大开发战略。沿海、沿江三大经济圈的划分,振兴东北老工业基地等国家经济总体布局的调整,推动促进了各个经济区域经济的发展和对内陆港的需求。

(4) 投资结构和消费战略的调整对内陆港物流的影响

国家投资结构和消费战略的调整变化直接影响市场对内陆港物流的需求。如,我国从"九五"开始到2010年,已将水运、能源、交通列入国家投资重点。与之相关的重点水利工程、能源基地建设工程和内陆港、公路、铁路建设工程都直接促进了内陆港进出口物资的增长。另外,随着国家消费战略的调整,在拉动内需战略的带动下,住宅建筑业、轿车工业等都对内陆港物流产生新的需求。

(5) 对外贸易的发展对内陆港物流的影响

我国外贸货运量与内陆港吞吐量之间存在着正比的关系,二者的变化几乎是同步的。改革开放以来,我国对外贸易取得了飞速发展。我国加入世界贸易组织(WTO)后,随着大经贸格局的形成,加工贸易的增加、保税区的发展、进出口贸易的增长都对内陆港物流业提出新的要求,促进了内陆港物流业的高速发展。

6.2.3 内陆港物流系统一体化发展

1. 物流系统一体化及其特点

物流系统一体化是以物流系统为核心的由生产企业经由物流企业、销售企业直至消费者的整个供应链的整体化和系统化,它是物流业发展的一个高级的、成熟的阶段。一体化物流就是利用物流管理,使产品在有效的供应链内迅速移动,使参与各方的企业都能获益,使整个社会获得明显的经济效益。

物流系统一体化的形式包括横向一体化与纵向一体化。横向一体化指的是企业专注于某项特定的物流功能,与同行竞争企业进行联合,在物流的某个环节建立竞争优势。纵向一体化面向的是整个生产制造环节,要求企业结合产品的材料供应、生产和销售等上下游环节发展不同深度的业务,具体又包括前向一体化和后向一体化,物流系统一体化的建设过程呈现如下特点。

(1) 共享性

在加快全社会物流信息化建设的同时,更加注重公共信息平台的搭建,以提高信息资源的利用效率;在加快物流园区建设的同时,更加注重公共配送中心的发展,以促进设施资源的有效利用。

(2) 衔接性

在加快交通基础设施建设的同时,更加注重设施之间的有效衔接,以促进多式联运的发展;在加快制定物流产业发展政策的同时,注重相关部门的沟通协调,以促进物流政策的有机衔接。

(3) 先进性

在加快传统设施技术更新改造的同时,更加注重推进新技术在物流领域的应用,以提高物流产业的技术水平;在推进物流基础设施、技术装备标准化的同时,更加注重管理流程、信息网络的技术标准化,以形成协调统一的现代物流技术标准化体系。

(4) 高效性

在加快推动第三方物流发展、缓解物流供需之间存在的结构性矛盾的同时,加快保鲜食品物流、生物医药物流、危险品物流、IC产品物流等专业化物流发展,确立行业优势,以不断提高物流的社会化和专业化水平。

2. 内陆港物流系统一体化的产生动因及必要性

1) 内陆港物流系统一体化的产生动因

内陆港物流系统一体化产生动因主要可归为两大类,外部动因和内部动因。

(1) 外部动因

主要是经济全球化和区域经济一体化两方面。经济全球化使得内陆港物流系统一体化的趋势越来越强,使企业与企业之间可以借助信息的共享,进行更好的分工与合作。区域经济一体化是指"特定区域内的国家或地区通过达成经济合作的某种承诺或者组建一定形式的经济合作组织,谋求区域内商品流通和要素流动的自由化以及生产分工的最优化,直至形成各国经济政策和区域经济体制某种程度的统一"[4]。物流业作为第三产业很容易受到其影响。

(2) 内部动因

主要是内陆港物流业自身发展的要求。首先,无论哪个区域范围,都存在着内陆港资源分布相当不平衡的现象,这些不平衡的资源分配给内陆港的进一步发展造成了很大的阻力,必须对其进行整合,推进内陆港物流一体化的发展,才可以缓解这种现象。其次,经济全球化和经济一体化的加深,以及物流与国际市场的接轨要求物流业以及内陆港物流业本身形成一套自己完整的体系,更加合理、更加系统地进行物流业作业。原先的传统老旧落伍的管理方法不利于内陆港物流业的发展,需要建立内陆港物流系统一体化来缓解以往的局面。最后,货物量的增长、市场的加大,也推动着内陆港物流系统一体化的进行。物流业本身就是商业行为,追求利益最大化也符合其商业行为的本质。内陆港物流企业进入一体化系统中最根本的目的是实现利益目标,而在目前的国际和经济环境中靠单打独斗已经不能获得最大的利益,因此在利益的驱动下,内陆港企业进行一体化整改,实现物流系统一体化已是大势所趋。

2) 内陆港物流系统一体化的必要性

(1) 内陆港城市功能的完善需要内陆港系统一体化的发展

内陆港的建成,促进内陆港所在城市的基础设施建设以及产业发展,但同时内陆港的建设也会受到所在城市地区的限制。内陆港的建设,要求所在城市重新规划城市交通网、发展信息技术,成立海关等复杂的流程,这要求本地政府及企业有足够的实力基础。内陆港所在城市功能的完善也由内陆港的建成而有所提升,内陆港的建成完善了内陆城市的功能,使之与沿海内陆港城市及国际贸易市场接轨,但与此同时,这也要求内陆港城市加急完善物流系统一体化的进程,若此进程跟不上内陆港本身的发展建设,将会出现技术的局限性限制其系统本身的发展壮大,延缓内陆港的发展及内陆港城市的建设。

(2) 货源需求的扩展需要内陆港物流系统一体化的发展

物流的发展基于货源的充足,内陆港的产生与发展完全基于国内货源呈指数型增长的过往历史,我国各大内陆港也已建成了有较大吞吐量的基础设施,内陆港规模的扩大已进入饱和,若想在此基础上再加大货源,则需要从其他方面着手考虑,而内陆港物流系统一体化就是其绕不开的一个话题。内陆港物流系统一体化集中整合物流运输服务,提供一站式服务,同时信息系统随时跟进,打破了以往无法再通过人工提升的最高负载,让货源需求的扩展得以继续。

(3) 内陆港物流系统一体化可提高物流服务附加值

物流系统一体化将内陆港的金融功能、物流功能、口岸功能发挥到了极致,一体化进程的加快扩展了传统物流模式的深度与广度,让内陆港提升服务的高附加值有了可能。同时高附加值又反过来作用于内陆港物流系统一体化的进程,促进其发展、更新、迭代,由此产生了良性循环。

(4) 综合物流信息平台的建设基于内陆港物流系统一体化的发展

若想建成综合物流信息平台,则内陆港物流系统一体化的发展必不可少。内陆港物流系统一体化运用物联网技术,云计算,车联网传感器等技术设备,完全掌握货物的信息,综合物流信息平台,既需要内陆港的信息一体化,同时也需要沿海内陆港的信息一体化,将所有信息进行高效快速的整合更新。追踪货物路径,物流信息全平台共享,进行现实与网上信息的无缝对接,可以说内陆港物流系统一体化是综合物流信息平台建设的必要条件。

(5) 内陆港物流系统一体化有利于绿色物流建设

内陆港物流系统一体化有效地减少了货物由公路转至铁路中,在物流过程中的噪音排放以及污染物排放。内陆港物流系统一体化的建成可对货物运输集散进行实时掌控与把握,在物流运输途中所产生的物流垃圾与废弃物也能够实时监控。经济建设发展与物流环保之间的双向作用关系,物流系统一体化使物流资源得到了充分的利用,增加了实现了内陆港绿色物流的可能性。

(6) 内陆港物流系统一体化促进内陆国家贸易

内陆港物流系统一体化,促进内陆国家贸易。联合国亚洲及太平洋经济社会发展委员会,在亚太地区无水港建设与贸易发展和交通运输问题专题讨论会上提出,将亚洲各国内陆港的建设与亚太铁路网及亚洲公路网结合,以实现亚洲内陆港大网络的构建,并进一步通过无水港之间的连接促进内陆国家贸易的发展。内陆港物流系统一体化市场规模巨大,其建成所能够辐射到的区域之大,范围之广,都是原先沿海内陆港建设时所无法想象的。与此同时国家与国家之间的双边及多边协议的签订,有效地保证了国家间货物流通和贸易往来。在良好的经济环境下,内陆港物流系统一体化的建成将不仅作用于某个构想,而真正辐射行业,惠及周边国家。

6.2.4 内陆港及内陆港物流系统一体化发展模式

1. 内陆港的发展模式

当前内陆港的建设有三种模式,一是内陆城市为了地区建设需求而进行专门建设。二是海港为了争取更多的货源,在合适的地区投资建设。三是海港和内陆地区的某个城市进行投资合作而建设。从目前建设状况来看,第一种最为常见,如甘肃省内的兰州和武威国际陆港等。这些内陆港的建设,不仅带来大量的货源,同时也有效促进了内陆港和海港的联动发展,节省了进出口商品的通关成本和货运成本。下面,将针对三种发展模式进行详细介绍。

(1) 内陆城市为地区建设需求而进行专门建设

该类内陆港主要是内陆地区为促进当地与外界的贸易往来、推动经济发展而自发建设的。例如,该类内陆港运转比较好的有陕西西安及江西南昌内陆港。陕西西安借用其地理位置上的优势,建立了"西安国际港务区",有效提升其在新亚欧大陆桥经济中心的地位,实现西部地区对外贸易与国际航班的直接对接。江西南昌市则与深圳港、厦门港及宁波港等多个沿海内陆港合作,将当地货物通过海铁联运的方式运往相应海港,大大提高了当地进出口贸易水平。

(2) 海港为了争取更多的货源在合适的地区投资建设

该类内陆港主要是由沿海内陆港为占领货源、提高自身竞争力而自发建立的。该类内陆港运转比较好的有天津沿海港及宁波沿海港。2002 年,天津港与北京朝阳口岸签订内陆港通行协议,继而与河南郑州市、新疆乌鲁木齐市分别建立了合作关系,并建立了内陆港。以内陆港合作的方式,通过铁路与海港联运将这些地区的货物运输至天津沿海内陆港岸。此后又先后与新疆、宁夏等 12 个省市自治区签订相关建立内陆港的意向,使得天津港的辐射范围不断扩大,增加了内陆港集装箱吞吐量,提高了自身竞争力。宁波港则以自身为中心向外延展,分别在多个周边城市建立了内陆港,在带动周边城市经济发展的同时,提高了宁波港在内陆地区的影响力及其内陆港自身的竞争力。

(3) 海港和内陆地区的某个城市进行投资合作而建设

该类内陆港是沿海内陆港与内陆地区分别为提高内陆港吞吐量及自身竞争力、带动内陆地区经济发展实现双赢目标而建设的。该类内陆港主要以东三省为主。大连港与哈尔滨、长春和沈阳三城市联合协作，在三个内陆地区分别建立内陆港，这不仅扩大了大连港经济腹地，同时带动了腹地经济发展，实现了共赢。[5]

2. 内陆港物流系统一体化发展模式

(1) 内陆港政策一体化

内陆港物流系统一体化的第一要素为内陆港政策一体化，国家保证内陆港与沿海内陆港的政策一体化。如：在上海港联动的内陆港运营中，共享上海港自由贸易区的优惠政策，上海港自由贸易区独特的功能与快捷便利的政策作用于上海港联动的内陆港[6]。同时，有方向性、有规划的内陆港开发政策，如保税展示业务、启运港退税政策、期货保税交割试点、仓单质押融资等同样可在内陆港运用。双港政策一体化可使双港的各物流要素相互协调统一，进行畅通、快速、高效的流动。

(2) 内陆港空间一体化

一座内陆内陆港和一座连通海港的内陆港，拥有四通八达的公路、铁路、航空、水运等完善的交通设施和优越的交通条件，形成了内陆港空间连通网络。内陆港使两座城市中的通道逐渐丰富，两地资源配置逐渐均匀，资源在双方城市之间互相沟通来往，拉近了两地之间的距离，同时促进两座城市之间的资源配置，两地的连接网络进一步交叉融合，城市与城市之间的边界逐渐模糊，内陆港使两座城市甚至多座城市之间的来往更加密切，最终走向空间统一。

(3) 内陆港电子口岸一体化

内陆港以信息智能作为基础，建立公共信息平台，将第一手物流信息录入系统，完善内陆港电子口岸的功能，与银行、企业、货主、客户对接，将内外部资源进行无缝衔接，实现内陆港信息服务一体化，实现内陆港与外部信息资源的及时、准确无误同步，实现信息共享与系统集成。信息系统在这个过程中承担着举足轻重的作用，它使各方都能在第一时间得到客户准确信息，以便做出正确的决策，内陆港电子口岸一体化实现了信息资源同步共享，减少重复率，提升工作效率。

(4) 内陆港的多式联运

沿海内陆港与内陆港开展多式联运，内陆港依照其本身的特征与优势，联合海路、河运、铁路、公路等不同运输方式提供货物的多式联运，从货物装箱到出口海运相当于直接与海港进行对接操作，在内陆进行货品集转功能的多式联运。多式联运采用托运计费、理赔、一站式运输服务，简化了运输流程，省去了中间提货、取货、上下集卡的工作流程，使整个运输过程无缝衔接，减少重复性的工作，提高运输速率[6]。因此，内陆港作为国际集装箱多式联运通道的集散地，有效地提高了运输速率，大大减轻了沿海内陆港堆场承载集装箱的运输负载量，内陆港作为集装箱多式联运空运通道的集聚地，也在海港发展多是联运的途中，发挥着举足轻重的作用，使其发展突破瓶颈期，成为提高运输综合能力的关键因素。

（5）海港与内陆港外向型经济联动

促进外向型经济发展是海港和内陆港一致的发展诉求。内陆内陆港城市有着超出一般城市的财政基础和更高的消费需求，它们迫切需要在全球范围内开展贸易、资金、技术、劳动力等方面的经济活动。进出口贸易发展抬头，但其进步的最大瓶颈就是内陆港，因为物流基础设施落后，流通成本居高不下。内陆港城市作为我国对外贸易的连接点，国家优惠政策更多。在自贸区、保税区、外贸加工区、物流园区等方面，海港城市外向型经济发展迅速，拥有充足的外向型经济管理经验。海港与内陆港的外向型经济联动，能够共同进步、资源相向、综合发展，增强城市综合实力，在国际市场中拥有更强的竞争力。

（6）海港与内陆港资源联动

海港与内陆港资源联动意味着打破区域边界，打破行政管理链条，充分发挥市场机制的作用。基于海港和内陆港共同的地理区域，依靠两港之间资源的内在联系和地理运输网络，实现资源的聚集和配置。

资源配置主要基于内部资源（包括信息和合作资源）和外部资源（包括社会和自然资源）。创新使得这两种资源结合在一起使资源优化。在内陆港整合的过程中，品牌效应可以吸引更多的外部资源，进而实现内陆港整合的变化。

3．内陆港物流发展案例

西安国际港务区作为一个不沿江、不沿海、不沿边的国际陆港，地处向东向西的"一带一路"上，联通欧亚，服务于关中—天水区域经济发展和西部地区对外开放，具有国内、国际物流服务和"一关二检"口岸功能的基核，为西安的产业集聚、有序物流、港区联动、港港联动提供强有力的支持。

西安国际港务区作为基于陆港资源的支撑国际物流通道向"经济带"转型的增长点，为西安参与全球产业提供强劲的物流支持，成为国内最大的陆地口岸，并成为立足西安、服务西北、面向全国、联通国际的产品配送、货物集散、集装箱转运功能为一体的国际中转枢纽港、经济发展新极点。西安国际港务区的发展定位是重点发展以现代物流业和现代商贸业为主导的现代服务业，力求打造功能合理、交通便捷、物流顺畅、配套完备的现代综合物流园区和全国最大的国际陆港，力争成为黄河中上游最大的物流中心、商贸集散中心和西部地区现代服务业基地[7]。

6.3 内陆港供应链管理

6.3.1 内陆港物流供应链管理及其形式

1．内陆港物流供应链内涵

内陆港物流供应链是指内陆港企业采用适当的机制，将上下游节点以及制造商、供应商（装卸、装卸、运输、仓储、报关、配送）和消费者（包括托运人和船运公司）整合为一个有机整体。内陆港物流供应链要求内陆港企业接受提供货物或运输服务的供应商和用户的管理范围，并成为物流管理的关键要素；内陆港企业应经营从原材料到用户的全过程物流；内陆港物流供应链要求内陆港公司对提供产品或运输服务的供应商和用户进行管理；

内陆港企业应当使用自己的条款,成立联盟,使用户获得竞争优势。

2. 内陆港物流供应链的特征

(1) 协调性和整合性

内陆港物流供应链本身就是一个一般性的合作、协调体系,在这种体系中,几个合作伙伴在协调活动的背景下相互联系、密切合作,以实现共同的目标。

(2) 选择性和动态性

内陆港物流供应链中的公司从许多公司选择合作伙伴。内陆港物流供应链正经历着一个动态的适应过程,它的日常标准、服务方式随时都在发生变化,其合作关系具有动态性。

(3) 复杂性和虚拟性

内陆港物流供应链是一个跨区域、跨部门、跨业务的供应链组合。每个合作伙伴在物流基础设施、物流管理水平、技术能力等方面存在差异,内陆港物流供应链的运作必须保证目标的准确性、快速反应和高质量的服务,使得内陆港物流供应链更加复杂。虚拟企业主要以合作社为代表,这些企业走到一起是基于对信息网络的支持和相互信任,基于共同利益、强强联合、利益互补、活动协调。因此,在这样一个高水平的物流组织中,内陆内陆港企业必须保持较高的竞争力,在不断的优化筛选中得以继续和发展。

3. 内陆港物流供应链管理的作用

(1) 信息共享

根据信息共享的内容、目标和功能,信息共享可分为三个层次:战略信息层、管理信息层和业务信息层。信息是供应链正常运行的基础。只有信息共享了,一切体系运作才能够正常进行,信息共享使系统内的数据进行准确及时的更新,为内陆港物流供应链提供数据基础。

(2) 资源整合优化

内陆港物流供应链的资源整合包括通过组织和协调将合作伙伴整合到客户服务系统中,以确保服务质量的提高。从内陆港物流供应链资源整合的角度来看,是指根据内陆港物流链上合作伙伴的发展战略和市场需求,进行优化配置的决策,应重新配置相关资源,突出内陆港的核心竞争力。旨在构建一个组织体系,协调管理和运作,提高内陆港物流供应链的竞争优势,提高客户服务水平。技术、活动、产品是整合资源的主要方式,技术性并购是指优化整个内陆港物流供应链的技术体系,经营性并购是指对内陆港物流链上下游企业现有的业务活动进行协调,使之满意。

(3) 效率与效益最大化

内陆港的物流供应链紧密相连,可以减少对当地生产需求的不当分配,最大限度地发挥其潜力,最大限度地提高运营效率。这种最大化必然会降低投资和运营成本,实现效益最大化,并有效提高内陆物流供应链的整体竞争力。

(4) 内陆港物流供应链管理的管理原理与机制

内陆港物流供应链的管理应规划、组织、协调和监督内陆港的业务流程、物流信息和资金流动。

合作机制、决策机制、激励机制和自我监控机制将使内陆港物流供应链实现满足货主需求、增加货源供应的经营目标,从而实现内陆港的最终目标:提高内陆港物流链的整体竞争力,创造最佳的经济效益和环境效益。

4. 内陆港供应链体系参与主体面临的机遇

(1) 内陆港对供应链体系运作效率的提高和成本的降低

内陆港是社会物流体系中的一个重要运转平台,同时物流是供应链体系的重要组成部分。内陆港的高效运输模式、物流服务加工增值、国际货运代理和口岸功能将对供应链体系整体运作的效率起到积极作用,在一定程度上缩短产品的交付期、提高企业的周转率、加快回笼资金占用。随着内陆港建设的不断有序开展,将大大促进制造装备企业供应链体系运作效率的提高和整个供应链体系成本的降低,并实现企业间多方共赢。

(2) 内陆港推动供应链体系主体企业产品市场增量

内陆港将缩短制造装备企业的产品交付期,通过供应链体系整体有效优化调整,终端客户能够提前使用产品作为生产资料进行生产经营创造价值,提高了终端客户对产品在交付期方面的满意度;同时产品交付期的缩短也将成为市场竞争和商务谈判中的重要筹码,成为产品市场竞争力的具体表现,并不断促进供应企业作为供应链体系中主体企业的产品市场占有率的提高。

(3) 内陆港为企业实施"走出去"战略提供有力周转平台

随着国家"一带一路"倡议的推进和国内企业高质量、低成本产品优势的发挥,许多企业近几年在实施"走出去"战略方面取得较好的成绩。区域物流中心可突出内陆港建设,重点打造多式联运、物流交易信息、综合保税区、一类铁路开放口岸等综合平台,为参与主体做大做强国际市场,实施"走出去"战略,提供了难得的发展机遇和良好的营商环境。内陆港建成后势必拉动周边区域的企业加快国际化市场的开拓步伐[8]。

6.3.2 内陆港物流供应链管理的构建

内陆港物流供应链建设,包括构建目标、构建要求与构建步骤,本节将就此三点内容进行介绍。

1. 构建目标

内陆港构建目标应包含高效精简、反应敏捷、结构柔性与智能化四点。

(1) 高效精简

结构局部优化是构建内陆港物流链的一个重要原则,其目的是:使内陆港物流供应链反应灵活、快速,使每个内陆港物流供应链节点精简、充满活力。例如,在选择内河航运公司时,我们应该遵循"少而精"的原则。

(2) 反应敏捷

进入 21 世纪,内陆港物流的市场环境发生了重大变化,特别是信息技术的不断发展和经济的全球化,使得以顾客为导向的内陆港物流管理面临着更加复杂的竞争环境和更强大的竞争对手。影响内陆港发展的共同因素,如竞争环境、客户需求等都在加速变化。为了使内陆港物流供应链能够快速响应市场竞争,有必要加强内陆港物流供应链的适应性,以满足日益增长的客户需求。

（3）结构柔性

与传统的刚性组织结构相比，柔性组织结构的优点在于响应现代市场的需求，结构简单、反应灵敏，适应了现代生产组织的要求。内陆港物流供应链组织具灵活性的特点，这意味着组织结构模块化。模块化的组织结构可以很容易地组合和重组。各部门可以朝着不同的方向前进，不仅可以方便地添加新的组织单元，而且可以删除结构中的组织单元。

（4）智能化

智能供应链使合作伙伴能够保持密切的供需关系，更快地应对市场变化，提高内陆物流供应链的整体效率。在信息共享的基础上，智能供应链必须以尽可能好的方式为客户开发出最好的产品，使客户满意度和潜在价值最大化。

2. 构建要求

内陆港物流供应链的建设是一项系统工程，涉及不同业务组织之间的集成、数据传输和交换。实施内陆港物流供应链的综合管理，并在内陆港实施协调物流，内陆港物流供应链建设应满足以下要求：

（1）建设进程快速有效；

（2）个别企业可在不同内陆港物流供应链下挂靠；

（3）内陆港物流供应链体系结构是分散的、可扩展的；

（4）解决异构系统之间的通信交互问题；

（5）成员企业内部控制机制与成员企业间的互动运作应有效协调。

3. 构建步骤

如图6-3所示，在内陆港物流供应链中，重点企业（俗称内陆港公司）可以根据上述要求，利用互联网进行内陆港物流建设。其中第一项活动来源于内陆港物流链核心企业（即内陆港企业），其余活动将在满足活动之间逻辑关系的基础上，通过试点行动展开，在它们被交付之后进行评估。内陆港企业借助互联网根据客户需求进行市场机会确认，随后按照物流功能对任务进行分解，利用协同物流企业提供的企业战略资源与信息对自身资源和优劣势进行评估，确认虚拟物流资源清单，随后寻找物流资源，根据评价指标选择符合要求的物流资源，并纳入资源数据库。若所有任务被全部承诺，则进行自组织协同物流提供物流服务方案，否则继续寻找物流资源。

由于有了明确的职责划分，可有意识地对过去的后勤活动进行跟踪监督。最后，客户在接受物流服务时进行全面的监控和评估，从而形成一个跨领域的监管流程，这是一个监督的过程。通过信息系统可以追溯到内陆港供应链的核心企业，即内陆港企业。对于因协同物流企业的错误造成的损失，应由协同物流企业承担赔偿责任。同时，协同物流企业可以就核心企业之间的业务协调和业务合作，以及实施自身的业务关系提出建议，也可以定期就服务质量问题向客户提出咨询和批评意见。信息反馈机制有助于企业提高物流服务水平。

现代内陆港正朝着供应链的一个环节发展，内陆港之间的竞争正演变为内陆港所参与的供应链之间的竞争。内陆港已经不是作为运输链中独立的一个点或中心，而是作为供应链中的一个组成环节而存在。供应链运行效率的高低不仅取决于内陆港这个环节，还依赖于与内陆港连接的每一个环节的运行情况[9]。

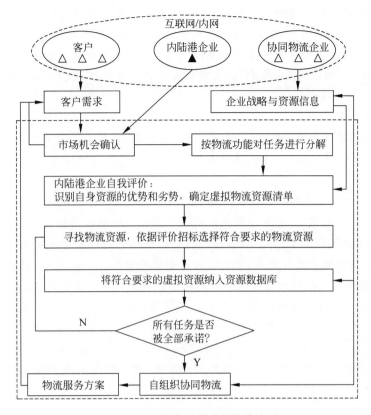

图 6-3　内陆港物流供应链构建步骤

近年来,西安、郑州、成都等省会城市纷纷竞逐内陆港建设,济南这个沿海大省的内陆省会城市也不甘落后。2017年8月4日第一辆中欧班列开通,意味着原本没有内陆港功能的城市开始了逐梦"内陆港"的实践。同年底,济南明确提出打造国际内陆港的战略目标,计划在济南市区东北部的董家—临空经济区—崔寨一带,崛起一座承东启西、通达全球的内陆港;2018年,确定国际内陆港的规划布局;2019年2月,公布了国际内陆港核心区专项规划,并多次提到区域性物流中心要"打好国际内陆港这张牌"……一系列决策、动作彰显着济南逐梦内陆港的决心。

济南打造国际内陆港,如果没有一定的区位、交通、产业等基础优势,打造一座集路港、空港、保税港、信息港"四港合一"的国际内陆港中心城市就是空话。济南建立国际内陆港是有其区位优势的。

1. 地理优势

济南是东部沿海经济大省山东的省会,地处山东腹地,北临京津冀,南联沪宁杭,东接山东半岛,西启黄河中上游,是山东半岛与华东、华北、华南和中西部地区连接的重要门户,也是全国10大区域性客运中心、42个综合交通枢纽节点城市、16个路网性铁路枢纽、首批45个公路主枢纽城市和21个物流节点城市……济南客货运能通达全国主要城市，是重要的物流集散中心。另外，周边有青岛港、烟台港、日照港和天津港等重要内陆港资源可以利用，同时济南设有海关总署直属的海关，可办理大部分货物通关手续，非常方便海运货物的集散。特别是"齐鲁号"欧亚班列队伍日益壮大，一条条"商贸路"变成带动沿线人民致富的"经济带"。

2. 交通优势

济南打造国际内陆港，推进港城融合，铁路港是核心，航空港是突破点，公路港是支撑点，水港是助力点，多式联运，才能建立集约高效、一体化衔接的运输组织模式。目前济南的交通优势明显。

① 铁路港方面。新东站投入使用，济青高铁、石济客专开通运营，济莱、济郑、济滨高铁等快速铁路线加快建设，米字型高铁路网正在形成。特别是围绕国际内陆港，建设董家铁路货运枢纽，公铁联运货运中心近在眼前，中欧班列的集结中心也将放到这里，济南区域的铁路客货运输体系更加完善，大宗货物进出更为便捷。

② 航空港方面。航线网络建设不断强化。相继开通济南至巴黎、比利时和赫尔辛基的洲际航线，稳步推进济南遥墙国际机场扩建工作，扩大机场货物吞吐量。同时，济南也形成了多处具有规模的国际航空物流中心和空港产业园，便利高附加值的高精尖产品运输。

③ 公路港方面。积极推进公路客运转型发展，提升畅通便捷的公路港。城际上，年内确保济青高速改扩建、青兰高速平阴段建成通车，绕城大东环、济乐高速南延、济泰高速、滨莱高速、京沪高速、青兰高速莱芜钢城段等项目全面推进；城内，做好轨道交通、BRT线路建设，实现城市公交与轨道交通"一卡通"。

④ 水港方面。历史上的济南曾因小清河"黄金水道"和黄河航运而盛极一时，成为一个发达的内陆港城市。随着小清河复航年内开工建设，必将为内陆港的建设添加助力。

3. 产业优势

济南要建设区域性物流中心，国际内陆港的建设是关键，但大而强的现代物流产业则是国际内陆港建设的支撑。

近年来，得益于打造区域性物流中心这一战略部署，济南物流产业快速发展，物流企业遍地开花，物流园区建设加快：盖世、零点、佳怡、鹊华、中通等众多本土物流品牌涌现；传化、菜鸟、普洛斯、丰树、越海等世界知名物流企业竞相落地；崔寨智慧物流小镇、桑梓店物流园区、中欧制造业产业园、济钢产业园等园区发展步伐铿锵，力争搭上济南国际内陆港这辆"经济列车"。

近年来，济南物流中心的影响力、带动力明显增强：济南是全国21个物流节点城市之一，拥有国家5A级物流企业、国家级物流示范园区数量均居全省第一，荣获"2017中国物流最具影响力城市""2017中国物流业最具创新力城市"，2018年济南国家内陆港被授予全国首个"国家智慧物流创新先行区"等。

但不可忽视的是，工业物流占比少、物流企业布局分散、货物集聚分拨平台缺少等因素仍是济南物流产业发展的瓶颈。基于此，济南一方面用政策引导本地物流企业入园、引进企业直接落地园区，在内陆港形成物流产业集聚区；另一方面把济南都市圈的货源向此聚集,然后通过多式联运分流至世界各地。

4. 开放优势

外向型经济曾是济南短板。但短板解决了就会变成跳板、机遇。近年来,济南开放意识不断加强、开放力度不断加大,加快构建开放型经济新体制综合试点试验地区。国家侨梦苑、中德中小企业合作示范区等一批合作载体加快建设,国际友好城市和友好交流城市达到70个,全年入境人员增长52.1%,出入境外籍人员增长74%。今年,济南将加快推进对外开放平台建设,申建中国(山东)自由贸易试验区济南片区,确保新迁建综合保税区12月底前封关验收;支持浪潮、重汽、齐鲁制药等骨干企业积极开展国际投资、海外研发。

优势加优势成了发展的胜势。如今,千千万万的济南人投身到"造港"的伟大事业中。筚路蓝缕、使命必达,一座承载着希望与梦想、激荡着活力与动能的国际内陆港正渐行渐近。

https://www.sohu.com/a/304273038_349012

本 章 小 结

1. 内陆港是建设在内陆区域的通过铁路运输、公路运输以及发达运输网络直接和内陆港相连的位于内陆的多式联运枢纽,其具备除了沿海内陆港码头装卸船操作以外的所有功能,按功能的辐射范围可分为基础业务功能、协调辅助功能和社会效益增值功能。

2. 内陆港可为所有相关运营商以及环境带来好处,从而使绿色物流变得可能,而不是增加成本。

3. 运营商的优势包括节省成本和时间、集装箱流量捆绑和规模经济,为空间受限的海港增加空间以及区域发展。

4. 内陆港和物流的发展是相辅相成、互相促进的关系。内陆港是集装箱物流所涉及的综合运输、国际货物与内陆港直接进行交接的交汇点。

5. 内陆港物流系统一体化是大势所趋,其具有多种发展模式。内陆港物流供应链是指内陆港企业采用适当的机制,将上下游节点以及制造商、供应商(装卸、装卸、运输、仓储、报关、配送)和消费者(包括托运人和船运公司)整合为一个有机整体,具有协调性和整合性、选择性和动态性、复杂性和虚拟性的特征。

6. 内陆港供应链的构建应当以高效精简、反应敏捷、结构柔性、智能化为目标,满足不同主体的要求,遵循一系列科学的步骤进行。

参 考 文 献

[1] 柳晶晶. 丝绸之路经济带沿线内陆港运输网络优化研究[D]. 大连海事大学,2017.

[2] 隋志超. 基于多目标规划模型的新疆地区内陆港选址研究[D]. 大连海事大学,2019.

[3] 韩英.内陆港建设与西部地区物流发展研究[J].物流技术,32(17):171-173,2013.

[4] 伍贻康,张幼文.世纪洪流 千年回合与经济全球化走向[M].上海:上海社会科学出版社,北京:高等教育出版社,2001.

[5] 蔡永昌.内陆港发展建设路径的相关研究[J].商业文化,2021(7):124-125.

[6] 黄志勇、李京史.充分发挥无水港在区域联动开放中的重要作用[J].见:国际商务一 对外经济贸易大学学报,2013(1):180.

[7] 王雅.内陆港物流基核承载能力理论模型及应用研究[D].长安大学,2016.

[8] 吴振宁,张讯.济南物流"内陆港"制造装备企业供应链体系研究[J].中共济南市委党校学报,2018(6):126-128.

[9] Song D W, Panayides P. Maritime Logistics: A Guide to Contemporary Shipping and Port Management[J]. 2015.

第 7 章

空港物流与供应链管理

【本章学习目标】

通过本章学习,学员应该能够:
1. 掌握空港物流的概念和特点,掌握空港供应链的概念和构成。
2. 了解空港物流的设施设备和信息化技术,掌握空港物流的经营方式和货运程序。
3. 了解空港物流与供应链的发展概况。

【引导案例】

国内机队规模最大的货运航空公司——顺丰航空

顺丰航空有限公司成立于 2009 年,是顺丰旗下的货运航空公司,是国内首家民营快递航空公司,目前国内机队规模最大的货运航空公司。总部位于广东深圳,另有杭州、北京两大航空枢纽协同运行,致力为客户提供安全高效的快件空运服务及定制化航空物流解决方案。经过多年的潜心经营和前瞻性战略布局,顺丰已形成"天网+地网+信息网"三网合一、覆盖国内外的综合物流服务网络,顺丰航空则是支撑"天网"发挥效能的关键力量。自 2009 年开航运行至 2021 年,顺丰航空累计安全飞行超 52 万小时,平稳运输货物逾 400 万吨,为顺丰的航空物流服务提供了有竞争力的航空保障。

"全货机运载"是顺丰航空的一大经营特色。作为快递行业的龙头企业,顺丰目前拥有国内最大的全货运飞机机队。顺丰拥有以波音 747、767、757、737 机型组成的全货机机队,自开航以来,机队规模始终保持平稳增长。截至 2021 年 10 月,投入运行的全货机数量已达 67 架。2017 年底,顺丰航空通过网络拍卖平台成功竞拍两架 B747-400ERF,顺丰由此成为国内第一家拥有波音 747 全货机的快递公司。2018 年 10 月,首架 B747-400ERF 正式投入运行,第二架 B747 已于 2019 年 8 月正式归队并投入运营。

建设鄂州花湖机场是顺丰布局航空货运市场的重大举措。鄂州花湖机场又称顺丰机场,由湖北省和顺丰合作共建,是中国第一家由民营快递公司主要参与建设的飞机场。鄂州花湖机场飞行区跑滑系统按满足 2030 年旅客吞吐量 150 万人次、货邮吞吐量 330 万吨目标设计,一期将建设长 3600 米、宽 45 米、4E 级双跑道,可以起降波音 747 等宽体客货机,机位 118 个,跑道间距 1900 米,东跑道与西跑道北端向南错开 200 米,可实现双跑道独立运行。另外,鄂州花湖机场还是亚洲第一个专业货运枢纽机场。

(资料来源:https://www.sf-airlines.com/sfa/zh/index.html)

了解到了国内机队规模最大的货运航空公司——顺丰航空的概况,那么什么是空港物流与供应链管理?它们的发展概况又是如何?这是本章将要学习的内容。

7.1 空港物流与供应链管理概述

7.1.1 空港物流

1. 定义

自20个世纪70年代的第三次科技革命以来,信息技术的飞速发展大力推动了众多西方发达国家和部分发展中国家进入工业化后期阶段,随着工业化脚步进程的加快和产业结构的转型升级加速[1],适合并且需要航空运输的产品如雨后春笋般大量涌现,这为空港物流的发展奠定了必要的物质基础;经济全球化的进一步深入使得全球生产和消费的各种要素在流动中变得越来越频繁,也给空港物流的茁壮成长提供了良好的经济环境。传统的航空货运主要提供的是货物运输的服务,随着时代的发展,传统的航空货运正逐步向空港物流及更高层次的供应链转变。

空港物流又称航空物流,是以机场为主体,依托机场航线网络及航空优势,借助现代信息技术,以航空运输为主、海、陆运输为辅,链接供给主体和需求主体,使原材料、产成品及相关信息从起点至终点有效流动的过程。空港物流是以降低货物时空成本为目标,将运输、仓储、包装、配送、装卸搬运、流通加工、信息处理、货运代理服务、资金交换等有机结合的一体化综合服务体系[2]。

2. 特点

空港物流具有以下特点:

(1) 快速高效

航空运输相较于其他运输方式,具有明显的速度优势,可以大幅减少运输货物的时间。而且航空货运因其处理货物的操作流程更加严格,相对地面运输而言装卸搬运次数减少,在运输过程中货物相对平稳,所以货物破损情况较少,安全性较好。因此航空运输效率很高,在全球性贸易中发挥了关键的作用。

(2) 通达便利

航空运输与公路运输、铁路运输等相比,空间跨度大,不受地理条件的约束,并且在运输方式上土地占用率很低。所以对于地面条件恶劣、交通不便的内陆地区非常合适,有利于资源的进出口,促进当地的经济发展。

(3) 节省相关费用

虽然航空运输需要花费高额的技术研发和日常维护等费用,导致运输成本高于其他运输方式。但是在如今激烈竞争的市场上,企业不仅要关注生产成本,时间成本也同样重要。航空运输快速高效的特点可以帮助企业减少时间成本,从而获得竞争优势。而且航空运输缩短了货物的提前期,因此降低了企业的仓储成本。此外,由于货物在运输过程中的破损率低,所以企业对包装安全性要求不会很高,可以节省一部分的包装费用[3]。

(4) 载量小

相比于火车运输和海上运输,航空运输由于飞机舱容的限制,对货物具有更严格的要求,比如体积超大、质量超重以及危险物品都不适用于航空运输。

(5) 易受极端天气影响

天气是造成飞机延误的主要原因,包含了很多种情况:出发地机场天气状况不宜起飞,目的地机场天气状况不宜降落,飞行航路上气象状况不宜飞越等。所以,若航空运输遇到极端天气就不能正常运行,货物运输的准时性就会受到影响。

7.1.2 空港供应链管理

1. 定义

与传统航空货运相比,空港物流不仅要完成货物的空中运输,还要积极参与客户物流运作的全过程,对客户以降低成本为目标的物流运作进行总体的设计和管理。因此空港物流更加强调物流功能的整合和合作关系的协调,它将运输、仓储、装卸、加工、整理、配送、信息等方面进行有机结合,形成完整的服务供应链,为用户提供多功能、一体化的综合性服务。

空港物流供应链是指在空港物流中,以满足客户(货物所有者)需求为目的,从货源的组织开始,经过地面运输服务、机场货站服务及空中运输服务等作业环节,最终将货物送到客户(收货人)手中,由航空货运代理企业、机场货站服务企业、航空运输企业、地面运输企业及客户等组成的一个有机的网络整体。通过这个供应链可以实现货物的流动、货物保管责任的转移以及相互之间信息的交流。如果从空港物流的作业流程来看,空港物流供应链可以看作是从货物运输的计划开始,到货源的组织、货物出港、空中运输、货物进港、货物储存及货物配送的一个完整的服务供应链[4]。

2. 功能

空港物流企业通过合理使用供应链,可以改良企业的物流管理模式并使企业的物流管理工具具有更高的协同性、开放性,提升空港物流企业的运作效率。空港供应链管理还通过与供应链企业合作,建立科学共享机制,完成物流资源共享,使企业快速转型为现代物流企业。空港供应链具有以下功能:

(1) 集成和共享信息

空港供应链想要高效运行,就必须具备指定的信息网络平台,这个平台可以实现空港供应链上的各个航空物流相关企业之间的数据传输和共享,数据汇集成一个数据信息网络,整个供应链的企业数据的高度透明性可以使整体供应链高效运作。空港内物流企业和航空物流服务供应商合作,携手谋划最佳方法来满足双方的要求,最终建成空港物流服务链的网络信息共享功能。

(2) 形成品牌竞争力

空港物流供应链中的空港物流相关企业都有各自的竞争优势,即其企业的品牌。当各级企业联合形成空港供应链时,企业的品牌同样也会融入供应链,最终构造一个以企业品牌为核心的供应链模型,该供应链模型不仅代表着空港供应链的核心竞争力,同时象征供应链的凝聚性。

(3) 整合与协调资源

空港供应链整合并优化供应链中各企业所拥有的各种资源,并且将合作企业整合形成一个专门为顾客服务的网络信息系统。空港供应链高效行使统筹优化资源的功能，整合各企业内部拥有的私有资源，提升整个空港物流的竞争力。

(4) 提升物流服务质量

在空港供应链形成之前，空港物流企业往往独自或者和几个合作伙伴负责整个航空运输业务流程，而加入空港物流运输服务供应链的企业往往只负责最擅长的整个流程的一部分，供应链的所有物流企业共同完成运输、包装、仓储、流通加工、装卸搬运等整体业务。空港供应链极大提升了整个航空物流服务的效率和质量。

3. 构成

(1) 货运代理企业

货运代理企业相对于货主而言，是航空公司货运舱位的销售代理，掌握航空公司航线网络与航班资源的全部信息，代表航空公司为货主提供服务。相对于航空公司而言，大多数情况下货运代理企业是与发货人直接面对的唯一窗口。目前我国空港物流的货源主要由货运代理企业所掌握，因此货运代理企业不仅是大宗货物的组织者和提供者，而且是航空公司的大客户。货运代理企业可被看作空港物流服务供应链的源头，并且货物经由货运代理企业配送给终端客户，在整个空港物流供应链运作过程中扮演了调度者的角色。

(2) 机场货站服务企业

机场货站服务企业主要为航空公司提供机场地面货物处理服务以及货物在机场货站的仓储保管等服务，其服务水平关系到空港物流服务供应链的整体服务质量，并直接影响航空公司的市场竞争力。机场货站的主要业务是货物接收、仓储理货、打板拼装、到达分拣、货舱配载、装机卸机、清关保税和场地出租等，主要通过向其客户收取包括进出港货物处理费、特种货物检查费、仓储保管费、特种车辆使用费等在内的机场地面服务费，以及办公楼或货站场地出租等收费项目来盈利。

(3) 航空公司

航空公司是空港供应链中的核心主体。航空公司作为空中运力的拥有者和控制者，利用专业化的全货机或是客机腹舱提供货物的空中运输服务，是空港物流供应链区别于其他物流服务供应链的主要特征。由于客户对于航空物流服务质量与效率的要求越来越高，航空公司在充分考虑利益共享原则的基础上，努力加大与货运代理企业等的合作与联盟，以提高服务质量、扩大服务网络。

(4) 地面运输企业

地面运输企业在空港供应链中主要承担在空中运输前后两端的地面运输环节，主要依靠地面运输车辆将货物由货运代理企业运输至机场货站服务企业以及最后将货物运输至终端收货人手中。

(5) 客户

空港供应链本质是以客户需求为核心的拉动式供应链。空港供应链的需求来源于客户，没有客户服务需求，整个空港供应链就不会运转。因此客户对服务的需求特点决定了空港服务供应链提供的服务。

7.2 空港物流基础知识

7.2.1 经营方式

1. 航空货运物流

航空货运物流是指物流参与主体通过全货机或飞机腹舱载货为客户提供机场到机场或门到门物流、供应链管理物流服务的过程[2]。航空货运物流主要包括班机运输、包机运输、集中托运、包舱包板运输等[5]。

1)班机运输

班机运输指具有固定开航时间、航线和停靠航站的飞机运输。按照业务的对象不同,班机运输可分为客运航班和货运航班。对于客运航班,一般航空公司通常采用客货混合型飞机,在搭乘旅客的同时也承揽小批量货物的运输。对于货运航班,航空公司大多使用全货机,只承揽货物运输。但由于到目前为止国际贸易中经由航空运输所承运的货量有限,所以货运航班只是由某些规模较大的专门的航空货运公司或一些业务范围较广的综合性航空公司在货运量较为集中的航线开辟。

由于班机运输有固定的航线、挂靠港和航期,并在一定时间内有相对固定的收费标准,对进出口人来讲可以在贸易合同签署之前预期货物的起运和到达时间,核算运费成本,合同的履行也较有保障,因此成为多数贸易商的首选航空货运形式。特别是随着货运业竞争加剧,航空公司为体现航空货运的快速、准确的特点,不断加强航班的准班率,强调快捷的地面服务,在吸引传统的易腐货物、贵重货物和急需货物的基础上,又提出为企业特别是跨国企业提供后勤服务的思想。

班机运输在货物运输方面存在很大的局限性。由于班机运输多采用客货混合机型,航班以客运服务为主,货物舱位有限,不能满足大批量货物及时出运的要求,往往只能分批运输。此外,不同时期同一航线客运量的变化也会直接影响货物装载的数量。

2)包机运输

班机运输形式下货物舱位常常有限,因此当货物批量较大时,包机运输就成为首选方式。包机运输是指航空公司按照约定的条件和费率,将整架飞机租给一个或若干个包机人(发货人或航空货运代理公司)进行货运的物流方式。

包机运输方式可分为整架包机和部分包机两种。整架包机即包租整架飞机,部分包机是由几家航空货运公司或发货人联合包租一架飞机或者由航空公司把一架飞机的舱位分别卖给几家航空货运公司装载货物。相对而言部分包机适合运送 1 吨以上但货量不足整机的货物,在这种形式下货物运费较班机运输低,但由于需要等待其他货主备妥货物,因此运送时间要长。

包机运输满足了大批量货物进出口运输的需要,同时包机运输的费率比班机运输形式低,且随国际市场供需情况的变化而变化,给包机人带来了潜在的利益。比起班机运输,包机运输可以由双方议定航程的起止点和中途停靠的空港,虽然更具灵活性,但由于各国政府出于安全的需要,也为了维护本国航空公司的利益,对他国航空公司的飞机通过本国领空或降落本国领土往往大加限制,复杂烦琐的审批手续大大增加了包机运输的营运成本。

3) 集中托运

集中托运是指航空货运代理公司将若干批单独发运的货物,集中成一批货物向航空公司办理托运,填写一份总运单送至同一目的地,然后由其委托当地的代理人负责分发给各个实际收货人。

(1) 集中托运的便利性

集中托运是航空货物运输中开展最为普遍的一种运输方式,是航空货运代理的主要业务之一,给托运人带来了极大的便利,主要表现在:

① 由于航空运费的费率随托运货物数量的增加而降低,所以当集中托运人将若干个小批量货物组成一大批出运时,能够争取到更为低廉的费率。集中托运人会将收取的费用一部分支付给目的地代理,另一部分会返还给托运人以吸引更多的客户,其余的作为集中托运人的收益。

② 集中托运的专业性服务也会使托运人受益,这包括完善的地面运输服务网络,拓宽了的服务项目(如进出口报关、报验服务,货物跟踪查询服务),以及更高的服务质量等。

③ 因为航空公司的主运单与集中托运人的分运单效力相同,集中托运形式下托运人结汇的时间提前,资金的周转加快。

(2) 集中托运的局限性

① 根据航空公司的规定,贵重物品、活动物、尸体、骨灰、危险品、外交信袋等不得采用集中托运的形式。

② 由于集中托运的情况下,货物的出运时间不能确定,所以不适合易腐烂变质的货物、紧急货物或其他对时间要求高的货物的运输。

③ 对书本等可以享受航空公司优惠运价的货物来讲,使用集中托运的形式可能不仅不能享受到运费的节约,反而使托运人运费负担加重。

4) 包舱包板运输

包舱运输指包用人根据自身业务需要与航空公司签订协议,在一定时间内包用飞机内的全部或部分货舱。包舱运输主要有两种形式:固定包舱和非固定包舱。在固定包舱形式下,无论托运人是否能够充分使用所包舱位,都需按协议运价支付运费。而在非固定包舱形式下,如果托运人在航班起飞前一定时间内(如 72 小时)仍然没有确认舱位,则航空公司可以将该舱位销售给其他人。

包板运输指包用人在一定时间内包用承运人一定航线或航班上一定数量的集装箱或集装板来运输货物的方式。包板运输形式下,一般由包用人负责集装箱/集装板货物的包装和分解作业。包板货物通常只用于直达航班。

包舱包板运输是当前航空货运中经常采取的一种业务形式,货舱或集装箱/集装板的包用人一般为具有一定规模的航空货运代理企业。利用这种方式,航空公司提高了销售量,减少了运营风险。而航空货运代理企业则可以获得稳定的运力,付出低廉的运输成本。

2. 航空快递

航空快递业务是由快递公司与航空公司合作,向货主提供的快递服务。由快递公司组织货源和联络用户,然后航班将货物运出,到达目的地后由专人接机提货,办妥进关手续后直接送达收货人。

1)航空快递的主要业务形式

(1)门到门

门到门服务形式是航空快递公司最常用的一种服务形式。首先由发件人在需要时通知快递公司,快递公司接到通知后派人上门取件,然后将所有收到的快件集中到一起,根据其目的地分拣、整理、制单、报关、发往世界各地,到达目的地后,再由当地的分公司办理清关、提货手续,并送至收件人手中。在这期间,客户还可依靠快递公司的电脑网络随时对快件的位置进行查询,快件送达之后,也可以及时通过电脑网络将消息反馈给发件人。

(2)门到机场

与前一种服务方式相比,门到机场的服务指快件到达目的地机场后不是由快递公司去办理清关、提货手续并送达收件人的手中,而是由快递公司通知收件人自己去办理相关手续。采用这种方式的多是海关当局规定须由收货人亲自报关的货物或物品。

(3)专人派送

专人派送是指由快递公司指派专人携带快件在最短的时间内将快件直接送到收件人手中。这是一种特殊服务,一般很少采用。

以上三种服务形式相比,门到机场形式对客户来讲比较麻烦;专人派送最可靠,最安全,同时费用也最高;而门到门的服务介于上述两者之间,适合绝大多数快件的运送。

2)航空快递的优点

航空快递在很多方面与传统的航空货运业务、邮政运送业务有相似之处,但作为一项专门的业务它有明显的优点:

(1)速度更快

航空快递强调快速的服务,而速度又被称为整个行业的生存之本。一般洲际快件运送在 1~5 天内完成,地区内部只要 1~3 天。这样的传送速度无论是传统的航空货运还是邮政运输都是很难达到的。

(2)更加安全、可靠

在航空快递形式下,快件运送自始至终是在同一公司内部完成,各分公司操作规程相同,服务标准也基本相同,而且同一公司内部信息交流更加方便,对客户的高价值、易破损货物的保护也会更加妥帖,所以运输的安全性、可靠性也更好。与此相反,邮政运输和航空货物运输因为都牵扯不止一位经营者,各方服务水平参差不齐,所以较容易出现货损货差的现象。

(3)更方便

航空快递不只涉及航空运输一种运输形式,它更像陆空联运,通过将服务由机场延伸至客户的仓库、办公桌,航空快递真正实现了门到门服务,方便了客户。

3. 空港保税物流

空港保税物流是指在空港附近设立保税区、保税仓、海关监管仓等海关监管区域,从事仓储、配送、运输、流通加工、装卸搬运、物流信息、方案设计等相关业务,企业享受海关实行的"境内关外"以及税收、外汇、通关方面的特殊政策。

简单的说,保税区有三大功能:

(1) 保税仓储

货物在进入保税仓库环节以及存储期间,不征收进口关税,免批文,不受配额限制。

(2) 简单加工

货物可以在保税仓库进行包装、分拣、贴唛、换唛、分拆、拼装等流通性加工。

(3) 转口贸易

进口货物在保税区存储可经简单加工后,即转手出口到其他目的国和地区。

7.2.2 设施设备及货运程序

1. 设施设备

(1) 飞行区

飞行区是指供飞机起飞、着陆、滑行和停放使用的场地,是航空港占地最大的区域。飞行区包括跑道、升降带、滑行道和停机坪,以及各种保障飞行安全的设施、无线电通信导航系统、目视助航设施等。飞行区按照飞行区指标Ⅰ和Ⅱ进行分级,其中飞行区跑道的各类飞机中最长的基准飞行场地长度分为1~4四个等级(见表7-1),飞行区跑道的各类飞机中最大翼展或最大主起落架外轮外侧边的间距分为A~F六个等级(见表7-2)。

表 7-1　飞行区分级标准 1

飞行区指标Ⅰ	跑道长度(米)
1	<800
2	800~1200(不含)
3	1200~1800(不含)
4	≥1800

表 7-2　飞行区分级标准 2

飞行区指标Ⅱ	翼展(米)	主起落架外轮外侧边间距(米)
A	<15(不含)	<4.5
B	15~24(不含)	4.5~6(不含)
C	24~36(不含)	6~9(不含)
D	36~52(不含)	9~14(不含)
E	52~65(不含)	9~14(不含)
F	65~80(不含)	14~16(不含)

(2) 航站区

航站区一般设立在靠近飞行区并且处于连接城市交通网的地方,是航空运输业务的陆、空交换区域的统称。由旅客航站、货物航站、停机坪、供应服务设施、站前交通与停车场,以及机场维修、运输和行政管理活动的各项设施等组成。图 7-1 展示了济南遥墙国际机场二期改扩建工程航站区的全景。

图 7-1　济南遥墙国际机场二期改扩建工程航站区

(3) 航空器

航空器是能在大气层内进行可控飞行的飞行器,在这里主要指货机。货机是由动力装置产生前进推力,靠固定机翼产生升力,在大气中飞行的重于空气的航空器。货机由机翼、尾翼、机身、起落架、操纵系统、动力装置和机载设备等组成。货机主要由旅客机改装而形成,为了装载尽可能多的货物和提高飞机载重能力,要将旅客机客舱内的座椅、服务设施等拆除,并提高机舱的承压能力。为了更好地装卸货物,货机还装备有地板滚轮系统和起重吊车[6]。图 7-2 展示了货运飞机及其内部结构。

图 7-2　货运飞机及内部结构

2. 货运程序

航空货运程序是为了满足运输客户的要求而进行的从托运人发货到收件人收货的全过程的物流和信息流的实现和控制管理过程。随着经济的发展和空港物流业的壮大,一套标准的空港物流货运程序应需产生[7]。国际航空货运的出港和进港业务流程如下。

(1) 航空货运出港程序

航空货运出港程序是指从托运人将物品交给航空公司,直到物品装上飞机的整个过程。如图7-3所示,航空货运出港程序包括订舱、整理单据、交接、出港等几个环节。

图7-3　航空货运出港程序

① 订舱。订舱过程是指托运人向航空公司申请并预订舱位,航空公司签发舱位确认书以表示预定成功。托运人应向航空公司填交货物运输单,并根据国家主管部门规定随附必要的有效证明文件,以便航空公司的吨控与配载部门掌握情况。托运人应对运输单填写内容的真实性和正确性负责。

② 整理单据。对已入库大货的单据、现场收运物品的单据和中转散货的单据进行核对检查并进行处理,以保证货物的正确交接和出港。对已入库的大货,应检查入库通知单、交接清单是否完整清楚,运单是否与交接单一致;对现场收运的物品,应根据代理人提供的报关单、货物清单对运单进行审核,主要查看货物品名、件数、重量、运价及海关放行章;对中转的散货,在整理运单时要询问货物到达情况及所在仓库区位,寻找并清点货物,并决定组装方式。

③ 交接。交接指货物过磅、入库和将随机单据等交给航空公司的过程。交货之前必须做出标签,清点和核对物品,填制交接清单。大宗货、集中托运货,以整板、整箱称重交接;零散小货按票称重,计件交接。航空公司审单验货后,在交接清单签收,将物品存入出港仓库。

④ 出港。出港是指将需要运输的货物装上飞机并制作相应单据,飞机起飞、单据传输的过程。货物装机时,货物监装人员须完成如下工作:货物运输流向以及飞机号码与货物装机通知单一致性检查;货物实际装载位置与货物装机通知单一致性检查;货舱内货物系留系统到位状态的检查。

上述货运出港过程的具体流程见图7-4。

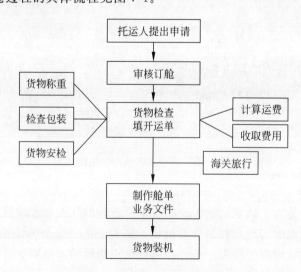

图7-4　航空货运出港具体流程

需要注意的是，托运人应按照国家主管部门规定的包装标准对运输的货物进行包装，若没有统一规定包装标准，托运人应当根据保证运输安全的原则，按货物的性质和承载飞机的条件包装。凡不符合包装要求，航空公司有权拒绝承运货物。此外，托运人必须在托运的货物上标明发站、到站和托运人、收货人的姓名和地址。托运人应按规定的费率缴付运费和其他费用，除托运人和承运人另有协议外，运费及其他费用一律于承运人开具货物运单时一次付清。

（2）航空货运进港程序

航空货运进港程序是指从飞机到达目的地机场，承运人卸下货物直到交给收件人的物流和信息流的实现和控制管理过程。如图 7-5 所示，航空货运进港程序包括进港航班预报、单据处理、发送到货通知、交接等几个环节。

图 7-5　航空货运进港程序

① 进港航班预报。航空公司以当日进港航班预报为依据，在航班预报册中逐项填写航班号、机号、预计到达时间，同时还应了解到达航班的货物装机情况及特殊货物的处理情况。

② 单据处理。在每份货运单的正本上加盖或书写到达航班的航班号和日期；认真审核货运单，注意运单上所列目的港、代理公司、品名和运输保管注意事项；核对运单和舱单，若舱单上有分批货，则应把分批货的总件数标在运单号之后，并注明分批标志；把舱单上列出的特种货物、联程货物圈出；根据分单情况，在整理出的舱单上标明每票运单的去向；核对运单份数与舱单份数是否一致，做好多单和少单记录；打印航班交接单。

③ 发送到货通知。承运人应于货物运达到货地点后 24 小时内向收货人发出到货通知。

④ 交接。将相关单据和卸机后存入仓库的物品交付给收货人。收货人应及时凭提货证明到指定地点提取货物，货物从发出到货通知的次日起，免费保管三天。若收货人逾期提取，应按运输规则缴讨保管费。收货人在提取货物时，检查无异后在货物运输单上签收，承运人即解除运输责任。

7.2.3　空港信息化技术

物流信息的产生和传递始终伴随着物流活动的整个过程，并指导着整个物流作业的顺利完成。现代物流企业通常借助互联网、物流信息系统、条形码、无线射频识别技术（RFID）、电子数据交换技术（EDI）、全球定位系统（GPS）、地理信息系统（GIS）、5G 等信息技术配合自动化设备，实现物流信息的实时采集和传递，并分类整理汇总有效物流信息，用于指导物流企业的生产经营活动[8]。先进的物流信息处理技术可以提高物流企业的自动化和信息化水平，从而降低物流企业的运作成本，提高工作效率。作为现代物流业重要组成部分的空港物流，以物流信息化为重要核心思想，不断优化、完善、提升信息系统和信息技术，努力为客户及业务合作伙伴提供更安全、优质、高效、快捷、现代化的保障服务。

1. 条形码

条形码,是由一组规则排列的条、空和对应字符组成的标记。条形码利用黑色和白色对光的反射率不同形成鲜明对比,因此条码识读设备在读取条码标记时产生的光信号存在显著差异,光电转换部件将不同的光信号转换成电脉冲,电脉冲再通过译码电路转换成计算机能够识别读取的二进制和十进制语言,最终形成了可以传输的电子信息。

空港物流企业使用条形码标签和仓储条形码管理系统,扫描条形码录入从货物接收、清点、仓储、装卸等全过程的信息,取代传统的手工录入。条形码技术不仅可以很大程度上提升仓储效率,而且能够将实时的信息进行处理和共享。条形码是大批量信息实现存储、处理、自动识别并能实现物流信息管理的可行途径。

2. 无线射频识别技术(RFID)

无线射频识别技术简称 RFID 技术,是自动识别技术的一种,通过无线射频方式进行非接触双向数据通信,利用无线射频方式对记录媒体(电子标签或射频卡)进行读写,从而达到识别目标和数据交换的目的。RFID 一般由四部分组成,即信号发射器(大多为标签的形式)、信号接收机、天线和编程器。目前,RFID 技术应用非常广泛,尤其适用于非接触式数据采集、物料跟踪、自动化管理等场合。

阅读器、防盗电子封铅都是射频识别技术在空港物流运输领域的运用。空港物流企业可以使用道路沿途安装的阅读器,实时了解运输车的实时位置和移动状态,从而调整运输车的发车时间、停放位置以及运输路线;运输车仓库内安装的阅读器则可以及时检查货物摆放情况以及核对货物数量和种类。车厢上安装的电子防盗封铅则可以保证货物运输过程中的安全。

3. 电子数据交换技术(EDI)

电子数据交换技术简称 EDI,是指按照同一规定的一套通用标准格式,将标准的经济信息通过通信网络传输在贸易伙伴的电子计算机系统之间进行数据交换和自动处理。

空港物流采用 EDI 能实现货运单证的电子数据传输,充分利用运输设备和仓位,为客户提供高层次和快捷的服务。EDI 用于通关和报关,可加速货物通关,提高对外服务的能力,减轻海关业务的压力,防止人为弊端,实现货物通关自动化和国际贸易的无纸化。

4. 全球定位系统(GPS)

全球定位系统简称 GPS,是指利用导航卫星进行测时和测距,能够计算出地球上任何地方的用户所处方位的一种卫星导航系统。根据 GPS 基本工作原理,其系统主要由空间部分、地面监控部分和用户设备部分三大模块组成。

GPS 系统不但定位精度高、观测时间短、执行操作简便,而且功能多、用途广,不受天气情况影响,能够实现全球 24 小时作业。由于 GPS 优点众多,对现代空港物流业具有无法替代的作用。例如,在航空货物运输中,企业常常借助 GPS 实现对运输工具的调度指挥、跟踪管理、路线规划及导航、报警等功能。

5. 地理信息系统(GIS)

地理信息系统简称 GIS,是一种收集、处理、传播、存储、管理、查询、分析、表达和应用地理信息的计算机系统。地理信息系统通常由五个基本部分构成,即计算机硬件、应用软件、数据、用户和方法。GIS 一个最主要的作用是能够把抽象的表格型数据以地理图像的方式呈现出来,方便用户浏览和分析显示结果。

GIS在空港物流方面的应用主要体现在智能运输系统上。一般来讲,集成GIS的智能系统具有以下功能:优化运输工具和运输路线、优化节点间配送、分配集合功能、节点选择功能等。

6. 以5G为代表的新一代航空宽带通信技术

推进新一代航空宽带通信系统的研究与应用,结合云计算、物联网、大数据、人工智能等技术,实现信息数据互联、互通和共享,是推动智慧航空运输系统建设和发展的重要举措。随着5G时代的到来,航空港建设迎来了创新发展机遇,机场安全、运行和服务应用场景也有了新的发展契机。

郑州航空港通过路侧系统对环境进行感知、对信息进行融合,利用5G大带宽、低时延、大连接的特性,为机场、物流园区等场景提供指挥调度、高精度定位、路径规划、地图分发、避障等定制服务。该项目已经研究成熟,其中郑州移动无人驾驶行李车已应用到航空港区的航空物流运转之中。

深圳机场开展了5G+摆渡车应用场景的创新实践,通过在摆渡车驾驶舱、旅客区部署高清摄像头,实现车辆环境参数采集及驾驶员行为分析,利用5G网络实时回传至监控中心。这项技术的应用使驾驶员不安全行为降低60%以上,有效提高了机坪道路的安全性。

"5G+AR"机务维修是5G在航空业的重要应用之一。在4G条件下机务维修的传输画面、显示影像卡顿,无法针对现场维修情况进行即时沟通。借助5G大带宽、低时延、广连接的特点,南航上海分公司的机务利用AR智能眼镜将维修现场的情况实时传到后台的大屏幕上,双手则按照后台的指令操作。技术部门的工程师根据机务报告的情况,从后台调出相关数据和资料,指导现场机务维修。"5G+AR"技术在航空维修中的应用,能够显著提高飞机维修效率,提升航班运行的保障效率。

7.3 空港物流与供应链发展概况

7.3.1 发展情况

1. 空港物流发展阶段

在经济全球化进程加快、现代物流业和航空业进步的大背景下,空港物流不断发展壮大。回顾整个空港物流的演变历程,大概可以分为初级、提升、成熟阶段。三个阶段的特点如下[2]。

(1) 初级阶段

初级阶段的空港物流并未完全形成自己的独立市场,航空货物运输只是作为航空运输的附加产物,并未引起重视,航空物流市场具体分工模糊,辐射范围小,服务种类少。此时国内航空物流对于国际空港物流市场占有率几乎为零,仅仅负责国内货物的运输。

(2) 提升阶段

提升阶段的货物运输从航空附加货运逐渐转型成为专门的空港物流,空港物流产业链和物流配套设施逐渐完善。空港物流市场分工不再模糊,逐渐分为航空货运物流、航空快递、空港保税区物流等多个市场形式。航空货运联盟的出现也标志着环球货运服务体系逐渐形成。

(3) 成熟阶段

随着空港物流产业链以及航空运输网络的成熟,如今空港物流进入成熟阶段。空港物流开始提供"个性化""一站式""门到门"的贴心服务。机场在物流网络中的作用日益显著,已经成为国际物流网络的不可或缺的枢纽。

2. 我国航空货运现状

在全球经济稳步复苏和国内经济运行稳中向好的背景下,我国空港物流行业整体保持平稳较快增长。据中国民用航空局的数据,从1990年到2019年我国民用航空货邮运输量由37.0万吨增长到753.1万吨,增长了近20倍。2015—2020年我国民航货邮运输量如图7-6所示。2015—2019年中国民航货邮运输量逐年增长,但增速整体呈下降趋势。2020年,新冠肺炎疫情对全球民航业带来了巨大冲击,但我国民航货邮运输规模恢复处于较高水平,全行业完成货邮运输量676.6万吨,恢复到上年同期的89.8%。

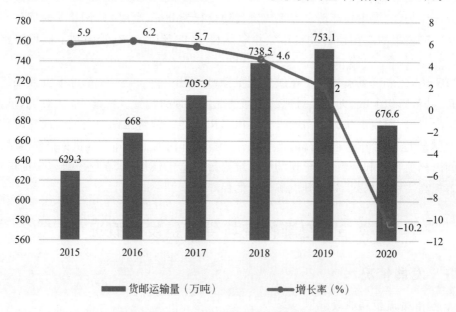

图7-6　2015—2020年我国民航货邮运输量

货邮吞吐量,是指统计期内货物和邮件进港和出港的数量,是衡量机场业务量核心指标之一。图7-7显示了2015—2020年民航运输机场货邮吞吐量。如图,2015—2019年民航运输机场货邮吞吐量平稳增加,在2017年增速开始减缓。受疫情的影响,2020年货邮吞吐量出现负增长。

图7-8显示了2020年国内各地区货邮吞吐量的分布情况:华北地区占10.5%,东北地区占3.1%,华东地区占43.2%,中南地区占28.8%,西南地区占9.9%,西北地区占3.5%,新疆地区占1.0%。可见空港物流在不同地区的发展差异显著,空港物流的发展水平与经济发达程度成正比。

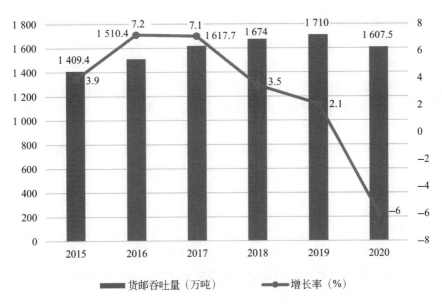

图 7-7　2015—2020 年民航运输机场货邮吞吐量

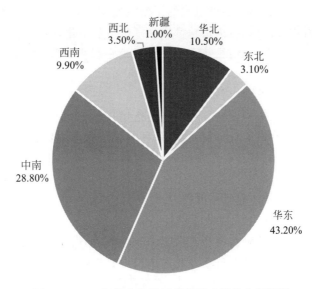

图 7-8　2020 年国内各地区货邮吞吐量的分布情况

3．我国空港物流供应链存在的主要问题[9]

（1）地区间的发展差异大

从 2020 年我国各地区空港货邮吞吐量占比分析，货运主要集中在东部经济繁荣区域，如华东地区占 43.2%；其他地区空港物流建设仍然比较落后，尤其是新疆地区，货邮吞吐量仅占全国总量的 1.0%。

（2）整条链上的基础设施体系仍然薄弱

设施薄弱主要集中在地面设施、座位数和航班数量，而且链上业务中的加工、储存、质检等相关服务供应能力薄弱，整条链上的基础设施体系亟待优化。比如一些地面设施包括跑道、停机位、值机柜台、安检柜台、车道边等是机场的稀缺资源,科学调度这些设备对于保障航空运输安全运行和减少延误特别重要。

(3) 整条链管理分散,且运作成本高

完整的空港物流供应链是由各个节点和链条组成的功能性网络,需要各环节的整体配合。我国空港物流业的现状是这些节点相互独立、分散运营,航空物流时效性很低,这些环节的冗杂性增加了其运作成本。企业之间缺乏战略合作伙伴关系使得主要代理商的败德行为严重,进一步增加了企业的交易成本,大大降低了我国航空货运业应对挑战的能力。而且空港物流企业和货代企业出现了商业分离和恶性竞争的局面,尚未形成能提供整体服务的利益共同体。

(4) 整条链的运作灵活性不足

供应链管理缺乏灵活性,企业之间缺乏有效的合作,难以实现资源共享和有效利用。空港物流供应链是由许多节点和链条组成的服务网络,任何节点和链路故障都将导致运营的及时性降低。这种服务链的严重分裂使整条链缺少应有的柔性。

(5) 整条链的数字化水平不足

我国航空货运业的信息数字化建设与发达国家和地区相比存在较大差距。货物运输设备的网络数字化应用程度较低,严重制约了空港物流运输的效率。虽然我国的很多机场、航运公司和大型货代公司、海关边检都实现了信息数字化,但它们是分散的,存在严重的信息流通障碍。大多数企业信息数字化发展仍处在起步阶段,并且这方面建设缺乏总体规划。

(6) 整条链的服务水平低

国内大部分货物的收集和分销环节都是由空运代理公司承担,大多数货运站业务由机场承担。航空公司主营是空中货物运输,该环节仅仅是航空物流供应链整体运作的一部分,这会导致空港物流业务存在连接问题,大大降低了效率。随着客户需求逐渐从简单的货物运输扩展到更全面的空港物流供应链业务需求,我国空港物流能力无法满足其需求,空港物流供应链的服务功能亟待改善。

(7) 整条链管理的专业化人才缺乏

我国空港物流从业人员对空港物流供应链的环节,如航空运输、海关、边检和其他相关业务流程方面熟悉的人才严重短缺。在我国很少有提供空港物流专业教育的院校,职业化的物流对口教育处在初级阶段。此外,随着我国航空市场的迅速成长,飞行、飞机维修和签派等专业人才的供需问题更是亟待解决。

7.3.2 发展案例

1. 美国孟菲斯国际机场[10]

美国孟菲斯机场于1929年开始运营,是位于美国田纳西州最大城市、该州最西南端谢尔比县孟菲斯市东南11.2公里处的一座民用机场,隶属于孟菲斯—谢尔比机场管理局,并由其运营管理。机场通过发行债券、邀请航空公司及其他企业入股、引入社会资本等方式筹资进行机场的建设。1973年联邦快递把总部和转运中心设在了孟菲斯,其逐渐成长为世界四大航空物流公司之一,而孟菲斯国际机场的货运量迅猛增长,成为全球性的航空货运枢纽以及世界最大的邮件处理中心。国际机场理事会(ACI)提供的数据显示:2020年美国田纳西州孟菲斯国际机场以4613.43万吨货运吞吐量排名全球第一,相比2019年的432.27万吨增长了6.7%。孟菲斯机场航空货运业务不断壮大,同时营业收入来源从航空货运逐渐转向多元化发展,除了联邦快递外,还有DHL、UPS、康尼航空、ATI、ABX、BAS、KA、MAC等大型国际货运企业。

在航空物流设施及多式联运方面,孟菲斯国际机场有四条跑道和A、B、C航站楼和多个货物中心组成,可以满足货物处理的所有要求。机场地理位置优越,几乎不受到天气影响,可以处理所有种类的机型,两小时以内的航程覆盖全美所有大中城市。而且依托优异的交通网络,机场、铁路、公路和水路在此形成一个综合运输枢纽,这些优秀的物流条件使机场货运的中转更加高效便捷,同时可以提供多样化的多式联运服务。

在物流信息系统方面,在机场与联邦快递共同开发的一系列电子辅助系统的帮助下,通过总操控台可以联合其他地区的操控台对全球的业务、物流环节、货机各方面信息等情况进行掌握及操控,从而可以更科学直观地协调航班、客车等运输网络的紧密联系,实现航空物流全流程的信息共享。

在产业链方面,孟菲斯依托水陆空的优势运输网络,带动了其他临空型经济的发展,如电子信息、生物医药、临空制造、纺织加工、医疗设备等产业,以航空物流作为核心产业,为这些临空经济业态提供物流增值服务,使得孟菲斯国际机场既延伸了航空物流产业链,同时满足了航空物流一体化供应链的各种需求,增加了货运市场的需求。

联邦快递作为孟菲斯机场的核心航空物流企业,主导着机场的货运业务,机场处理的货物中99%为联邦快递的货品,该枢纽每天约有450架次进出港货机,并且保持每天24小时的货物运作。联邦快递总部设立于孟菲斯国际机场,使得所有联邦快递70斤以下的包裹都要经过孟菲斯机场转运再进行分拨,这大大提升了孟菲斯国际机场的吞吐量。依托科学的管理以及高效的物流运作,联邦快递还率先发展"全球准时送达""隔夜送达"等高端物流服务以及提供供应链解决方案等一系列差异化高端物流服务,使得生物医药、高端电子信息等对物流要求较高的"高精尖"产业纷纷聚集于此。

2. 香港国际机场

香港国际机场于1998年7月6日开通,位于香港岛西北面30公里的赤鱲角岛,占地面积为1255公顷。2010年香港国际机场超越孟菲斯国际机场,成为全球最繁忙的货运机场。国际机场理事会(ACI)提供的数据显示,2020年香港国际机场以4468.08万吨货运吞吐量排名全球第二,排名仅次于孟菲斯国际机场。香港国际机场多次被权威杂志、机构评为"全球最佳机场",并于2007—2011年、2016—2019年被航空运输协会评为"亚洲机场效率昭著奖",于2019年被Air Cargo News杂志评为"年度货运航空公司大奖"。图7-9显示了香港国际机场的货运现场。

香港国际机场官网显示约120家航空公司营运航线,往来全球超过200个城市包括约40个内地航点。客户可于5小时内由香港国际机场飞往全球半数人口居住的城市,机场全日24小时运作,海陆空交通连接香港国际机场与粤港澳大湾区及内地其他地区。机场双跑道(南跑道及北跑道)运作,跑道长度3800米,宽度60米,跑道容量在繁忙时间为每小时68架次,预计第三跑道将于2022年下半年投入服务。客运停机位有119个,货运

图 7-9 香港国际机场货运现场

停机位有 55 个。2019 年航空交通量 42 万架次，货运及航空邮件总量 480 万公吨，货物吞吐量 4809 千公吨；2020 年因受新冠病毒疫情影响，航空交通量 16 万架次，货运及航空邮件总量 450 万公吨，货物吞吐量 4468 千公吨。如图 7-9 所示 1998—2020 年香港国际机场货物吞吐量的变化，整体呈现增长趋势。

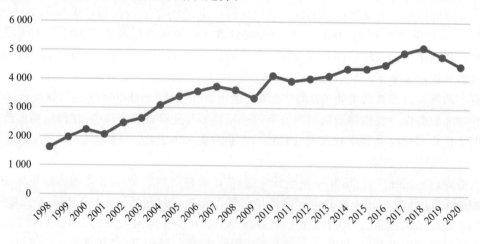

图 7-10 1998—2020 年香港国际机场货物吞吐量（千公吨）

香港国际机场设有综合电子数据联通服务，为 8 个主要航空货运营运商与香港海关建立联系，以加快清关程序，并带来以下效益：各种货物均可在运抵之前办理清关手续，并涵盖至经空运的分单货物层面；提供"优先货物"设施，自动编定预设的限制代码；认可服务营运商可提供往中国内地的跨境转关货车服务。香港国际机场在大湾区策略性地点设立了多个空运货物收发点，深入货源腹地，借以促进货物运经香港的效率，从而加强机场作为中国供应链主要整合者的角色。

香港国际机场采用最快捷有效的运作方式,务求为机场使用者提供有价值的服务。为善用土地资源,并促使机场辅助及相关货运服务发挥规模经济效益,机场将大部分的航空货运及后勤业务,以专营权方式批授予特定服务供应商。每项专营权的招标均严格遵从廉政公署的指引进行,并以"建造—营运—移交"的模式批出。机场与专营服务商以伙伴关系合作,并根据国际及业界认可标准,定期审视及评定专营服务商的表现。

香港国际机场已逐渐演变成当地以致全球旅客及商业活动互连互通的交点,是推动经济增长与整体发展的关键。机场不单是管理客流和货流的地方,更是各种有关活动及业务互相交织的场所。这种围绕机场或从机场向外延伸拓展的网络,具有多项与城市相近的功能,形成一个更大的实体——机场城市。香港机场管理局积极发展机场不同板块,包括核心的客货运服务、多式联运地区联系、零售及酒店等业务。近年来,各种业务明显加快相互联系的步伐,发挥协同效应,机场城市渐见雏形,而这一趋势将在未来十年及以后持续。

航空货运是机场城市发展的重要部分,而香港国际机场高效的航空货运运作与服务,对本港各行各业起着关键作用,同时支撑着整体经济发展。2018年,香港国际机场连续九年被评为全球最繁忙货运机场。为保持领先地位,机场正加强作为高价值货运枢纽的实力,为未来发展制定三个策略重点:把握跨境电子商务机遇、针对高端高价值货物、提升地区货运服务。

(1) 把握跨境电子商务机遇

机场发展现代化的物流中心,占地5.3公顷,总楼面面积预计约38万平方米,并配置先进设备,可处理电子商务、温控及转口货物。该物流中心将成为全港第三大高端物流仓库,预计2023年启用。此外,敦豪中亚区枢纽中心正在扩建,日后处理能力将增加50%。

(2) 针对高端高价值货物

香港国际机场在未来数年将继续投资购置额外冷链设施,以提供更完善的温控货运服务,并将与其他主要国际药品枢纽建立更紧密合作关系,发展冷链物流通道,为温控货物提供点对点运输服务,连接至其他机场。

(3) 提升地区货运服务

机管局正研究在日后增建的三跑道系统东面航空辅助设施用地兴建多式联运空运货物处理设施的可行性,以支援陆空/海空转口货运业务,并提升三跑道系统的整体运作效率。

本 章 小 结

1. 空港物流又称航空物流,是以机场为主体,依托机场航线网络及航空优势,借助现代信息技术,以航空运输为主,海、陆运输为辅,链接供给主体和需求主体,使原材料、产成品及相关信息从起点至终点有效流动的过程。

2. 空港物流供应链是指在空港物流中,以满足客户(货物所有者)需求为目的,从货源的组织开始,经过地面运输服务、机场货站服务及空中运输服务等作业环节,最终将货物送到客户(收货人)手中,由航空货运代理企业、机场货站服务企业、航空运输企业、地面运输企业及客户等组成的一个有机的网络整体。

3. 空港物流经营方式包括航空货运物流、航空快递和空港保税物流等。航空货运物流是指物流参与主体通过全货机或飞机腹舱载货为客户提供机场到机场或门到门物流、供应链管理物流服务的过程,主要包括班机运输,包机运输,集中托运,包舱包板运输等;航空快递业务是由快递公司与航空公司合作,向货主提供的快递服务,包括门到门、门到机场和专人派送三种业务形式;空港保税物流是指在空港附近设立保税区、保税仓、海关监管仓等海关监管区域,从事仓储、配送、运输、流通加工、装卸搬运、物流信息、方案设计等相关业务,企业享受海关实行的"境内关外"以及税收、外汇、通关方面的特殊政策。

4. 空港物流设施设备包括飞行区、航站区和航空器等;航空货运程序是为了满足运输客户的要求而进行的从托运人发货到收件人收货的全过程的物流和信息流的实现和控制管理过程,包括进港和出港程序。

5. 现代空港物流企业通常借助互联网、物流信息系统、条形码、无线射频识别技术(RFID)、电子数据交换技术(EDI)、全球定位系统(GPS)、地理信息系统(GIS)、5G等信息技术配合自动化设备,实现物流信息的实时采集和传递,并分类整理汇总有效物流信息,用于指导物流企业的生产经营活动。

参 考 文 献

[1] 张辉,温惠英. 我国航空物流业发展现状及物流化趋势分析[J]. 消费导刊,2014(4):39-40.

[2] 卢茗轩. 空港物流与区域经济互动发展研究[D]. 华南理工大学,2012.

[3] 丁冬冬. 天津空港物流生态系统评价及优化研究[D]. 中国民航大学,2016.

[4] 魏然. 航空物流服务链的特征及现状 [J]. 物流技术,2008(1):23-24.

[5] 王晓东,赵忠秀. 国际物流与商务(第 2 版)[M]. 北京:清华大学出版社,2016.

[6] 梁心琴,张立华. 空港物流规划与运作实务[M].北京:中国物资出版社,2008.

[7] 王任祥. 现代港口物流管理[M]. 上海:同济大学出版社,2007.

[8] 赵晶. 物流信息技术在天津邮政速递物流企业中的应用研究[D]. 天津工业大学,2017.

[9] 胡伟. 供给侧结构性改革下航空物流供应链创新攻略与实施路径[J]. 价格月刊,2020,No.514(3):66-74.

[10] 柳语. 南昌临空经济区航空物流业发展路径研究[D]. 南昌航空大学,2017.

第 8 章

国际多式联运与海陆物流一体化

【本章学习目标】

通过本章学习,学员应该能够:
1. 掌握国际多式联运的含义和特征。
2. 了解国际多式联运的运作流程。
3. 熟悉国际多式联运经营人的类型和责任。
4. 熟悉和掌握国际多式联运提单的性质和作用。
5. 理解国际多式联运和海陆一体化的关系。

【引导案例】

中铁多联公司:全力打造铁海快线品牌　推动铁海联运无缝衔接

铁海多式联运具有辐射范围广、影响大、便利货主等优点,加快发展铁海联运不仅是中国铁路集装箱运输走向国际市场的重要步骤,也是我国铁路运输改革转型发展的内在需求。为全力打造涵盖内外贸物流服务的铁海快线品牌,推动铁路运输与航运运输的无缝衔接,国铁集团已将铁海快线品牌纳入《铁路集装箱运输发展规划》。

中铁国际多式联运有限公司作为中铁集装箱公司的全资子公司,于 2019 年 9 月 16 日正式成立了铁海快线部,此部门专职负责铁海快线全程运输的市场开发及日常管理工作。铁海快线产品可为客户提供以下服务:一是全程一口报价服务。提供"一次收费、全程服务",实现费用透明公开,有效降低客户全程物流服务成本。二是全程代理海关商检。提供"一次报关"、检验检疫代理服务,全面提高货物通关效率。三是全程物流信息查询。实现车、船、货精准定位,全程物流信息实时共享。四是物流增值服务。提供仓储、配送、流通加工、包装等全方位物流增值服务。五是铁海联运一单制。试行全程运输"一次受理、一单到底",为客户提供便捷高效的物流服务。六是物流金融服务。提供个性化、定制化金融服务,满足客户仓单融资、仓单交易和仓单风险管理等服务需求,解决客户融资难题。

发展至今,铁海快线品牌效应初显成效:一是基础设施日趋完善。中铁国际多式联运有限公司积极推进铁路集装箱中心站建设和运营;开发建成国联单证系统、多式联运综合业务系统、集装箱定位系统等信息系统;与港口、铁路局集团公司等多方合作,积极推进无水港、无轨站建设。二是铁海快线初具规模。例如,铁海快线部成立以来成功开展了发往印尼的烟草全程运输项目——王家营西—下元(下水)—三宝垄(印尼)—杨浦,截至2020年累计发运5列224TEU;洽谈成功三坪—新港—嘉兴乍浦港的铁海快线项目,目前项目已进入试运阶段,此项目将实现门到门的公、铁、海全程物流运输服务。三是服务能力大幅提升。在三坪—新港—嘉兴乍浦港运输项目中,三坪中心站为客户提供箱源组织、到站装车、发运组织等服务;新港北站为客户提供海运订舱、汽运短驳运输等服务;乍浦港则为客户提供门到门的汽运短驳服务。这些服务不仅降低了客户的综合物流成本,还提高了运输效率。

(资料来源:王昊,刘维,高婧.中铁多联公司:全力打造铁海快线品牌 推动铁海联运无缝衔接[J].大陆桥视野,2020(01):21-23.)

8.1 国际多式联运概述

8.1.1 国际多式联运的概念与特征

1. 国际多式联运的概念[1]

国际多式联运(International Multimodal Transport)是将不同的运输方式、不同的运输区段有机组合在一起,以实现整体效益最大化的连续性、综合性的一体化运输方式。通过一次托运、一次计费、一份单证、一次保险,在国际多式联运经营人统一组织安排下,由各运输区段的实际承运人共同完成货物的全程运输。根据1980年《联合国国际货物多式联运公约》的定义,国际多式联运是指"按照多式联运合同,以至少两种不同的运输方式,由多式联运经营人将货物从一国境内接管货物的地点运至另一国境内指定交付货物的地点"。

2. 国际多式联运的特征[2]

国际多式联运必须具备以下特征或基本条件。

(1) 所谓"国际"是指货物运输必须跨越国境,即货物的接收地点和交付地点位于不同的国家。这一特征不仅将国际多式联运与货物的国内运输和国内联运区别开来,更是涉及国际运输公约的适用问题。

(2) 所谓"多式联运"是指在货物的连贯运输过程中,必须有机组合两种或两种以上运输方式。这涉及两个具体要求,一是至少两种运输方式,如海铁联合、海空联合、陆空联合等,而海运中的转船运输、铁路运输中的转运等虽使用了不同的运输工具,但仍是同一种运输方式,因此不属于多式联运;二是不同的运输方式之间要实现有机组合,否则不能称为多式联运。

(3) 必须订立国际多式联运合同。在国际多式联运中,国际多式联运经营人必须与托运人订立多式联运合同,该合同是确定双方权利、责任、义务和豁免的法律依据,无论实际的运输方式和运输区段如何,双方只需订立一份国际多式联运合同,至于每一运输区段的实际承运人,托运人与他们没有任何商业或法律关系。

(4) 国际多式联运经营人必须承担全程货物运输责任。多式联运经营人作为多式联运合同的当事人和多式联运单证的签发人,必须组织货物的全程运输,对全程运输负责,并对货物在整个运输段的损坏和延迟交付承担赔偿责任。尽管在具体运作过程中,多式联运经营人常常通过订立分运合同把部分甚至全部运输和仓储等业务交给实际承运人完成,但由于托运人与实际承运人不存在任何合同关系,因此这些分运合同不影响多式联运经营人对全程运输应当承担的责任,这也是国际多式联运的根本特征。

(5) 必须使用一份全程多式联运单证。多式联运经营人作为货物全程运输的总承运人,在接管货物后必须签发多式联运单证,从发货地到收货地,一单到底。多式联运单证一经签发,表明多式联运经营人已收到托运人的货物,并对货物的全程运输开始负有责任。同时,托运人可凭多式联运单证向银行结汇,收货人可凭多式联运单证向多式联运经营人或其代理人提取货物。此外,多式联运单证上载有多式联运合同条款,是处理货物索赔的重要依据,也是多式联运统一责任制规定的具体体现。

(6) 必须是单一的运费率。海运、铁路、公路以及航空等不同运输方式的成本不同,因此,它们的运费率也不同。在国际多式联运中,尽管组成多式联运的各运输区段运费率不同,但托运人与多式联运经营人订立的多式联运全程中的运费率是单一的,即以一种运费率结算从接货地至交货地的全程运输费用,从而大大简化了运费计算,给托运人带来极大便利。

8.1.2　国际多式联运的优缺点

1. 国际多式联运的优点[3]

(1) 责任统一,手续简便

在国际多式联运方式下,无论划分了几个运输区段,经过几种运输方式的转换,都是由多式联运经营人对货物的全程运输进行组织安排,并对运输过程中的货物灭失、损坏、延期交付等问题负责。因此,一旦运输过程中出现问题,托运人只需同多式联运经营人交涉即可,从而简化了理赔手续。而托运人在多式联运中只需办理一次托运,订立一份运输合同,支付一次货物运费,购买一次保险,从而消除了托运人办理托运手续的诸多不便。此外,由于多式联运采用一份单证、单一费率,因此制单和结算手续也得以简化。

(2) 减少费用支出,降低成本

对于托运人而言,其在交货地点将货物托运后便可取得多式联运单证,并凭此向银行结汇,从而加速货物占用资金的周转,同时减少利息支出。对于国际多式联运经营人来说,由于其与各运输区段的实际承运人之间往往订有长期服务合同,所以多式联运经营人可从各实际承运人那里获得较优惠的运价。从货物的角度来看,由于其装在集装箱内进行运输,因此从某种意义上可节省货物的包装、理货和保险等费用。此外,如上所述,由于国际多式联运责任统一、手续简便,因此也可减少相应的理赔费用,制单和结算的人力、物力等费用支出。

(3) 缩短运输时间,提升运输质量

国际多式联运通常以集装箱为运输单元,尽管货运途中需经多次转换,但由于使用专业机械设备进行装卸,且不需掏箱、装箱、逐件理货,因此可以缩短货物停留时间,实现货物的迅速周转,并且减少货损、货差事故,提高货物的运输质量。同时,国际多式联运经营人凭借其自身能力以及所拥有的经营系统,使得各个运输环节和各种运输方式之间紧密配合,有序衔接,从而有效减少货物中转时间,保证货物及时迅速地抵达交付地点。

(4) 提高运输组织水平,实现合理化运输

在单一运输方式中,各运输方式的经营人各自为政、互相竞争,导致其业务范围受到限制,相应的货运量也是有限的。而多式联运将不同运输方式的经营人容纳进来,可以大大扩展经营的业务范围,并且充分发挥各种运输方式的优势,在有效衔接各运输方式的前提下选择最佳货运路线,从而提高国际货物的运输组织水平,使得运输更加合理化。

2. 国际多式联运的缺点[4]

尽管国际多式联运可以充分发挥不同运输方式的优势,具有方便托运人,缩短运输时间,减少费用支出等许多优点,但是为了顺利开展国际多式联运,我们还需要认识其存在的缺点和潜在风险。根据国际多式联运的主要参与者,本章将国际多式联运的缺点归纳如下。

(1) 对于托运人而言,在运输过程中更换运输方式,增加货物中转次数,会加大货物丢失和损坏的风险,并且托运人还会面临多式联运经营人的能力风险和道德风险。

(2) 对于多式联运经营人而言,其面临各区段实际承运人的抵制和竞争,需要为实际承运人及其分包商的过失向托运人承担赔偿责任,还需要对托运人未付运费或货源落空而向实际承运人或其他分包商承担违约责任。

(3) 对于实际从事运营的企业和场站而言,需要进行大量的初始投资和人力资源管理,并合理安排空箱的调运和集装箱的堆存,如果集装箱的调度调配不当,将会造成集装箱在场站的积压,产生高昂的堆存费。

8.1.3　国际多式联运的组织形式[5]

众所周知,每种单一运输方式各有优缺点。例如,水路运输运量大、成本低,但是速度慢;公路运输机动灵活,便于实现货物门到门运输,但持续性差,易发生货损货差事故;铁路运输可实现货物长距离运输,但具有投资高、建设周期长等缺点;航空运输速度快,但是载重量和机舱容积小。因此,国际多式联运采用至少两种不同的运输方式进行联合运输,便于取长补短,综合利用各种运输方式的优点,充分体现社会化大生产、大交通的特点。目前,具有代表性的国际多式联运组织形式主要包括海陆联运、陆桥运输、海空联运、江海联运。

1. 海陆联运

海陆联运是国际多式联运最主要的一种组织形式,它以航运公司为主体,签发联运提单,与航线两端的内陆运输部门开展联运业务。由于内陆运输主要包括公路运输和铁路运输两种方式,因此海陆联运可以具体分为公海联运和海铁联运两种形式。这两种形式都是只需"一次申报、一次查验、一次放行"就可完成整个运输过程,不同之处在于海铁联运因其巨大的运能、较低的运输成本和较少的污染排放等优势成为世界各国优先发展的运输方式。不过随着高速公路网络的日趋完善以及人们对于实现"门到门"运输需求的日益增加,公海联运的比较优势逐渐凸显。

海陆联运是远东和欧洲多式联运的主要组织形式之一,其中,班轮公会的三联集团、冠航集团和马士基集团以及非班轮公会的中国远洋运输公司、中国台湾长荣海运公司和德国那亚航运公司等都是组织和经营远东和欧洲海陆联运业务的重要公司。

2. 陆桥运输[6]

陆桥运输是指以陆地上的铁路、公路运输系统为中间桥梁,从而将陆地两端的海洋连接起来,实行连贯运输。目前,国际上的陆桥运输主要分为大陆桥、小陆桥和微桥运输三种类型。严格来讲,陆桥运输也是一种海陆联运形式,但考虑到其在国际多式联运中的独特地位,故在此将其单独作为一种运输组织形式。

远东—欧洲的货物运输属于典型的大陆桥运输。最初,货物从远东运到欧洲是采用海运方式,即把货物装载到船上,横穿太平洋,经由巴拿马运河,然后穿过大西洋,这样才能到达欧洲目的地。而在陆桥运输方式下,货物从远东出发,经过海运到达北美西海岸,然后将货物转移到集装箱列车上,以铁路运输方式运达北美东海岸,再将货物重新装船,经过海运到达欧洲目的地。陆桥运输相比于传统的海运方式,可以缩短运输距离,节省运输时间和运输成本。因此,在国际多式联运中,陆桥运输起着非常重要的作用。

3. 海空联运

海空联运又称空桥运输,通常是先用船舶将货物运至国际机场所在港口,然后安排拖车将货物拖至国际机场,接着进行货物的分拨、装板和配载,最后经空运将货物送达目的地。海空联运这种形式可以综合海运运量大、成本低和空运速度快、安全性能高的优点。同完全采用海运方式相比,其运输时间更短;同完全采用空运方式相比,其费用更低。不过,由于海运和空运在运输能力、运输方法上并不相通,所以在运输过程中通常不能把集装箱货物从船舶直接转到飞机上,而是要在航空港将货物从海运集装箱换入航空集装箱。因此,如何在中转环节快速、安全地处理货物以及像一般空运那样将货物准时送达目的地是发展海空联运要考虑的关键问题。关于国际海空联运线,常见的有以下几条航线。

(1)远东—欧洲

远东与欧洲间的航线可以把温哥华、西雅图、洛杉矶作为中转地,也可以把香港、曼谷、海参崴作为中转地,此外还可以把旧金山、新加坡作为中转地。

(2)远东—中南美

由于远东至中南美地区的港口和内陆运输不稳定,所以其对海空联运的需求很大。该联运线主要以迈阿密、洛杉矶、温哥华为中转地。

(3)远东—中近东、非洲、澳洲

远东和中近东、非洲、澳洲间的航线通常以香港和曼谷为中转地,在特殊情况下,还有经马赛至非洲、经曼谷至印度、经香港至澳洲等联运线,但这些线路货运量较小。

4. 江海联运

江海联运又称河海联运,是把内河运输(或江段运输)和海洋运输连接起来的重要方式。虽然内河运输和海洋运输都属于水路运输方式,并且都使用船舶来运输货物,但考虑到它们在航行条件、船舶吨位、适用法规上有所不同,因此江海联运也被视为一种多式联运组织形式。

我国长江水系发展江海联运的方式大致可分为三种:一是传统的中转运输,也就是由海船和内河船分别完成海洋段和内河段的运输任务,并在河口港完成货物的换装作业;二是使用载驳子母船运输,即在海上航行时将专用子驳积载在母船上,到河口时将载货子驳卸入内河,然后由推船或拖船牵引子驳,把货物运到内河港口或货主指定的卸货地点;三是江海直达运输,也就是使用江海两用船运输货物,这样在运送途中无须中转换装即可实现直达运输。发展江海联运的好处主要有费用低、能耗少,可以扩张港口腹地、吸引众多货源,而且在实际操作中可以减少驳船次数、节省重复的卸货载货环节。

8.1.4 国际多式联运的运作流程[1]

在国际多式联运方式下,货物从托运人所在地送到收货人所在地,按照时间先后顺序,大致需要经过以下流程:托运人与多式联运经营人订立国际多式联运合同,集装箱的发放、提取和运送,出口报关,货物装箱及接收货物,订舱和安排货物运送,办理保险,签发多式联运提单并组织完成货物的全程运输,办理运输过程中的海关业务,交付货物,处理货运输事故,如图 8-1 表示。

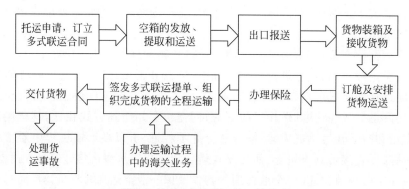

图 8-1　国际多式联运的运作流程

1. 接受托运申请,订立多式联运合同

多式联运经营人根据托运人提出的货物运输申请,结合自身的经营路线、可用的运输工具以及班期等实际情况,决定是否接受托运申请。如果接受申请,则双方就货物交接方式、时间、地点、支付费用方式等达成协议后,经营人在交给托运人或其代理人的场站收据(空白)副本上签章(必须是海关能接受的),以表明其接受托运申请,多式联运合同已经订立并开始执行。

2. 空箱的发放、提取和运送

国际多式联运一般使用集装箱来装载货物,这些集装箱通常由多式联运经营人提供,可从三个途径获取:一是多式联运经营人自己购置拥有集装箱;二是向租箱公司租用集装箱,这类集装箱一般在货物起运地点附近提箱,在货物交付地点附近还箱;三是由全程运输中的某一实际承运人提供集装箱,这类集装箱一般需要在多式联运经营人与该实际承运人订立分运合同后才能获得使用权。

如果双方协议由托运人自行装箱,则多式联运经营人应把自己或租箱公司或实际承运人签发的提箱单交给托运人或其代理人,由他们在规定的时间内到指定的堆场提箱并自行将空箱运到货物装箱地点,准备装货;如果托运人委托,那么也可由多式联运经营人将空箱从指定堆场运到装箱地点(这种情况经营人会加收空箱托运费);如果是拼箱货或者是托运人无装箱条件而不能自装的整箱货,那么由多式联运经营人将所需空箱调运至接收货物的集装箱货运站,并做好装箱准备。

3. 出口报关

报关地点应根据货物的起运地点而定，若联运从港口开始，则在港口报关；若从内陆地区开始，则应在附近的内地海关办理报关。出口报关事宜一般由托运人或其代理人办理，也可委托多式联运经营人代为办理（这种情况经营人需要加收报关服务费以及手续费，并由托运人担负海关派员所产生的全部费用）。报关时应提供场站收据、装箱单、出口许可证等有关单据和文件。

4. 货物装箱及接收货物

出口报关后，一般就要进行货物装箱工作。如果是托运方自行装箱，则托运人或其代理人提取空箱后在自己的工厂或仓库组织装箱，然后将货物运至与经营人协议规定的地点，多式联运经营人或其代理人在该地点接收货物。如果是拼箱货物或者托运方不能自装的整箱货物，则由托运人将货物以原来形态运到指定的集装箱货运站，多式联运经营人在该货运站接收货物，并办理装箱事宜。无论装箱工作由谁负责，装箱人均需制作装箱单，并办理海关监装与加封事宜。多式联运经营人或其代理人接收并检验货物后，应在场站收据正本上签章并将其交给托运人或其代理人。

5. 订舱和安排货物运送

多式联运经营人在签订合同后，就应制定货物运输计划。该计划主要包括运输路线的规划、运输区段的划分、各区段实际承运人的选择以及各区段间衔接地点到达时间、起运时间的确定等内容。多式联运经营人应当科学合理地安排货物运输计划，并留有余地，以便根据实际情况调整计划，避免各运输区段彼此脱节。

这里所说的订舱泛指多式联运经营人按照运输计划安排各区段的运输工具，并与选定的各实际承运人订立分运合同。合同的订立可由多式联运经营人本人或委托的代理人办理，也可请前一区段的实际承运人作为代表向后一区段的实际承运人订舱。

6. 办理保险

对于托运人而言，应当投保货物运输险，该保险可由托运人自行办理，也可在其承担费用的前提下委托多式联运经营人办理。多式联运经营人代为投保货物运输险时，应注意货物买卖合同和信用证规定的险别、保险金额以及保险期间。对于多式联运经营人而言，应当投保货物责任险和集装箱保险，该保险由经营人或其代理人向保险公司或以其他形式办理。

7. 签发多式联运提单、组织完成货物的全程运输

多式联运经营人接收货物，并按双方协定的货物数量、付费方式等向托运人收取全部应付费用后，应向托运人签发多式联运提单。然后，多式联运经营人要负责组织完成货物的全程运输，主要包括组织各区段实际承运人、各派出机构及代理人密切配合，共同完成各区段的运输以及各区段之间的衔接工作，并做好运输过程中所涉及的单据、文件及有关信息的传递和通知等服务性工作。

8. 处理运输过程中的海关业务

该环节工作主要包括货物及集装箱在进口国的通关手续、进口国内陆段保税运输手续以及结关等内容。如果陆上运输要通过其他国家海关和内陆运输线路，还应包括这些国家的海关通关及保税运输手续。这些海关业务一般由多式联运经营人的派出机构或者

代理人办理,也可由各区段的实际承运人作为多式联运经营人的代表办理,由此产生的全部费用应该由托运人或者收货人负担。

如果货物在目的港交货,则结关应该在港口所在地的海关办理;如在内地交货,则应该在口岸办理保税运输手续,海关加封后方可运往内陆目的地,然后在内陆海关办理结关手续。

9. 交付货物

当货物运送至目的地后,一般放在集装箱堆场(整箱货)或货运站(拼箱货),由目的地代理通知收货人提货。收货人需要按照合同规定向多式联运经营人或其代理人支付相应费用,并凭借多式联运提单换取提货单(交货记录),然后凭提货单到指定的堆场或货运站提取货物。如果是整箱提货,则收货人负责将货物运输至掏箱地点,并在掏箱后将空箱运回指定的堆场;如果是拼箱货,则可直接提货,至此运输合同终止。

10. 处理货运事故

如果在全程运输过程中发生了货物灭失或损坏等情况,处理准则如下:

(1) 无论是否能确定事故发生区段,托运人或收货人均可在有效时间内向多式联运经营人提出索赔,多式联运经营人需根据提单条款及双方协议确定责任并作出赔偿。

(2) 如果能够确定发生事故的区段和实际责任人,多式联运经营人可向其追偿。

(3) 如果不能确定发生事故的区段和实际责任人,则根据多式联运所选定的适用法律和国际规则,或者多式联运经营人与实际承运人的分运合同中的规定处理。

(4) 如果已经对货物及其责任投保,则多式联运经营人可以向保险公司索赔,然后由保险公司向责任人进一步追偿。

(5) 如果索赔人和责任人之间不能达成一致,则需要在诉讼时效内进行仲裁或向法院提起诉讼。

8.2 国际多式联运经营人

8.2.1 国际多式联运经营人的定义与特征[7]

1. 国际多式联运经营人的定义

国际多式联运涉及不同的运输区段和运输方式,需要有人将其作为一个整体进行统一组织、协调和管理,从而保证货物全程运输的连贯性、高效性,这个人就是多式联运经营人。《联合国国际货物多式联运公约》将多式联运经营人定义为:多式联运经营人是指其本人或通过其代表订立多式联运合同的任何人,他是事主,而不是发货人的代理人或代表或参加多式联运的承运人的代理人或代表,并且负有履行合同的责任。

由于国际多式联运涉及多个国家和多种运输方式,因此多式联运经营人通常不能独立承担全部运输业务。在实际运作过程中,一方面,多式联运经营人接受托运人(货主)的委托,与其签订一份运输合同,这样联运经营人就成了托运人(货主)的承运人;另一方面,多式联运经营人又与区段承运人签订分运合同,从而将自己不能承担的业务交给他人完成,这样联运经营人就成了其他区段实际承运人的托运人。值得注意的是,那些接受多式联运经营人委托的承运人,不与托运人(货主)发生任何直接的关系,只是根据其与经营人之间订立的运输合同而对多式联运经营人负责。

2. 国际多式联运经营人的特征

(1) 国际多式联运经营人本人或其代表就多式联运的货物必须与托运人本人或其代表订立多式联运合同,而且合同中必须规定至少使用两种运输方式完成货物的全程运输,同时合同中的货物系国际间货物。

(2) 从托运人或其代表那里接管货物时起,国际多式联运经营人即签发多式联运提单,并开始对接管的货物负责。

(3) 国际多式联运经营人承担多式联运合同中规定的与运输和其他服务有关的责任,并保证将货物交给多式联运提单的持有人或提单中指定的收货人。

(4) 对运输全过程中所发生的货物灭失、损害或延期交付等事故,多式联运经营人对托运人(或收货人)负责,不过这并不影响多式联运经营人向造成货损的实际承运人的追偿权利。

(5) 多式联运经营人应具备与多式联运所需要的、相适应的技术能力,应确保自己签发的多式联运提单的流通性,并使其作为有价证券在经济上具有令人信服的担保程度。

8.2.2 国际多式联运经营人应具备的条件[3]

国际多式联运经营人作为国际多式联运的组织者和全程运输责任的承担者,为确保国际多式联运服务的稳定性和可靠性,应具备下列基本条件。

1. 具有企业法人资格

国际多式联运经营人必须先取得国家主管部门批准的经营资格,然后到所在地区工商行政管理部门登记注册手续,才能获得企业法人资格。其中,中外合资企业、中外合作企业的企业法人资格需要经交通部、铁道部共同批准,并办理相应手续后才能经营国际多式联运业务;除非法律、行政法规另有规定,外商独资企业不得从事国际多式联运业务;未经交通部、铁道部共同批准,境外企业不得从事我国国际多式联运业务。具备了独立经营权后,联运经营人自己或委托代理人才能够与托运人、各区段实际承运人,以及相关的其他关系人签订合同,从而经营国际货物多式联运,对货物的全程负责。

2. 具有与经营业务相适应的自有资金

由于国际多式联运经营人要完成或组织完成货物的全程运输,同时还要对货物运输全程的灭失、损坏和延误等事故负责,所以其需要具备资金来开展相应业务以及承担赔偿责任。在申请国际货物多式联运经营执照时,各国的工商注册登记机关都设置了一定的注册资金门槛。例如,我国交通部、铁道部 1997 年第 2 号令发布的《国际集装箱多式联运管理规则》规定,申请设立国际集装箱多式联运经营企业的注册资金不得低于人民币 1000 万元,并有良好的资信。增设经营性的分支机构时,每增设一个分支机构增加注册资金人民币 100 万元。

3. 具有国际多式联运线路以及相应的经营网络

多式联运经营人需要建立自己的多式联运线路。虽然从理论上来讲,联运经营人的线路可以遍布世界各地,但实际上受到经营人自身能力的限制,其联运业务往往只集中在几条线路上。在经营线路的两端和途中各转接点处还要设立分支机构或派出代表或委托适当的代理人以组成完整的经营网络来完成货物的运输、转换、交接等任务。此外,网络中的各机构和各环节要实现紧密衔接,这就需要利用先进的信息管理系统和现代化的通信手段来实现运输全程的实时控制。

4. 具备必要的设施和设备

虽然国际多式联运经营人可以是无船经营人,也就是自己不拥有任何运输工具,而且法律、法规上也并未要求从事国际多式联运业务的企业必须拥有运输工具、货运站、仓库等硬件设施,但在实际运作中,为了能在激烈的市场竞争中立于不败之地,国际多式联运经营人也是需要具备起码的业务设施和设备的。例如,经营人通常要具有处理和传递信息的设备(电话、电传、计算机等)、集装箱货运站、接受及保管货物的仓库、一定面积的堆场、拆卸箱设备、机具、堆场作业机械等。此外,一般还配备一定数量的集装箱和吊车等设备。

5. 具有从事国际多式联运所需的专业知识、技能和经验

国际多式联运经营人具备丰富的专业知识、技能和经验的重要性在于:一是能够全面、准确、及时地了解和掌握与国际多式联运有关的法律程序、实际操作和市场的最新动态,从而保证国际多式联运业务的顺利开展;二是了解和掌握有关的实际承运人、码头、港口、场站等的费率水平与成本结构,以便制定多式联运单据和确定国际多式联运单一费率;三是联运经营人丰富的经验和娴熟的业务技能有助于和运输中所涉及的各方(包括托运人、实际承运人、代理人、港口码头、货运站、仓库、海关、保险等)建立良好的合作关系,从而保证业务的可持续性。

6. 要签发符合要求的国际多式联运提单

国际多式联运经营人从托运人或其代理人手中接收货物后,就应签发国际多式联运提单,用以证明接收货物并开始对货物全程运输负责任。在我国,国际多式联运提单实行登记编号制度,凡在我国境内签发的国际多式联运提单必须由国际多式联运经营人或其代理人报交通部、铁道部登记,并在单据右上角注明许可证编号。

8.2.3　国际多式联运经营人的类型[7]

随着国际经济贸易结构的变化和国际多式联运的发展,联运经营人的种类也更加多样化,拥有交通工具的铁路、汽车、船舶、航空运输公司可以担当经营人,没有交通工具的一些贸易公司也可担当经营人。目前,国际上主要根据国际多式联运经营人是否实际参加海上运输而将其分为以下两种主要类型:

1. 以船舶运输经营为主的多式联运经营人

以船舶运输经营为主的多式联运经营人(vessel operating-multimodal transport operators, VO-MTO),也称有船多式联运经营人。此类经营人拥有船舶,实际承担货物全程运输的海上运输任务,同时通过与其他运输区段的实际承运人订立有关运输、装卸、仓储及其他辅助服务的分包合同来将他们的服务范围扩展到包括陆上运输和航空运输在内的其他运输方式。这种多运输方式的结合使得船舶所有人成了多式联运经营人。传统上,船舶所有人只是将货物从一个港口运到另一个港口,并对货物在船期间的灭失或损害等负责。而随着船舶所有人发展成为国际多式联运经营人,虽然其不从事公路、铁路和航

空货物运输,但要安排货物的门到门运输,并为货物的全程运输负责。目前,以船舶运输经营为主的多式联运经营人是国际多式联运经营人中规模最大的,至少从资产规模上来讲是如此。

2. 无船多式联运经营人

无船多式联运经营人(non-vessel operating-multimodal transport operators, NVO-MTO)是指此类经营人并不拥有船舶,需要与海运承运人以及其他的陆运和空运承运人订立分包合同,从而向托运人提供国际多式联运服务,并承担全程货物运输责任。目前,无船多式联运经营人主要有以下三种形态。

(1) 实际承担货物在某一区段运输任务(除海运外)的国际多式联运经营人

此类经营人虽然不拥有船舶,无法提供海上运输服务,但他们通常会经营汽车运输、航空运输或铁路运输中的某一种运输方式,充当陆运或空运区段的实际承运人,因此通过与其他运输区段的实际承运人订立分包合同同样可以为托运人提供全程货运服务。

(2) 由不拥有任何运输工具的货运代理公司、报关经纪公司以及装卸公司充当的国际多式联运经营人

由于此类经营人不拥有任何的运输工具、不经营任何形式的运输,所以必须与完成货物门到门运输所需的各运输区段实际承运人都签订分包合同,以承担并履行多式联运合同中规定的全部责任。从经营业务量上看,一些大型货运代理公司可与有船多式联运经营人不相上下。

(3) 专门提供多式联运服务的专业多式联运公司

此类经营人与前述由货运代理公司、报关经纪公司以及装卸公司担当联运经营人类似,都不经营任何形式的运输,只是选择各区段的实际承运人并对货物全程运输负责。与其不同的是,专业多式联运公司是为提供多式联运服务而专门组建的。由于此类经营人不拥有任何的运输工具,因此不用考虑运输工具投资方面的问题,更能把注意力集中在选择最经济的、效率最高的运输路线与运输方式上以满足托运人的服务需求。当然,此类无船经营人的成功在很大程度上取决于高效的组织机构、可靠的合作伙伴以及足够的货源。通常认为,专业多式联运公司是发展中国家参与国际多式联运的最佳方式,同时也是未来最有可能挑战有船多式联运经营人主导地位的一种多式联运经营人形式。

8.2.4 国际多式联运经营人的责任形式[2]

国际多式联运一般由包含多式联运经营人和各区段的实际承运人在内的多个人共同完成货物的全程运输,并且在运输过程中会使用至少两种不同的运输方式,而各运输方式适用的法律对赔偿责任的规定又有所不同。那么在运输过程中,如果发生货物灭失、损害或延迟交付等情况,就会带来由谁负责,采用何种赔偿标准等问题。为了确定经营人在国际多式联运中的赔偿责任,我们需要明确经营人的责任制度。在目前的国际多式联运中,主要有统一责任制、网状责任制和经修正的统一责任制三种类型。

1. 统一责任制

统一责任制又称同一责任制,是指在全程运输中如果发生货物灭失、损坏或延期交付等事故,无论事故发生在哪个运输区段、采用的是哪种运输方式、适用的法律如何,国际多

式联运经营人对货物的全程运输负责,并按一个统一原则和约定的限额对托运人进行赔偿。如果多式联运经营人已尽了最大努力但仍无法避免或证明是托运人的故意行为和过失等原因所造成的事故,联运经营人可以免责。在统一责任制下,赔偿手续简单,联运经营人只需对全程运输按照一个既定原则进行赔偿即可,但对联运经营人来说责任负担较重,因此目前尚没有国际多式联运经营人愿意采用这种责任形式。

2. 网状责任制

网状责任制是指多式联运经营人虽然对货物的全程运输负责,但其赔偿责任和赔偿限额要根据事故发生区段所适用的法律规定而定。如货物的灭失、损坏或延期交付等事故发生在海上区段,则按《海牙规则》处理;发生在铁路区段,则按《国际铁路运输公约》处理;发生在公路区段,则按《国际公路货物运输公约》处理;发生在航空区段,就按《华沙运输公约》处理。在不适用上述国际法时,则按相应的国内法规处理。如果事故发生的区段不能确定(俗称"隐藏损害"),那么通常按照海上区段的《海牙规则》或双方约定的某一标准来确定联运经营人的赔偿责任和责任限额。该责任制下确定联运经营人责任的法律依据总结如表 8-1 所示。1973 年的《联合运输单证统一规则》、1991 年的《多式联运单证规则》和我国的《海商法》《合同法》均采纳了网状责任制。目前,国际上大多数的联运经营人也都采用此类责任制。

表 8-1 网状责任制下确定联运经营人责任的法律依据

事故发生区段	法 律 依 据
海上运输区段	《海牙规则》或国内法
铁路运输区段	《国际铁路运输公约》或国内法
公路运输区段	《国际公路货物运输公约》或国内法
航空运输区段	《华沙运输公约》或国内法
不能确定	《海牙规则》或双方约定的某一标准

3. 经修正的统一责任制

经修正的统一责任制是指国际多式联运经营人对货物的全程运输负责,并且全程运输在原则上采用单一的赔偿责任和责任限额,但保留适用于某种运输方式的较为特殊的责任限额的规定。《联合国国际货物多式联运公约》就采用了这种责任制。

8.3 国际多式联运提单[8]

8.3.1 国际多式联运提单的性质与作用

国际多式联运提单(multimodel transport B/L 或 combined transport B/L),是证明多式联运合同及多式联运经营人接管货物并负责按合同条款交付货物的单据。该提单是为适应国际多式联运的需要而产生的,通常涵盖一票国际货运业务中的多段行程,可在适用法律的允许下以电子数据交换信息取代纸张单据。国际多式联运提单并不是多式联运合同,而只是多式联运合同的证明,同时也是多式联运经营人接管货物的收据和凭其交货的凭证。具体来看,国际多式联运提单的性质与作用主要包括以下几个方面。

(1) 是国际多式联运合同的证明,是多式联运经营人与托运人在合同中确定权利、义务和责任的准则

在国际多式联运合同订立过程中,先是由托运人提出托运申请,然后经营人根据自己的实际情况在场站收据副本上签章表示接受后,双方即达成了协议,多式联运合同即告成立。而签发多式联运提单只是多式联运经营人履行合同的一个环节,因此,多式联运提单与各单一方式运输中使用的运单是不同的,它不是运输合同,而是运输合同的证明。

由于多式联运经营人会在订立合同前印好并公开其提单上的内容和条款,因此托运人应当提前了解提单上的所有内容和条款,除非另有协议外,应把提单上的这些内容和条款当作合同的内容以及双方在运输合同中确定权利、义务和责任的准则。即使托运人交付货物获得提单后,将提单转让给第三方,这时新的提单持有人与多式联运经营人之间的权利、义务和责任关系仍然依照提单的规定而定。

(2) 是多式联运经营人接管货物的证明和收据

《联合国国际货物多式联运公约》第五条第 1 款规定多式联运经营人接管货物时,应签发一项多式联运单证。可见,国际多式联运经营人向托运人签发提单即表明其已接管托运人的货物,开始承担运送货物的责任。因此,国际多式联运提单就成为多式联运经营人接管货物的证明和收据。与海运提单一样,当提单在托运人手中时,它是多式联运经营人已按提单记载内容收到货物的初步证据,若经营人实际收到的货物与提单内容不符,经营人可以提出反证。而当提单"转让至善意的第三者或提单受让人"时,除提单上订有有效的"不知条款"外,这时提单成为经营人按提单所记载内容收到货物的绝对证据,经营人不得提出实际收到货物与提单内容不符的任何反证。

(3) 是收货人提取货物和国际多式联运经营人交付货物的凭证

收货人或其代理人在目的地提取货物时,需要凭借国际多式联运提单换取提货单(收货记录)才能提取货物。同样,多式联运经营人或其代理人也只能把货物交付给提单持有人,无提单放货将使经营人承担巨大的风险。因此,提单是多式联运经营人和收货人在目的地进行货物交接的凭证。如果提单上注明该提单有多份正本时,经营人或其代理人已按其中一份正本交货后,其余正本即告作废。

(4) 是货物所有权的证明,可以用来结汇、流通、抵押等

谁持有提单,谁在法律上就享有占有和处理提单上所记载货物的权利,可见国际多式联运提单是货物所有权的证明,并且持单人可以通过押汇、流通转让等方式实现货物所有权的转移。在国际多式联运中,提单持有人虽然并不直接占有货物,但其拥有货物的所有权,可以凭提单向银行结汇、办理抵押贷款等事宜。

8.3.2 国际多式联运提单的种类

按照国际多式联运提单中收货人一栏的抬头划分,国际多式联运提单可以分为指示提单、不记名提单和记名提单。

1. 指示提单

指示提单(Order B/L)是指在正面收货人一栏中写明"凭指示"(To the order)或"凭

某人指示"(To the order of ×××)字样的国际多式联运提单。对于前者,收货人栏内只有凭指示字样,而没有写明指示人的名称,所以称为不记名指示提单,这种提单将托运人视为指示人,所以也称托运人指示提单。对于后者,收货人一栏写明了指示人的名称,如托运人、银行、收货人等,故称为记名指示提单。无论是不记名指示提单,还是记名指示提单,指示人都需要通过背书的形式确定收货人。其中,背书又可以分为记名背书和空白背书,前者是指示人要在提单背面写明被背书人的名称,后者是指示人在提单背面只签署自己的姓名,而不写明被背书人的名称。如果提单经过记名背书,则多式联运经营人或其代理人应把货物交给被背书人或其进一步指示的收货人;如果提单是空白背书,那么多式联运经营人或其代理人应将货物交给持有提单的人。

指示提单经记名背书或空白背书后可以转让,从而实现指示提单的流通。如果指示人未作任何背书,则意味着指示人保留对货物的所有权,只有其本人才能提取货物。指示提单在目前的国际贸易和多式联运中应用最为广泛。

2. 不记名提单

不记名提单(Bearer B/L)又称空白提单(Blank B/L),是指正面收货人一栏中通常只注明"持有人"(Bearer)或"交持有人"(To Bearer)字样或将这一栏空着的国际多式联运提单。对于不记名提单,国际多式联运经营人或其代理人在交付货物时应遵循"认单不认人"的原则,即多式联运经营人或其代理人应把货物交给提单持有人,谁持有提单,谁就可以提取货物。

不记名提单不需要背书即可转让,因此手续极为简便,流通性很强,但这种提单若丢失或被窃,将给货物买卖双方带来很大的风险,所以在国际贸易中极少采用这种提单。

3. 记名提单

记名提单(Straight B/L)又称收货人抬头提单,是指正面收货人一栏中写明作为收货人的特定人或特定公司名称的国际多式联运提单。对于此类提单,国际多式联运经营人或其代理人在交付货物时应遵循"认人不认单"的原则,即多式联运经营人或其代理人只能把货物交给提单上指定的收货人,而不能交给提单指定收货人以外的人(即使该人占有提单)。

因为记名提单不可转让,没有流通性,所以避免了转让过程中可能带来的风险,但同时丧失了代表货物用于流通转让的便利性。因此,在国际贸易中较少使用记名提单,通常仅在贵重物品、个人赠送品、展览品等货物的运输中用到此类提单。

综上所述,国际多式联运提单的种类以及是否可以转让,如图8-2所示。

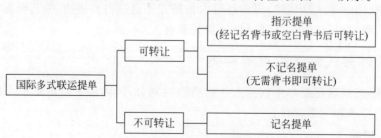

图8-2 国际多式联运提单的分类

8.3.3 国际多式联运提单的签发

1. 国际多式联运提单签发的时间与地点

多式联运经营人收到货物后,须向托运人签发国际多式联运提单。经营人接收货物的地点主要包括托运人的工厂或仓库(Door)、集装箱货运站(CFS)以及集装箱码头(或内陆)堆场(CY)。对于经营人来说,不同的接货地点,对应着不同的提单签发时间、地点以及责任期间。

(1) 在托运人工厂或仓库接收货物

在这种情况下,多式联运经营人是在托运人的工厂或仓库,也就是托运人的"门口"(Door)接收货物,提单一般在货物装到运输工具后签发。在该处签发提单意味着托运人通常要负责货物报关、装箱、制作装箱单、联系海关监装并加封,然后将外表状况良好、铅封完整的整箱货物交给多式联运经营人或其代理人;而多式联运经营人要负责在接收货物之后向托运人签发多式联运提单,并承担从托运人工厂或仓库到最终交付货物地点的全程运输责任。

(2) 在集装箱货运站接收货物

在这种情况下,多式联运经营人是在他自己的或由其委托的集装箱货运站接收货物,该货运站可以在港口码头附近,也可以在内陆地区,接收的货物一般是拼箱货物。一般由托运人把货物以原来形态运至指定的集装箱货运站,集装箱货运站接收货物后,向托运人签发正本场站收据,然后托运人凭此单据到多式联运经营人或其代理人处换签国际多式联运提单。在该处签发提单意味着托运人通常要负责办理货物报关,并把货物从工厂或仓库运至指定的集装箱货运站;而多式联运经营人或其委托货运站负责安排货物装箱,填制装箱单,联系海关监装并加封等工作,并负责签发多式联运提单,承担将拼装好的集装箱运至最终交付货物地点的全程运输责任。

(3) 在集装箱码头(或内陆)堆场接收货物

在这种情况下,多式联运经营人是在集装箱堆场接收货物,该堆场可以在港口码头附近,也可以在内陆地区。一般由托运人将装好的整箱货运至指定的码头(或内陆)堆场,然后由经营人委托的堆场业务人员代表其接收货物,并向托运人签发正本场站收据,然后托运人凭此单据到多式联运经营人或其代理人处换签国际多式联运提单。在该处签发提单意味着托运人通常要负责货物报关、装箱、制作装箱单、联系海关监装并加封等工作,并负责将这些货物运至指定的码头(或内陆)堆场;而多式联运经营人要负责签发多式联运提单,承担从堆场到最终交付货物地点的全程运输责任。

2. 国际多式联运提单签发时应注意的事项

(1) 如果签发的是可转让提单,则应在收货人一栏写明凭指示交付或向持票人交付;如果签发的是不可转让提单,则应在收货人一栏写明收货人的名称。

(2) 提单上的通知人一般是在最终交付货物地点由收货人指定的代理人。

(3) 正本提单的签发数量一般没有明确规定,但如应托运人要求签发一份以上的正本时,每份正本提单上都应注明正本份数。

(4) 如应托运人要求签发提单副本,每份副本均应注明"不可转让副本"字样,副本提单不具有提单的法律效力。

(5) 如签发一份以上的正本可转让提单时,各正本提单具有同样的法律效力,而多式联运经营人或其代表如已按其中的一份正本交货便表明其已履行交货责任,其他提单自动失效。

(6) 多式联运提单应由多式联运经营人或经其授权的人签字。如不违背所在国法律,签字可以用手签、摹印、打透花字、印戳、符号或任何其他机械或电子的证实方法。

(7) 如果多式联运经营人或其代表在接收货物时,对提单中所注明的货物种类、标志、数量或重量、包件数等有怀疑,但又无适当方法进行核对、检查时,可以在提单中作出保留声明,注明不符之处和怀疑根据。

(8) 经托运人同意,多式联运经营人可以在保存多式联运公约规定的提单应列明事项的前提下,签发不可转让电子提单。在这种情况下,多式联运经营人在接管货物后,应交给托运人一份可以阅读的单据,该单据被视为多式联运提单,应载有公约对其规定的所有事项。

8.3.4　国际多式联运提单的内容

《联合国国际货物多式联运公约》和我国的《国际集装箱多式联运管理规则》都对国际多式联运提单应当记载的内容作了具体规定,如我国的《国际集装箱多式联运管理规则》表明,国际多式联运提单应载明以下事项:

(1) 货物名称、种类、件数、重量、尺寸、外表状况、包装形式;
(2) 集装箱箱号、箱形、数量、封志号;
(3) 危险货物、冷冻货物等特种货物应载明其特性、注意事项;
(4) 多式联运经营人名称和主营业所;
(5) 托运人名称;
(6) 多式联运提单表明的收货人名称;
(7) 接收货物的日期、地点;
(8) 交付货物的地点和约定的日期;
(9) 多式联运经营人或其授权人的签字及提单的签发日期;
(10) 交接方式、运费的支付、约定的运达日期及货物中转地点;
(11) 在不违背我国有关法律、法规的前提下,双方同意列入的其他事项。

《联合国国际货物多式联运公约》对国际多式联运提单所规定的内容与上述内容基本相同,只是公约中还多出以下两条规定:一是提单中应包含表示该多式联运提单为可转让或不可转让的声明;二是如果在签发多式联运提单时已经确知要经过的路线、运输方式和转运地点等,那么提单上还应包括这些内容。

各经营人印制的国际多式联运提单一般都要注明上述事项,不过如果缺少其中的一项或数项,并不影响该提单的法律效力。提单的具体内容一般由托运人填写,也可由多式联运经营人或其代理人根据托运人提供的有关托运文件及双方协议情况填写。如果属于跟单信用证项下的贸易,提单上填写的内容应与信用证内容及《跟单信用证统一惯例》的规定完全一致,以保证顺利结汇。

8.4 海陆物流一体化

8.4.1 海陆一体化概述

1. 海陆一体化的概念

海陆一体化有狭义和广义之分,狭义的海陆一体化主要指海陆经济一体化,而广义的海陆一体化则不仅包含海陆经济方面的一体化,还包含社会、文化、交通、生态等方面的一体化。目前的研究学者主要还是从狭义的角度,即从经济角度,对海陆一体化进行解释和研究。如徐质斌将海陆一体化定义为:根据海、陆两大地理单元的内在联系,以系统论、协同论的思维方法,通过统一规划、共同规则、联动开发、供应链组接、综合管理,把原来相对孤立的海、陆系统整合为一个新的社会大系统,以追求海陆资源的更有效配置的过程[9]。

可以从以下几个方面来理解上述定义:

(1)海陆一体化的客观依据是海、陆两大地理单元的内在联系。海洋和陆地之间的联系既包括自然上的联系,如空间上毗邻、气象上互相影响、生态上有食物链关系等;也包括经济上的联系,如海洋为陆地提供食品、资源、能源、交通、娱乐,陆地为海洋开发提供技术、人力、财力和后方基地等;还包括历史上的联系,如地质演化史上的沧海桑田等。

(2)海陆一体化的理论依据是系统论和协同论。海陆一体化是运用系统论、协同论,从更广阔的视野观察问题的产物。它通过整体性、联系性思维,把海、陆两个相对独立的子系统有机地整合为一个大系统。

(3)海陆一体化的实现路径是统一规划、共同规则、联动开发、供应链组接、综合管理等。

(4)海陆一体化的整合结果不是单质的简单相加,而是形成了新质。整合的结果应该是使整体的大系统产生全新的性质,而这种性质在单个子系统层面是不具备的。

2. 海陆一体化的发生机理[10]

(1)海陆经济联系

由于单纯的海洋资源开发对国民经济的贡献是有限的,随着海洋开发的深入,海陆关系越来越密切,海陆资源的互补性、产业的互动性、经济的关联性进一步增强。一方面,海洋资源的深度和广度开发,需要有强大的陆地经济作支撑,海洋经济发展中的制约因素,只有在与陆地经济的互补互助中才能逐步消除。另一方面,陆域经济发展战略优势的提升和战略空间的拓展,必须依托海洋优势的发挥和蓝色国土的开发。只有坚持海陆一体化开发,逐步提高海洋经济的地位和作用,才能更好地发展沿海地区经济。

(2)非均衡发展理论

非均衡发展理论认为,一个国家、一个地区在经济发展过程中,由于受诸多因素的制约,不可能平衡推进、全面发展,总是在某一优势区域、某一重要领域先行取得突破,进而带动整个经济的发展。依据非均衡发展理论,发展中国家和地区在经济发展过程中,应该适当将人力资本和技术向某些具有优势条件的区域或产业集中,形成增长极,依靠增长极的扩散和回波效应,促进区域经济的发展。沿海城市由于其经济基础、区位优势和海洋资源优势,往往容易成为区域经济的增长极。改革开放以来,我国东部沿海地区以13%的国土面积,养活了全国40%以上人口,创造了60%以上的国内生产总值。同时,增长极形成以后,通过海陆产业的关联和海陆地域之间的合理分工,发挥交通干线等的辐射作用,可以促进内陆经济发展,缩小地区差距,最终实现区域经济的共同发展。

(3) 交易费用和负外部性的内部化

海、陆作为两个独立运行的经济系统,由于管理体制的分割和信息的不对称,在经济交往中存在大量的交易成本。譬如,港口和城市建设虽然有着内在的相互依赖性,但属于独立的利益主体,在很长的时间里,隶属于不同的系统,在双方利益不一致和资源稀缺的情况下,竞争和博弈就不可避免。同时,海陆产业在海岸带的空间集中相互影响是产生外部性的原因,如港口基础设施的改进给大型集装箱船舶的停靠带来方便;航道扩大和围海造地影响了海域水质,对养殖户造成危害,却没有为此支付成本。交易费用和外部性的结果导致市场失灵,解决交易费用和外部性问题都需要进行整合。在沿海地区,通过海陆一体化,把海陆经济活动间的外部交易变成了内部合同和分配制度,节约了成本。在海陆一体化的过程中,把海陆系统间有利益差别或利害冲突的当事人组织为某种程度的利益共同体,在一定程度上将外部关系变为内部关系,可以部分地消除外部性。

3. 实施海陆一体化战略的意义[9]

海陆一体化战略体现了科学发展观的内在要求。它对于社会经济可持续发展产生互补效应、合成效应、创新效应。具体说来,海陆一体化有以下好处:

(1) 海陆要素互补形成综合优势。海陆经济一体化过程的原动力是它们之间彼此所提供的产品和服务。海陆一体化战略以全新的视野和崭新的构想,能够同时利用"海丰陆缺""陆丰海缺"的两大类资源,突破资源制约把陆地便于人类活动的优点和海洋空间开阔的优点结合起来,提升经济发展的潜力、拓展产业发展空间,实现产业结构的战略转型。

(2) 延长、优化产业链(供应链、价值链)。由于把大陆产业链延伸到海上,把海洋产业链拉长到陆地,海陆一体化塑造的新发展优势将给产业结构调整带来重要机遇,产业的供应链、价值链相应得到优化。经济一体化能把肢解得分散的小市场统一起来形成大市场,实现规模经济。

(3) 节约交易成本。一体化的区域由于地理上接近、文化上相似、市场结构上互补,创造了相对自由的贸易环境,劳动力和资本等生产要素可以在更广泛的区域内获得,商品可以在更广阔的市场低壁垒或无壁垒地销售,从而可以有效地降低交易成本和违约风险。海陆一体化框架下原来互相竞争、讨价还价的陆域经济主体和海域经济主体在某种程度上成为利益共同体,外部竞争变成了内部交易,这样可以统一调整行为、实现内部补偿,并且节省了信息搜寻、谈判、签约、监督、诉讼等成本。

8.4.2 海陆物流一体化概述

1. 海陆物流一体化的优点

随着现代物流的发展,沿海省份充分考虑海陆物流的互补、互助功能,采用网络技术将散布在海陆不同区域的网点联动发展,构筑以枢纽站为核心的轴辐式海陆物流一体化网络,这对整合海陆物流资源、提高物流资源利用效率、降低物流成本等都有重要的理论和现实意义[11]。具体来看,发展海陆物流一体化具有以下好处:

(1) 海陆物流一体化提高运输效益,促进交通运输方面的发展,从而能够促进海陆的全面发展。海陆物流一体化促进海上运输和陆上运输协调发展,二者相互协作,并不孤立,这样的运输系统使整个运输网络得到优化,提高效率,减少浪费,节省资源,总体上提高效益。

(2) 海陆一体化能够实现兴海强国,海陆物流一体化在其中起着至关重要的作用。海陆一体化对国民经济发展产生至关重要的影响,而海陆物流一体化是海陆衔接的关键之一,没有海陆物流一体化,则海陆一体化运作不通,最后导致海陆一体化经济发展停滞。

(3) 海陆物流一体化在一定程度上保护环境。区别于传统运输,海陆物流一体化不仅使成本降低,还在一定程度上减少对环境的破坏,因此海陆物流一体化的发展更加绿色。

2. 我国海陆物流一体化存在的问题[12]

海陆物流一体化强调了在现有物流网络中海、陆物流衔接的重要性,强化了海上物流系统和陆地物流系统两个系统的协调性。通过分析海陆物流一体化过程中若干环节的特性,发现并优化各个环节存在的问题,将有助于提升整个系统的作业效率。目前,我国在海陆物流一体化方面存在的问题主要有:首先,物流相关的基础设施和设备建设不够完善,我国仍在加强关于海陆物流一体化相关设施设备的建设。其次,我国许多沿海区域的海陆衔接不好,海陆物流不畅,一体化程度也比较低,没有规划合理高效的区域物流空间网络系统,沿海腹地的衔接有待进一步加强。最后,各区域间合作仍不够紧密,资源分配、产业配置等方面存在严重分割现象,区域间的经济联系偏向于区域行政中心,跨区域的合作遭遇一定阻碍。

3. 海陆物流一体化的发展前景

21世纪以来,为满足全球贸易需求,以港口为核心的海上运输迅猛开展起来,海上运输的货量也达到了世界贸易量总额的一半以上。海上运输可满足大批量货物的运输需求,在一定程度上弥补了陆上运输的不足,但是单纯的海上运输对国民经济的贡献也是有限的。当前,海上运输系统和陆上运输系统并不是彼此孤立的,两者共同构成了全球的整个运输网络系统。海上运输系统与陆上运输系统不仅在时间上具有对等性,在空间上也具有共存性,两者紧密相连、不可或缺。

海陆一体化自21世纪以来得到了国家和社会的广泛关注。在海洋的开发和沿海区域经济建设过程中,越来越重视海陆一体化的地位。海陆物流一体化是海陆一体化的重要内容,会深刻影响海陆一体化的发展,进而影响一个国家的国民经济发展水平。海陆物流一体化是从海、陆空间角度出发,在现有的海洋物流网络和陆地物流网络的基础上实现海、陆物流网络的一体化衔接。为了满足可持续发展的需求,依靠单纯的海上物流系统或者陆上物流系统已无法达到最终目的,海陆联动开发的海陆物流一体化已成为当前及未来物流的主要发展趋势。

本 章 小 结

1. 国际多式联运是指按照多式联运合同,以至少两种不同的运输方式,由多式联运经营人将货物从一国境内接管货物的地点运至另一国境内指定交付货物的地点。

2. 国际多式联运的运作流程主要包括:接受托运申请,订立多式联运合同;空箱的发放、提取和运送;出口报关;货物装箱及接受货物;订舱和安排货物运送;办理保险;签发多式联运提单、组织完成货物的全程运输;运输过程中的海关业务;货物交付;货物运输事故处理。

3. 国际多式联运经营人作为国际多式联运的组织者,其本人或通过其代表订立多式联运合同,多式联运经营人是事主,而不是发货人的代理人或代表,或参加多式联运的承运人的代理人或代表,并且负有履行合同的责任。

4. 目前的国际多式联运中,经营人所负的责任范围主要有统一责任制和网状责任制两种类型,后者被广泛采用。

5. 国际多式联运提单是多式联运经营人与发货人之间订立的国际多式联运合同的证明,是多式联运经营人接管货物的证明和收据,是收货人提取货物和多式联运经营人交付货物的凭证,也是货物所有权的证明,可以用来结汇、流通、抵押等。

6. 国际多式联运提单分为可转让的和不可转让的,其中记名提单不得转让;指示提单经记名背书或者空白背书后可转让;不记名提单无须背书即可转让。

7. 海陆一体化自21世纪以来得到了国家和社会的广泛关注。在海洋的开发和沿海区域经济建设过程中,越来越重视海陆一体化的地位。要想实现海陆一体化,离不开国际多式联运的助力。

参 考 文 献

[1] 段满珍,李政,周连忠. 国际集装箱运输与多式联运[M]. 北京:清华大学出版社;北京交通大学出版社,2010.

[2] 孙家庆,姚景芳. 国际货运代理实务(第二版)[M]. 北京:中国人民大学出版社,2019.

[3] 马天山,孙启鹏. 集装箱运输管理[M]. 北京:人民交通出版社,2009.

[4] 刘丽艳. 集装箱运输与多式联运[M]. 北京:清华大学出版社,2017.

[5] 张敏,黄中鼎. 物流运输管理[M]. 上海:上海财经大学出版社,2004.

[6] Pierre David, Richard Stewart. 国际物流——国际贸易中的运作管理(第2版)[M]. 北京:清华大学出版社,2011.

[7] 陈心德,姚红光,李程. 集装箱运输与国际多式联运管理[M]. 北京:清华大学出版社,2008.

[8] 刘小卉,陈琳. 运输管理学[M]. 上海:复旦大学出版社,2005.

[9] 徐质斌. 构架海陆一体化社会生产的经济动因研究[J]. 太平洋学报,2010,

18(1):73-80.

[10] 韩立民,卢宁.关于海陆一体化的理论思考[J].太平洋学报,2007(8):82-87.

[11] 谢京辞,李慧颖.轴辐式海陆物流一体化网络构建研究——以山东省为例[J].经济问题探索,2015(3):1-8.

[12] 于丽丽,孟德友.中国海陆经济一体化的时空分异研究[J].经济经纬,2017,34(2):7-12.

即测即练 扫码答题

第 9 章

保税跨境物流与港口物流园区

【本章学习目标】

通过本章学习,学员应该能够:

1. 掌握保税货物及保税物流的概念与特点,理解各保税区域间的关系,掌握自由贸易区的概念、分类及特点。
2. 了解保税货物通关业务及保税仓储业务流程。
3. 掌握港口物流园区的概念,了解其功能定位。
4. 掌握多区港联动和区港联动的概念,了解多区港联动的内容。

【引导案例】

上海自贸试验区的制度创新

上海自贸区这片"试验田"上,深化改革扩大开放的成果已经"硕果累累"——市场准入便利化全面推进、贸易便利化水平进一步提升、"双自联动"效应持续显现、服务业制造业扩大开放持续深化、金融开放创新和风险防范体系同步推进、全面深化"证照分离"改革试点、"互联网+政务服务"模式基本建立、营商环境跑出"自贸区速度"。

上海自贸试验区制度创新进一步激发了市场创新活力和经济发展动力。一是自贸试验区经济活力明显增强。截至 2020 年 6 月,自贸试验区累计新设立企业 6.5 万户,新设企业数是前 20 年同一区域企业数的 1.8 倍。2020 年上半年实到外资 42.56 亿美元,同比增长 16.6%。二是贸易便利化改革效应持续显现。2020 年上半年自贸试验区完成进出口总值 7665.4 亿元,占上海全市比重 48.5%,其中出口 2374.9 亿元,同比增长 6.2%。三是自贸试验区有力推动了浦东转型发展。2019 年浦东新区地区生产总值超过 1.27 万亿元,同比增长 7.0%;财政总收入 4316 亿元,同比增长 1.2%。

不仅经济活力明显增强,人才服务体系也不断提升。设立全国首个海外人才局,率先试点自贸区永久居留推荐直通车制度,持永久居留证的外籍高层次人才可按照中国籍公民同等待遇设立科技型企业。加快建设浦东国际人才港,开设外国人来华工作居留审批"单一窗口"和"一网通办"服务系统,整合集成 80 项人才审批业务,工作许可、居留许可审批时间从 12 个工作日压减至 5 个自然日,越来越多的优质人才在这里发光发热。[1]

上海自由贸易试验区作为我国第一个自由贸易试验区,经过多年的发展如今已经取得巨大成就,而本章就将围绕保税跨境物流是什么？自由贸易区又是什么？它是如何发展而来的？它与保税跨境物流有什么关系等问题展开讲述。

9.1 保税跨境物流概述

9.1.1 保税货物

1. 保税货物概念与特征

《中华人民共和国海关法》(下称《海关法》)中指出,保税货物是指经海关批准未办理纳税手续进境,在境内储存、加工、装配后复运出境的货物。

从《海关法》的定义可看出,保税货物具有以下三个特征。

(1) 特定目的

《海关法》将保税货物限定为两种特定目的而进口的货物,即贸易活动(储存)和加工制造活动(加工、装配)两种特定目的,以此将保税货物与暂时进口或者暂时出口的货物区别开来。

(2) 暂免纳税

《海关法》第59条规定："暂时进口或者暂时出口的货物,以及特准进口的保税货物,在货物收发货人向海关缴纳相当于税款的保证金或者提供担保后,准予暂时免纳关税。"保税货物未办理纳税手续进境,属于暂时免纳,而不是免税。

(3) 复运出境

这是构成保税货物的重要前提。《海关法》第59条规定："经海关登记准予暂时免税进境或者暂时免税出境的物品,应当由本人复带出境或者复带进境。过境人员未经海关批准,不得将其所带物品留在境内。"因此,保税货物必须以原状或加工后产品复运出境。

保税货物的通关不是在某一个时间上办理进口或出口手续后即完成了通关,而是从合同备案、进口货物到复运出口、核销结案的全过程。

2. 保税货物的分类

如图9-1所示,目前对保税货物的分类方法主要有两种,分别为两分法和三分法。

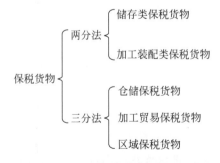

图9-1 保税货物的分类

(1) 两分法

按照《海关法》对保税货物定义的表述,可以将保税货物分为如下两类。

① 储存类保税货物。主要包括储存后复运出境的保税货物和储存后进入国内市场的保税货物两种。

② 加工装配类保税货物。亦称加工贸易保税货物，是指用于进行加工装配的进口零备件、元器件、包装材料和辅助材料等。

（2）三分法

如果按照海关监管的形式来分，可以将保税货物分为如下三类。

① 仓储保税货物。同"储存类保税货物"。

② 加工贸易保税货物。主要指为加工贸易而保税进口的料件，以及利用其所生产的半成品或成品。

③ 区域保税货物。主要指经国家批准设立的保税区、出口加工区，从境外运入区内储存、加工、装配后复运出境的货物，已经整体批准保税。

9.1.2 保税物流

1. 保税物流的含义与特点

（1）保税物流的含义

保税物流特指在海关监管区域内（包括保税区、保税仓、海关监管仓等），维持货物在进出口过程中处于保税状态，从事运输、配送、仓储、包装、搬运装卸、流通加工，以及相关的物流信息等相关业务。在整个过程中，企业享受海关实行的"境内关外"制度以及其他税收、外汇、通关方面的特殊政策。

值得注意的是，保税区物流是指在海关的监管下，在保税区内进行的物流活动，包括运输、配送、仓储、包装、搬运装卸、流通加工，以及相关的物流信息等相关业务。保税区由于享有"免证、免税、保税"政策，因此在保税区内发生的物流活动包括保税物流、免税物流和无税物流。[2]

（2）保税物流的特点

① 系统边界交叉

保税物流实际上是在一国的境内进行的物流活动，本应属于国内物流，但保税物流的活动范围一般具有"境内关外"的性质，也具有明显的国际物流的特点，因此一般认为保税物流是国际物流与国内物流"换乘区"。

② 物流要素扩大化

物流的要素一般包括运输、配送、仓储、包装、搬运装卸、流通加工以及物流信息共计7个要素，而保税物流除了具有这些基本物流要素之外，还包括了海关监管、口岸、保税、报关、退税等关键要素。

③ 线性管理

一般贸易货物的通关基本程序包括申报、查验、征税、放行 4 个环节，是"点式"管理；而保税货物是从合同登记备案、进口货物、储存或加工后复运出口到核销结案的全过程，是"线性"管理。

④ 二律背反性

在海关的监管下进行物流运作是保税物流区别于其他物流的本质。而海关为了达到监管的效力,往往导致流程严格、手续复杂、抽查率较高,这与现代物流低成本、高效率的要求相背,也与保税物流最初目的相背,物流效率与海关监管效力之间存在"二律背反"。[3]

⑤ 平台性

保税物流是加工贸易企业供应物流的末端,同时也是销售物流的起点,有时甚至包括生产物流(如供应商管理库存 VMI)。保税物流的运作效率直接关系到企业能否正常生产与供应链的正常运作。因此,一体化的综合物流服务平台将是保税物流的发展目标。

2. 保税物流的业务内容

保税物流除了基本的物流业务外,主要包括报关、储运、保税物流策划与管理三方面的内容。具体包括口岸通关业务、国际配送业务、国际中转业务、保税仓储业务、"一日游"退税业务等。[4]

其中,保税仓储业务是指使用海关核准的保税仓库存放保税货物的仓储行为;"一日游"退税业务是出口复进口业务的俗称,是利用保税物流园区的"入区退税"政策,以"先出口,再进口"的方式,解决加工贸易深加工结转手续复杂、深加工增值部分不予退税等问题。

9.1.3 保税区域

保税区域,即海关特殊监管区域,是经国务院批准,设立在中华人民共和国关境内,赋予承接国际产业转移、联接国内国际两个市场的特殊功能和政策,由海关为主实施封闭监管的特定经济功能区域,主要包括保税区、出口加工区、保税物流园区、跨境工业区、保税港区、综合保税区。进口保税仓库、出口监管仓库、保税物流中心则属于保税监管场所。是为了推动国际物流发展、加快国际航运中心建设、改革海关保税物流管理制度而划定的特定经济功能区域。

在本部分将主要介绍保税区、出口加工区、保税物流园区、保税港区和保税物流中心相关知识。

1. 保税区

保税区,也称保税仓库区,是经国务院批准设立的、海关实施特殊监管的经济区域,其级别低于综合保税区。

关于保税区的设立,《保税区海关监管办法》在总则中规定:"在中华人民共和国境内设立保税区,必须经国务院批准。"并规定保税区实行海关稽查制度。

截至目前,我国共设立了 16 个保税区,分别是上海浦东新区的外高桥保税区、天津港保税区、深圳沙头角保税区、深圳福田保税区、大连保税区、广州保税区、张家港保税区、海口保税区、厦门象屿保税区、福州保税区、宁波保税区、青岛保税区、汕头保税区、深圳盐田港保税区、珠海保税区、合肥综合保税区,此外在海南设立了享有保税区优惠政策的海南洋浦经济开发区。

2. 出口加工区

出口加工区是国家划定或开辟的专门制造、加工、装配出口商品的特殊工业区。加工企业从境外运入区内的生产所需原材料、机器等,海关实行保税政策,减少了企业流动资金的占用。海关简化了通关手续,为企业提供宽松的经营环境和快捷的通关便利,实行"一次申报、一次审单、一次查验"的通关制度。

3. 保税物流中心

保税物流中心是指经海关批准,从事保税仓储物流业务,并且具备口岸功能的封闭的海关监管区域。保税物流中心分为 A 型和 B 型。

(1) 保税物流中心 A 型,是指经海关批准,由中国境内企业法人经营、专门从事保税仓储物流业务的海关监管场所。按照服务范围分为自用型物流中心和公用型物流中心。

自用型物流中心是指中国境内企业法人经营,仅向本企业或者本企业集团内部成员提供保税仓储物流服务的海关监管场所。

公用型物流中心是指由专门从事仓储物流业务的中国境内企业法人经营,向社会提供保税仓储物流综合服务的海关监管场所。

(2) 保税物流中心 B 型,是指经海关批准,由中国境内一家企业法人经营,多家企业进入并从事保税仓储物流业务的海关集中监管场所。

保税物流中心 A 型和 B 型的具体区别如表 9-1 所示。

表 9-1 保税物流中心 A 型和 B 型的区别[①]

	保税物流中心 A 型			保税物流中心 B 型	
构成	由一家企业法人设立并经营			由一家企业法人设立,多家保税物流企业集聚形成	
审批单位	由主管海关受理,报直属海关审批			由直属海关受理,报海关总署会同有关部门审批	
设立条件(仓储面积)		东部	中西部、东北	东部	中西部、东北
	公用型	≥4000m²	≥2000m²	≥50000m²	≥20000m²
	自用型	≥2000m²	≥1000m²		
物流中心经营企业资格条件	经工商行政管理部门注册登记,具有独立的企业法人资格;具备向海关缴纳税款和履行其他法律义务的能力;具有专门存储货物的营业场所,拥有营业场所的土地使用权。租赁他人土地、场所经营的,租期不得少于 3 年;具有符合海关监管要求的管理制度和符合会计法规定的会计制度。			经工商行政管理部门注册登记,具有独立企业法人资格;具备对中心内企业进行日常管理的能力;具备协助海关对进出物流中心的货物和中心内企业的经营行为实施监管的能力。	

如上表所示,保税物流中心 A 型和 B 型在构成上虽均由一家企业法人设计,但经营时有所差别;同时保税物流中心 B 型在仓储面积上比 A 型更大。

4. 保税物流园区

《中华人民共和国海关对保税物流园区的管理办法》中指出保税物流园区是指经国务院批准,在保税区规划面积或者毗邻保税区的特定港区内设立的、专门发展现代国际物流业的海关特殊监管区域。主要具有国际中转、国际配送、国际采购、国际转口贸易等功能。

---

① 参考《中华人民共和国海关对保税物流中心(A 型)的暂行管理办法》和《中华人民共和国海关对保税物流中心(B 型)的暂行管理办法》

5. 保税港区

《中华人民共和国海关保税港区管理暂行办法》中指出，保税港区是指经国务院批准，设立在国家对外开放的口岸港区和与之相连的特定区域内，具有口岸、物流、加工等功能的海关特殊监管区域。主要包括仓储物流，国际采购，分销与配送，对外贸易，国际中转，检测和售后服务维修，商品展示，研发、加工、制造，港口作业等功能。

截至2020年底，国务院批准成立了上海洋山保税港区在内的14个保税港区，其中包括唯一一个位于中国内陆地区的保税港区——重庆两路寸滩保税港区，全国第一家以出口加工区和临近港口整合转型升级形成的保税港区——山东烟台保税港区。

6. 各保税区域的区别与联系

本部分主要介绍了保税区、出口加工区、保税物流园区、保税港区几个易混淆的保税区域，它们之间的区别与联系如表9-2所示。

表9-2 各保税区域主要功能对比分析

功　　能	保　税　区	出口加工区	保税物流园区	保　税　港　区
仓储	√	×	√	√
对外贸易	√	×	√	√
国际采购	√	√	√	√
分销配送	√	×	√	√
加工	√	√	×	×
研发、制造	×	×	×	×
港口作业	×	×	×	√
国际中转	×	×	√	√
检测和售后服务维修	√	√	×	√
商品展示	√	×	×	√
集装箱港口功能	×	×	√	√
集装箱增值业务	×	×	√	√
海运服务	有限	×	有限	√
多式联运	×	×	√	√

可见，保税港区具有最多的功能，而相比之下出口加工区仅具有加工、国际采购、检测和售后服务维修以及商品展示等有限的功能。此外，保税区、出口加工区、保税物流园区、保税港区均具有国际采购的功能。

9.1.4 自由贸易区

1. 自由港

（1）定义

自由港又称"自由口岸"，是设在一国国境之内、海关管理关卡以外的允许外国货物、资金自由进出的港口区。

(2) 分类

按其限制程度,分为完全自由港和有限自由港。完全自由港对外国商品一律免征关税;有限自由港仅对少数指定出口商品征收关税或实施不同程度的贸易限制,其他商品可享受免税待遇,目前国际上普遍为有限自由港。

按其范围大小分为自由港市和自由港区。自由港市包括港口及所在城市全部地区,将其划为非关税地区,外商可自由居留及从事有关业务,所有居民和旅客均享受关税优惠。自由港区仅包括港口或其所在城市的一部分,不允许外商自由居留。

(3) 作用

自由港能够提高港口对船东、货主的吸引力,扩大港口吞吐量,大大提高港口的中转功能;促进自由港及毗邻地区的就业和第三产业的繁荣;最大限度地适应国际贸易灵活性的要求,提高贸易中各方的经济效益;同时,自由港的发展会促进港口向综合性、多功能方向发展,使港口成为外向型经济中心,并促进港口所在地区外向型经济的发展。

2. 自由贸易区

(1) 自由贸易区的含义

关于自由贸易区的定义,目前国际上普遍认可的主要有两种。

一种是界定于国际协议的自由贸易区(Free Trade Area),也称 FTA 定义。在该定义下,自由贸易区是指两个或两个以上的国家通过达成某种协定或条约取消相互之间的关税和与关税具有同等效力的其他措施的国际经济一体化组织。

另一种是界定于对外贸易的自由贸易区(Free Trade Zone),也称 FTZ 定义。在该定义下,自由贸易区是指根据本国(地区)法律法规,在主权国家或地区的境内划出特定的区域,准许外国商品豁免关税自由进出。这种方式属于一种"境内关外"的贸易行为。狭义仅指提供区内加工出口所需原料等货物的进口豁免关税的地区,类似于出口加工区。广义还包括自由港和转口贸易区。

本书所指的自由贸易区主要是指 FTZ 定义下的自由贸易区。

(2) 自由贸易区的分类

对于自由贸易区的分类可以按照性质或功能两个分类标准进行区分。

按性质分,自由贸易区可分为商业自由区和工业自由区。商业自由区不允许货物的拆包零售和加工制造;工业自由区允许免税进口原料、元件和辅料,并指定加工作业区加工制造。

按功能分,自由贸易区可分为转口集散型自由贸易区,贸工结合、以贸为主型自由贸易区,出口加工型自由贸易区和保税仓储型自由贸易区。

(3) 自由贸易区的特点

自由贸易区内允许外国船舶自由进出,外国货物免税进口,取消对进口货物的配额管制,也是自由港的进一步延伸,是一个国家对外开放的一种特殊的功能区域。

自由贸易区除了具有自由港的大部分特点外,还可以吸引外资设厂,发展出口加工企业,允许和鼓励外资设立大的商业企业、金融机构等促进区内经济综合、全面地发展。

(4) 中国自由贸易区现状

2013 年 8 月 22 日,党中央、国务院决定设立中国(上海)自由贸易试验区,9 月 29 日正式挂牌,至此中国第一个自由贸易试验区正式成立,经过8年的发展,6个审批批次,目前我国已设立21个自由贸易试验区。

回顾自贸试验区的建设历程,可分为三个阶段。

① 起步阶段(2013年)

9月29日,上海自贸试验区挂牌成立。作为中国首个自贸试验区,旨在探索中国对外开放的新路径和新模式,形成可复制、可推广的经验,服务全国的发展,拓展经济增长的新空间。

② 深化阶段(2014—2016年)

2014年12月,设立广东、天津、福建三个自贸试验区,并扩展上海自贸试验区的范围,以推广上海自贸试验区的经验。

③ 创新阶段(2017年至今)

2017年3月,辽宁、浙江、河南、湖北、重庆、四川、陕西七个自贸试验区成立,与此同时,上海自贸试验区进入全面深化改革阶段;2018年,在海南设立自由贸易试验区;2019年,增设山东、江苏、广西、河北、云南、黑龙江六个自由贸易试验区;2020年9月,设立北京、湖南、安徽自由贸易试验区。新成立的自由贸易试验区紧扣制度创新这一核心,进一步对接高标准国际经贸规则,在更广领域、更大范围形成各具特色、各有侧重的试点格局,推动全面深化改革、扩大开放。

自贸试验区经过多次扩容,形成了东中西协调、陆海统筹的全方位、高水平对外开放新格局和多区块、多领域、复合型综合改革态势。

9.2 保税跨境物流业务

9.2.1 保税货物通关业务

1. 合同登记备案

企业需持有关批件、对外签约的合同及其他有关单证,向主管海关申请办理合同登记备案手续,海关核准后,签发有关登记手册。该步骤应在保税货物进口前办理完成,是保税跨境物流业务的开始。

2. 进口货物

合同登记备案的保税货物在实际进境时,经营单位或其代理人应持海关核发的该批保税货物的《登记手册》及其他单证,向入境地海关申报,办理进口手续。

3. 储存或加工后复运出口

保税货物入境后,应储存在海关指定的场所或交付给海关核准的加工生产企业进行加工制造。在储存期满或加工产品后复运出境。

4. 核销结案

根据企业在海关的备案,当加工合同完成后或储存货物复运出境后,企业向海关申请对进口的保税货物进行核销结关,海关对保税货物情况进行核实并确定最终征免税意见后,对该备案合同予以核销结案。具体环节包括:企业报核、海关受理、实施核销和结关销案。

9.2.2 保税仓储业务

1. 保税跨境物流入库业务流程

保税跨境物流入库业务主要包含如下步骤:客户提供所需单证——保税仓库审核加盖公章——海关审批后同意入库并盖章——保税仓库代办通关手续——经海关放行后货物入库——单货相符收货——单货不符报告海关——在报关单上签章并提交海关——台账、实物账核销,具体见图9-2。

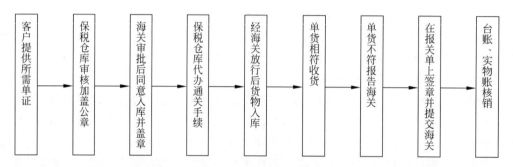

图 9-2 入库业务流程

2. 保税物流出库业务流程

保税跨境物流出库业务主要包含如下步骤:客户提供所需单证——保税仓库审核加盖公章——海关审批后同意出库并盖章——保税仓库代办通关手续——经海关放行后,单货相符货物出库——台账、实物账核销,具体见图9-3。

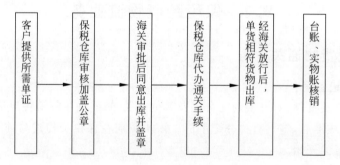

图 9-3 出库业务流程

9.3 港口物流园区

9.3.1 港口物流园区的概述

1. 港口物流园区的含义

港口物流园区是指以港口为依托,由多个物流组织设施和专业化物流企业构成,以降低物流成本,提高物流组织运作效率,改善企业服务为目的的,具有装卸、仓储、运输、加工等基本功能,和与之配套的信息、咨询、维修等综合服务功能的规模化、功能化、信息化物流组织和经济运行区域。

2. 港口物流园区的功能

（1）物流服务组织运作与管理功能。主要包括转运衔接功能、货物集散、分拨配送、流通加工、物流活动的管理等功能。[5]

（2）物流配套服务功能。主要包括货运代理、报关，信息查询、定期发布物流统计与预测信息，金融、保险服务等功能。[6]

（3）经济开发和城市建设功能。主要包括物流基础设施项目的开发，商业交易平台的构筑，以及改善城市环境，提升城市形象等功能。[7]

3. 港口物流园区的特征

（1）集群化、规模化。港口物流以物流园区的空间形态集聚发展，有利于城市物流系统的合理配置，以及城市物流资源的整合和优势互补。

（2）信息化。港口是信息密集的场所，信息化也是港口物流园区有序运作的重要保障。

（3）协同化。现代港口物流包括运输、仓储、流通加工、装卸搬运、保税通关、物流信息等环节，只有每个环节协同发展、信息共享，才能提高物流系统的运作效率。

（4）一体化。一体化是指与港口物流相关的不同职能部门之间或不同企业之间通过物流上的合作，达到提高物流效率、降低物流成本的效果。[8]

9.3.2 港口物流园区的功能定位

1. 起步阶段：以港建区

在该阶段，应依托现有港口，在港口的后方或临近港口交通便捷的区域划出一定的区域，构建港口物流园区。

在现有港口业务的基础上，功能定位于传统港口业务的部分延伸，如堆存、仓储、分拨等基础业务，初步承担主要贸易港口运输枢纽功能。此时，物流园区业务量较少，设施较单一，物流信息系统有待完善。

2. 发展阶段：以区促港

在该阶段，港口物流园区进入快速发展时期，主要表现为港口物流功能逐渐完善，港口物流管理水平不断提高，开始重视并运用物流信息系统，集疏运系统也得到改善。

此时，需要考虑依托港口布局相关工业园区，进入配送加工型港口物流园区阶段。并在原有功能定位的基础上开始涉足全方位仓储配送管理。同时，以一定规模的临港经济为重点，开发客户，增加货源，促使港口开始逐步盈利。

3. 成熟阶段：区港联动

在该阶段，区港协动发展，进入综合性港口物流园区阶段，港口产业集群丰富完善，港口物流成为供应链管理中重要环节，港口物流与港口城市经济相互促进、共同发展。

此时，功能定位应着眼整个供应链环节，以港口为桥梁，将上下游相关物流产业和服务吸引到园区内，发挥规模优势，集物流、信息流、资金流和人才流于一体。同时着力发展成为第三方物流提供者，集聚港口、船舶、代理、金融及其他服务领域，共同全方位地参与企业供应链管理。

9.3.3 港口物流园区的作用

1. 提高港口的国际竞争力

通过建立物流园区,积极推动现代物流发展。同时,有利于集聚物流,货运量不断增长,吸引更多的企业入驻物流园区,给港口带来稳定的货源,并增加就业机会,进而提高港口的国际竞争力。

2. 促进区域经济协同发展

港口物流园区的建立将有利于调整区域经济的产业结构。物流作为第三产业代表,其不断的发展壮大,将加大第三产业的比重,使产业结构趋于合理化。此外,港口物流园区的建立拓宽商品流通渠道,通过提高企业的消化能力而促进企业生产,带动区域经济协同发展。

3. 提升港口物流产业层次

要实现全方位的物流服务,港口企业必须重视以先进的装卸技术和先进的管理理念为代表的先进信息技术,以此使港口运输业成为现代物流的重要部分。这要求港口企业在原有业务和运输能力的基础上,扩展相关功能,参与港口物流园区的物流活动。提高物流服务功能的整合度,整体提升港口物流产业层次。

9.4 多区港联动

9.4.1 多区港联动概述

1. 多区港联动的概念

多区港联动是充分发挥多个开发区和港口的比较优势,通过分工协作、功能整合、政策叠加,在一定区域范围内实现多个区港之间的空间联动、功能联动和信息联动,促进区域经济一体化的过程。从本质来看,多区港联动既是一种联系紧密的区域经济安排,也是一种具有网络状结构的松散型组织体。

2. 多区港联动的内容

(1) 共谋经济利益

共谋经济利益是多区港联动的主要内驱力。而其前提与基础则是多区港之间相互创造需求。共谋经济利益具体是指,不同开发区因所享政策、所处地理位置不同,功能定位各具特色,从而导致各开发区呈多样性发展,通过多区港联动,各区港可以借助对方优势,实现资源共享。

(2) 产业一体化

产业一体化作为多区港联动的基础,主要指根据各区港优势,形成多区港之间合理的产业分工局面,杜绝各区港间生产力布局重复、产业结构同化的现象,实现区域合理的专业化分工与合作,通过建立生产布局整体观念,充分发挥区域整体联动效应,达到各个区域共同利益的最大化。产业一体化主要分为两方面:产业集聚和产业结构合理化。

(3) 市场一体化

市场一体化作为多区港联动的纽带,主要指通过产业链条上的相互分工,各区港实现贸易物流自由化、要素流动自由化、基础设施配置一体化,提高交易效率,提高市场配置效率。

(4) 物流服务一体化

物流服务一体化作为推动多区港联动的必需条件,主要指通过相互分工,使产业的物流活动及相关服务等打破行政区域的分割,成为不受区域限制的企业间的分工。物流服务一体化需要创造物流业发展的基础,规划发展港口物流,建设临港物流基地,联合使用交通带动型模式、工业带动型模式、商业带动型模式等方式实现。

(5) 规划建设一体化

规划建设一体化作为多区港联动的前提,主要指各区港的公路、铁路、信息网络等基础设施的统一调整和安排。具体来说,就是要使港口与各开发区地理位置相连、物流位置相衔接、隔离设施相接、功能规划相适配,形成港区、区区、港城互动的良好规划架构。[9]

(6) 信息一体化

信息一体化作为多区港联动的关键,指通过建立信息网络平台和区域信息交互网,完善信息传输机制,实现信息资源共享,降低交易成本,消除信息封锁现象,畅通信息流,使各区港的商情和公共信息都做到公开、透明。同时,多区港联动管理协调机构通过与相关部门协调,加快企业信息化的建设。

(7) 政策制度一体化

政策制度一体化作为多区港联动的保障,要求争取做到各区港所受管辖的行政单元之间的政策相互衔接,达到政策或制度的共享。其重点是实现港口管理一体化,打破联动行政壁垒。

3. 多区港联动的方式

多区港联动主要有三种方式,即区港联动、区区联动和港港联动。

(1) 区港联动

多区港联动中的区港联动是指各开发区,包括经济(技术)开发区、高新技术产业开发区、保税区和出口加工区与邻近港口(包括海港、空港)合作,在港口划出特定区域(不含码头泊位),实行保税区的政策,以发展物流业为主,按境内关外定位,实行封闭管理的海关监管特殊区域。区港联动的内容主要包括资源整合、政策叠加、优势互补、科技创新、管理创新和体制创新。

(2) 区区联动

多区港联动中的区区联动是指各开发区之间,根据自身级别,发挥各自在政策、功能或者区位方面的优势,通过项目、人员、信息等共享与合作,提供进出口贸易通道等多种形式,与周边经济区域对接而探索出的一条区域经济发展双赢新模式。区区联动内容主要包括产业对接、政策对接、功能对接以及建立完善区区联动工作会议制度。区区联动工作会议制度的建立将为联动区域和企业提供良好的交流平台,在更大范围和规模上促进区区间的互动发展,对创造更多的社会效益与经济效益起到积极的推动作用。

(3) 港港联动

港港联动是指整合各港口资源,通过分工协作、优势互补整合各港口间资源,出台相关政策或设立制度机构,来合理调整港口结构,确定港口布局,形成规模优势,实现港港之间的联动。港港联动的内容主要包括规划港口布局,合理定位港口功能,形成供应链一体化,实现港口间的分工协作。

9.4.2 多区港联动的实施

1. 多区港联动实施的原则

(1) 和谐发展原则

多区港联动工作是一项涉及方方面面的工作,牵涉利益格局的变化。在具体实施过程中,必须充分考虑各方利益,尽量考虑各方都可以接受,减少实施阻力,促进多区港联动的顺利开展。

(2) 市场主导原则

在多区港联动的过程中,必须充分发挥市场在资源配置中的主导作用。在市场机制的基础上,进行合理的宏观调控,弥补市场机制的不足,确保联动工作的顺利开展。

(3) 分类指导原则

由于多区港联动涉及各种类型的经济园区、港口、机场等,并且它们在产业结构和与腹地经济的关系上已经形成了各自的优势,应当根据各自的特点与优势,分别选择合适的联动方案,进而实现全方位的联动。

(4) 系统性原则

多区港联动工作是涉及各区域、各经济层面的系统工程,在设计实施方案时,必须以系统的观点综合考虑。

(5) 动态性原则

多区港联动的功能定位必须从实际情况出发,必须要有动态发展的战略眼光,随国内外经济发展而及时调整,在发展过程中不断修正与完善,并使多区港联动的近期目标与长远发展相协调。[9]

2. 多区港联动实施的模式

1) 模式一:以时间为导向实施渐进联动

该模式主要是指在目前的行政框架内,遵循先易后难、分步推进的原则,逐步强化合作,采取三步走的战略。

(1) 阶段一:经济主体间多边会商阶段

该阶段,各经济主体要积极探索并建立一个多边会商机制,并以此为基础加强交流与合作,逐步建立起多层次的、全面的、制度化的多边会商机制。通过交流和协商,化解矛盾,培养信任,为更高层次的区域合作联动做好准备。

该阶段包括两个层面。一是要建立一个各主体领导人的多边对话机制,以此打破行政障碍,形成区域化联动合作格局;二是要建立一个企业家间对话机制,充分利用企业作为市场微观主体的推动力量,通过企业间的联系与合作,推动多区港联动的进程。

(2) 阶段二:项目合作阶段

各经济主体间的合作主要以单个项目合作的方式开展。项目合作是"点"式合作,特点是合作事项简单明确,合作周期不长,合作的收益成本易于测算。

具体来看,从合作范围上应从区区联动、区港联动等逐步向多边联动推进。在合作领域上,则可以先做好招商引资、基础设施等,随后再开展科技人才交流。在项目合作的过程中,不断总结经验,并在合作项目较多的领域逐步建立起体制性合作框架,为全面的体制性合作做好准备。

(3) 体制性合作阶段

在该阶段,应在项目合作阶段积累的合作经验和部分领域的体制性合作基础上,在多区港联动的各个领域建立起规范的、制度化的合作体制。主要包括建立多层次的较为紧密的合作组织以及合作制度。多区港联动主要需要五个层次的合作联动:政府、部门、行业、企事业和学术界。其中政府应致力于协调政策、市场规则与基础设施;部门则通过联动完成政府政策的具体落实;行业则可通过行会、商会来促进联动;企事业则可通过开展技术协作、协商生产标准、信息共享来加深联动;学术界则应致力于学术成果交流。

2) 模式二:在空间层面上由点及面开展联动

由于各区域客观上存在发展条件的差异性,均衡的整体发展模式是行不通的。区域经济合作要以经济发展水平为基础,也应遵循区域经济非均衡发展的客观规律。因此,在空间维度上,考虑到各区港发展水平不一,辐射范围不同,多区港联动应以发展水平较高的区港为中心,通过扩散效应带动周边地区的发展,采取由点及面、点带动面的模式,梯次推进多区港联动。

本 章 小 结

1. 保税货物是指经海关批准未办理纳税手续进境,在境内储存、加工、装配后复运出境的货物,具有特定目的、暂免纳税、复运出境三个特点。保税货物可以按照两分法和三分法进行分类。

2. 保税物流特指在海关监管区域内(包括保税区、保税仓、海关监管仓等),维持货物在进出口过程中处于保税状态,从事运输、配送、仓储、包装、搬运装卸、流通加工,以及相关的物流信息等相关业务。具有系统边界交叉、物流要素扩大化、线性管理、二律背反性和平台性的特点。

3. 保税港区具有最多的功能,而相比之下出口加工区仅具有加工、国际采购、检测和售后服务维修以及商品展示等有限的功能。此外,保税区、出口加工区、保税物流园区、保税港区均具有国际采购的功能。

4. 港口物流园区是指以港口为依托,由多个物流组织设施和专业化物流企业构成,以降低物流成本,提高物流组织运作效率,改善企业服务为目的的,具有装卸、仓储、运输、加工等基本功能,和与之配套的信息、咨询、维修等综合服务功能的规模化、功能化、信息化物流组织和经济运行区域。其具有物流服务组织运作与管理功能、物流配套服务功能、经济开发和城市建设功能。

5. 多区港联动是充分发挥多个开发区和港口的比较优势,通过分工协作、功能整合、政策叠加,在一定区域范围内实现多个区港之间的空间联动、功能联动和信息联动,促进区域经济一体化的过程。多区港联动旨在共谋经济利益,实现产业一体化、市场一体化、规划建设一体化、信息一体化以及政策制度一体化。多区港联动在方式上分为区港联动、区区联动和港港联动。

参 考 文 献

[1] 丁秀伟,尚娅,何爱安. 上海自贸区:展现全面深化改革新面貌[N]. 中国妇女报,2021-06-29(002).

[2] 高玲编著. 港口物流:理论与实务[M]. 北京:北京大学出版社,2017.

[3] 王斌义主编. 港口物流[M]. 北京:机械工业出版社,2011.

[4] 孙家庆,刘翠莲,唐丽敏编著. 港口物流理论与实务[M]. 北京:中国物资出版社,2010.

[5] 《海关进出口货物大通关实务指南》编写组. 海运进出口货物大通关实务指南[M]. 北京:中国海关出版社,2014.

[6] 王术峰. 区域物流理论与实证研究[M]. 北京:科学出版社,2018.

[7] 汪长江. 港口物流 理论、实务与技术[M]. 北京:清华大学出版社,2012.

[8] 符海青. 港口物流管理实务[M]. 广州:广东高等教育出版社,2010.

[9] 阎兆万,刘庆林,马卫刚等著. 多区港联动 基于开放的区域发展新模式研究[M]. 济南:山东人民出版社,2008.

第 10 章

以港口为中心的(国际)物流与供应链管理

【本章学习目标】

通过本章学习,学员应该能够:
1. 了解什么是全球供应链环境下的港口的关系演变。
2. 了解全球供应链环境下港口功能的拓展。
3. 熟悉和掌握以港口为中心的物流管理。
4. 理解以港口为中心的全球供应链管理。

【引导案例】

江苏以港口为节点一体化组织货物运输 加快公铁水联运

日前召开的中央财经委员会第八次会议提出,流通体系在国民经济中发挥着基础性作用,构建新发展格局,必须把建设现代流通体系作为一项重要战略任务来抓。

物流是流通体系的重要组成方面。2020 年 1—8 月,江苏铁路、水路、多式联运量分别保持同比增长,集装箱铁水联运量达到 40.8 万标箱,同比增长 51%。江苏经济总量大、资源自给率低、客货运输强度高,通过减少不合理公路运输,将更多长距离大宗货物运输转移至水路、铁路,加强公铁水联运,运输结构持续优化。

1. 货运加快"公转铁""公转水"

9 月 10 日,京杭运河宿迁港码头,吊车不停往货轮上吊运集装箱,船来车往,一派繁忙。"近 3 年来,我们一直保持着作业吞吐量年度增长率内河第一纪录,2017 年完成集装箱吞吐量 1.98 万标箱,2020 年上半年完成集装箱吞吐量 4 万标箱,同比增长 40%。"宿迁市港口发展有限公司副总何好介绍,宿迁港辐射苏鲁豫皖,目前开通有宿迁至太仓、南京、南通、连云港、济宁集装箱航线,通过散改集、陆改水方式,为腹地企业节省物流运输成本至少 1.5 亿元/年。

据测算,水路运输成本是公路的 1/15 左右。"水运运量大、绿色低碳,近 3 年苏北运河集装箱运量呈现出强劲的两位数增长势头。"京杭运河苏北航务处运调中心主任畅立松说,1—8 月,苏北运河运输集装箱 18.2 万标箱,同比增长 29.1%。

全省大宗货物运输公路转向水路和铁路步伐在加快。8 月份,江苏省港口集团完成集装箱吞吐量 61.4 万标箱。太仓港不断完善与长江中上游和上海港之间的水路通道建设,在"陆改水"业务上保持高速增长,吸引了沃尔沃汽车华东物流中心落户。常州录安洲码头将原陆路运输的常州新华昌商品箱改为水路运输,单月完成1.8万标箱。

连云港依托自贸试验区,拥有陆海通道、多式联运优势,港口陆海联运全面提速,2020年新增3条海铁联运通道,前7个月开行国际班列370列,同比增长44%,完成集装箱铁水联运量35.61万标箱,同比增长61.2%,海河联运量997.7万吨,同比增长14.7%。铁路日均装卸车同比增加340车以上,超出运输结构调整进度任务近360万吨。

连云港港口控股集团杨开林介绍,下一步加强海向功能与内陆班列优势搭接,确保国际班列开行500列,"散改集"下水量超过7.5万标箱,内河集装箱量达到5.2万标箱。发挥"公转铁"政策效应,确保铁路发运量完成4600万吨。

8月28日,"淮安—上海"海铁联运班列首发,一列满载汽车配件、厨房家具等货物的海铁联运班列从淮安新港驶往上海,以铁路转海运的联运方式抵达美国、德国等国。省铁路集团运营管理部部长王建平说,淮安到上海的海铁联运每周至少将发运两班,服务台资企业在淮安和周边地区发展。

2. 铁水运输增长快、潜力大

目前,江苏高速公路里程达到4865公里,铁路里程达到3550公里,货运枢纽场站达到154个,干线航道里程达到2325公里,万吨以上泊位达到509个,各种运输方式已从量的快速扩张进入优化运输网络结构、提升运输整体效能的新阶段。

根据我省运输结构调整目标,2020年全省铁路、水路承担的大宗货物运输量要显著增加,10月底前,沿海主要港口的矿石、焦炭等大宗货物原则上以铁路或水路运输为主,到年底,内河集装箱运输量达到50万标箱。

省交通运输厅运管局局长宋国森介绍,1—8月,全省铁路运输量达到5627万吨,同比增加737万吨,增长15%。全省内河集装箱运输量达到36.8万标箱,同比增长28.1%。多式联运方面,集装箱公铁联运量达到48.7万标箱,同比增长48%,集装箱铁水联运量达到40.8万标箱,同比增长51%。

"连云港、南通、无锡、常州4市铁路运输增速明显,连云港前8个月铁路运量同比增长587万吨,占全省增长量近80%。无锡、南通铁路运量同比分别增长74.7%、70.3%。中欧(亚)班列共开行1027列,同比增长44.6%。"宋国森分析,1—8月全省新开辟8条内河集装箱航线,强化了对山东、安徽等周边地区的辐射,适箱货物种类范围进一步扩大,全省内河集装箱运输量呈现量质同升。

综合运输通道布局日渐完善,多式联运发展动作频频——我省支持连云港港打造集装箱铁水联运品牌,推进苏州、无锡等城市至上海芦潮港、宁波港的海铁联运班列发展,集装箱铁水联运量同比增速远高于全国平均。推进江海联运和江海直达,太仓至上海的"沪太通"穿梭巴士1—8月累计完成5.25万标箱,同比增长79.15%。

"运输连接生产和消费两端,调整运输结构与产业转型升级密切相关。"省社科院研究员黎峰说,江苏水网稠密,铁路建设在加快,进一步优化完善并解决各种运输方式衔接融合不够、高品质运输服务供给不足等问题,深挖潜力,把铁水"资源优势"和铁水运输的"成本优势"形成有效叠加,对推动经济发展意义重大。

"切实减少公路运输量,增加铁路和水路运输量仍然空间巨大。"省交通运输厅相关人士表示,部分地区协同联动力度还不够,需要加强与铁路部门的沟通协作,加强与港口、物流、大型工矿企业的对接,进一步推进"公转铁""公转水"。

3. 以港口为节点公铁水联运

江苏省交通运输厅厅长陆永泉表示,围绕"加快铁、用足水、强化联"总体思路,我省正完善货运铁路网络,提升铁路运输能力,进一步发挥水运优势、推进大宗货物"公转水",推进多式联运发展,形成高效顺畅的公铁水联运体系。

从发达经济体经验看,通过调整运输结构,加强不同运输方式间无缝化衔接和一体化组织,可提高运输效率30%左右,降低运输成本20%左右,全面提高综合运输效率、降低全社会物流成本。省交通运输厅副厅长梅正荣介绍,到2020年年底,全省铁路总里程将突破4200公里,"三纵四横"高快速铁路网加速形成,铁路网密度达到3.9公里/百平方公里。通过干线铁路建设和既有铁路线的扩能、电气化改造,提高普速铁路通行能力,会释放铁路货运功能。同时,系统规划布局重点港区集疏港铁路,推动集疏港铁路向堆场、码头前沿延伸,努力打通铁路进港"最后一公里"。目前沿江沿海的连云、西坝、新生圩、大港等4个港区和内河的徐州、无锡、苏州、淮安等4个港口已建成并投用疏港铁路,太仓、龙潭等港区在建疏港铁路正加快推进,力争到"十四五"末基本实现铁路通达全省所有重点港区。

江苏沿江沿海港口综合通过能力现已达到21亿吨,亿吨大港7个,千吨级航道连通80%的县级及以上节点,基本形成"两纵五横"干线航道网,水运优势居全国前列。我省正争取将通州湾列入国家长三角一体化发展规划纲要,重点推进长江南京以下江海联运港区等"一区三港"建设,正加快改造"卡脖子"航段和碍航桥梁,打通更多水网"毛细血管",建设通江达海的内河干线航道网络,提高千吨级航道的覆盖率和连通度。

目前,全省已建成多式联运型货运枢纽40个,形成以港口为节点的高效顺畅的公水联运、铁水联运系统的同时,枢纽场站布局将逐步完善,当前正推进陆家浜、平东等12个重点铁路货场新建或改扩建,推进徐州淮海国际陆港、南京禄口机场等综合枢纽建设。

陆永泉说,把握构建以国内大循环为主体、国内国际双循环相互促进的新发展格局,发挥各种运输方式的比较优势和组合效率,推进不同运输方式加强衔接,还需充分调动广大运输企业特别是龙头骨干物流企业的积极性,引导传统运输企业向现代物流企业发展,有效激发市场活力和内生动力。

(人民网 2020 年 9 月 14 日)

国际分工带来了全球化的便利,资本逐利寻优的结果促进了国际贸易的增长。随着全球化的推动,国际物流与供应链支持着世界各国的经济活动,发挥着重要机能(柴崎,2019)。[1]物流、信息流、商流、资金流所构成的供应链系统影响着全球的生产和消费。以港口为中心的国际物流与供应链管理涉及港口运营者、海运从业者与货运代理者等众多的利益相关者。便宜、安全与及时送达是企业运营所追求的目标。满意度的达成程度是消费者所关注的。商业领域的基本任务是满足顾客的要求。以港口为中心的国际物流与供应链管理水平直接影响全球供应链的运营绩效。

10.1　全球供应链环境下的港口

10.1.1　全球供应链环境下港口的关系演变[2]

1. 全球供应链环境下港口与腹地关系的演变

港口与腹地之间联系极为密切，随着全球化到来，供应链的产生，港口与腹地之间的关系将会变得更加复杂，并且呈现出多样化趋势。在全球供应链环境下港口与腹地关系大体可分为区位、基础设施、运输和物流四个层面。腹地环境和需求的变化对不同层面的影响存在差异。从区位和基础设施层面来看，港口一旦选址将很难进行迁移变更，港口与腹地基础设施建造周期相对来说也较长；从运输层面来看，运输路线、交通方式的规划和实施通常来说会需要较长的时间；而物流层面，通过更新货物的流向和路线则能够迅速地对市场变化作出反应。由于存在这种差异，往往导致资源的不合理分配以及难以适应市场需求变化。全球供应链环境下货物运输、贸易往来将会更加复杂和频繁，不同层面差异导致的问题将会被放大。因而在全球供应链时代下，腹地环境的变化将对港口产生更大的影响。

此外，由于国际贸易和跨国运输日益频繁，为了降低物流成本，一些跨国公司在港口所在城市及其腹地建立了基地，促使港口与腹地关系更加紧密，港口建设与其经济腹地建设和发展融为一体。此时，港口应该具有广阔的陆向经济腹地，并且能够有效消化其经济腹地的所有的物流需求。同时因为跨国公司在全球范围内进行贸易运输、资源配置，港口与其海上腹地的关系也会变得更加紧密。

2. 全球供应链环境下港口之间关系的演变

港口与腹地之间存在紧密关系，除此之外，港口与其他港口之间也有各种竞争或者合作的关系。港口之间的关系同时存在以下三个层面。

（1）港口与港口本身之间的关系

港口与相邻港口之间进行竞争，此时各个港口考虑自身发展，追求自身利益最大化。港口将十分关注相邻港口的发展，因为这将影响港口间的竞争结果。而在与相邻港口进行竞争的同时，港口也将与具有互补关系的港口展开合作，而不同互补港口之间也将进行竞争，如图 10-1 所示。

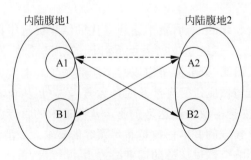

图 10-1　港口与港口本身之间的关系

港口 A1 与相邻港口 B1 进行竞争，A1 与 B2 之间存在互补关系，二者展开合作。与此同时，A1 利用与 A2 之间潜在的互补关系积极拓展航线，以求在与 B1 的竞争中取得优势。

（2）港口范围之间的关系

全球经济一体化以及全球供应链的出现使得港口经济腹地日益交叉，对相同客户提供服务的港口所处的地理区域构成了港口范围（图 10-2）。港口范围内的港口存在互补关系，而不同港口范围之间存在互补或竞争关系，港口之间的关系表现为港口范围之间的关系。

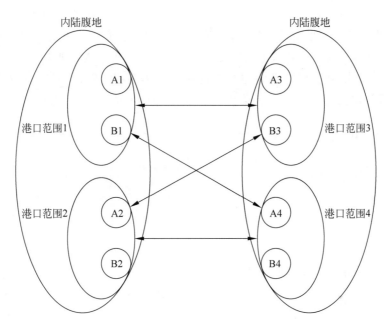

图 10-2　港口范围与港口范围之间的关系

港口 A1 与港口 B1 之间存在互补关系，二者同处于港口范围 1，它们与相邻港口范围 2 内的 A2 和 B2 进行竞争，与港口范围 3 内的 A3 和 B3、港口范围 4 内的 A4 和 B4 开展合作。港口间的竞争与合作表现为港口范围的竞争与合作。

（3）港口供应链之间的关系

随着经济发展，全球贸易联系增强，供应链日渐发挥更重要的作用，港口关系由港口与港口之间的合作竞争、港口范围之间的合作竞争转变为港口供应链的合作竞争，为了适应市场变化、满足客户需求，港口与其他港口及物流服务供应商之间进行合作，形成了以港口为中心的供应链。全球供应链环境下港口之间的竞争与合作将表现为港口供应链之间的竞争与合作。在全球供应链背景下，港口关系逐渐呈现出港口供应链的竞争与合作。

10.1.2　全球供应链环境下港口的功能拓展[3]

1. 以港口为中心的配送管理模式

在经济全球化进程加快，国际贸易与跨国运输成为主流的当下，为了适应市场需求，全球供应链管理模式成为港口运营采取的管理模式。

在以往的港口管理中,港口的仓储服务主要分为库存仓储和转运仓储。转运仓储是多式联运过程中变更运输方式时货物在港口仓库进行临时存放的服务,通常只处理码头到转运仓库之间的物流。转运仓库一般在码头的后方建造,以方便和港口的联系。

库存仓储是将客户未完成的产品及暂不销售产品进行储存并且提供管理的服务,处理码头到港口外部的物流。库存仓库通常建立在距离码头较远的位置,一般靠近连通腹地的主要交通道路。

而在供应链管理模式,港口在具备转运仓储和库存仓储服务之外,应还具有配送管理的功能。因而港口应当建立起配送中心,管理配送活动,形成一个综合的配送体系,既处理货物到达港口进库后的分拨,又处理货物的外向配送。港口将直接参与管理港口货物的配送活动,与客户建立合作关系,优化供应链。具体的操作流程如图10-3和图10-4所示。通过这种方式,建立以港口为中心的配送管理体系,集成港口的内向物流和外向物流,使港口成为供应链的核心。

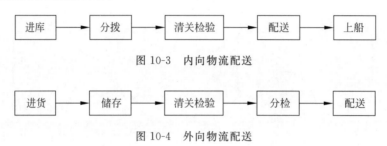

图 10-3　内向物流配送

图 10-4　外向物流配送

2. 以港口为中心的增值服务模式

在全球供应链管理模式下,港口应该不仅能够进行物流运输,还应当发挥其生产功能,提供一定的增值服务。通过充分发挥港口流通加工的功能,在对货物进行配送之前简单加工,提供增值服务。通过拓展增值服务,港口可以实现以下三点优势:

(1) 可以根据市场需求变化,迅速提供、补充货物以及完善货物在销售过程中的附加功能,促进商品的销售,对市场快速响应。

(2) 可以使货物充分适应各种运输工具、运输条件及储存保管条件,保证货物在运输中的质量,减少损耗,并适应不同运输方式的转换,提高物流周转效率。

(3) 可以满足供应链中需求方对货物提出的个性化需求,从而满足客户期望,提高客户满意度,增强港口作为供应链的中心的服务功能。

港口增值服务的基本形式包括:

(1) 流通加工。根据需要施加包装、分拣、计量、切割、组装等简单作业。通过进行流通加工可以使物品从生产领域向消费领域流动时更方便地在各种运输方式之间进行转换,从而促进货物销售,维护货物质量,提高物流效率,满足集成供应链对运输一体化的要求。

(2) 简单的装配。全球供应链时代,产品的零件可能来自不同国家或地区,在港口中集中存放了来自全球供应链的组成零件,因而可以利用零配件就地装配,组装成品后再进行配送。

（3）产品深加工。对产品进行归类以及深度加工制作，对农产品进行深加工，对散货进行改装以便于销售。通过产品深加工可以满足供需双方的要求，将供应方和需求方对接起来。

港口的增值服务将供应链上的流通加工、产品深加工以及装配等活动集成，是对生产过程的延伸，在充分利用港口作为货物积聚地优势的同时，提高了港口进行全球配送的效率。同时明显地降低了运输和库存成本，提高了物流效率和整个供应链的效率。

10.1.3 全球供应链环境下港口的发展演变

全球供应链是一个遍布全球、规模庞大的供应链，在全球供应链中港口扮演着极为重要的角色，随着国际贸易不断扩大、国际市场需求不断发展变化，全球供应链要求现代港口产生新的变化。港口发展显现出如下演变趋势。

1. 港口与城市、区域的一体化

在全球供应链时代，港口带动经济发展的效益愈益明显，那些临港产业所处城市或港口城市从以往的利用港口发展经济，转变为围绕港口发展城市、依托港口建设城市，港口与城市逐渐朝着一体化方向发展，港口和城市的效益融为一体。经济腹地围绕港口协调发展，各港口所处城市、临港产业城市，都在集中力量发展本区域的港口，并尽可能地将本城市和区域的物流量集中在港口，由港口进行处理。

2. 港口与内陆物流的一体化

随着全球供应链时代的到来，港口日益融入全球供应链中。传统的海向腹地型港口、中转型的港口将受到制约，而拥有广阔经济腹地的港口未来发展速度较快。现代港口将朝着与内陆经济腹地一体化的方向发展，内陆运输将成为降低物流成本的方式之一。从当前物流发展状况来看，内陆港有着较大发展空间，港口与内陆物流相结合将成为优化供应链，凸显港口在全球供应链中心地位的重要方式。

3. 港口服务的增值化

港口是海上运输和陆地运输的交汇点。进入21世纪，港口在全球供应链中的地位日益重要，港口逐渐融入供应链，这为港口开展增值服务创造了条件。传统上港口仅仅提供装卸搬运服务和一些简单的运输服务，而伴随港口服务增值化的推进，港口还将提供物流服务和高端增值服务。

10.2 以港口为中心的（国际）物流管理

10.2.1 全球供应链时代的港口物流

1. 港口物流在国际贸易中的地位和作用

随着国际贸易不断发展，全球供应链的形成，港口物流产生了重要变化，并逐渐在国际物流中发挥越来越大的作用。同时近年来以港口为中心的物流促进了物流业的发展。港口物流是物流过程中无可取代的重要节点，完成整个供应链物流系统中基本的物流服务和衍生的增值服务，在现代经济社会发展中占有举足轻重的地位。在国际贸易不断发展的大背景下,港口物流同时在船主、海关、进口方以及出口方等重要角色中发挥重要作用,港口物流已经成为国际贸易不可或缺的重要组成部分,港口物流在整个国际贸易的交往过程中发挥着难以替代的作用。[4]

港口物流为国际贸易提供了保障。国际贸易的快速发展依托于快速、完善的物流体系,国际贸易范围遍布全球、规模庞大,对物流运输要求相当之高。在国际贸易运输方式中,海运处于最重要的地位,海运承担了大部分国际贸易货物,因而作为海运关键的港口物流无疑是重中之重。只有实现港口物流的快速、健全发展,只有完善港口物流体系,才能保障国际贸易的有效进行。

港口物流效率的提升能够降低国际贸易的成本。港口物流是国际贸易的主要运输手段,承担了相当一部分的国际贸易成本,因而如何提高港口物流效率成了降低国际贸易成本的重要方式。对港口物流进行技术创新或管理方式革新都可以有效地提高国际运输效率、降低成本。

2. 全球供应链时代港口物流发展现状及特征

进入全球供应链时代,港口物流发展进入了新的阶段,国际物流、跨国运输成为物流发展的重要趋势。港口除继续发挥其运输功能外,还参与和组织与现代物流有关的其他环节的业务活动,承担了衔接与协调各物流环节的作用。港口物流发挥着更加重要的作用,成为国际物流的重要组成部分,并逐渐发展成为港口供应链的核心环节。[5]

在全球供应链时代港口物流逐渐形成了如下特征:

(1)国际化。国际贸易全球化趋势促使港口重点发展其国际贸易的作用,港口供应链比以往任何时候都趋于国际化,港口物流承担的国际物流量越来越大,港口物流国际化特征日益凸显。

(2)港口物流服务功能多样化。当今港口在具备传统的物流功能之外,还具有流通加工、储存、运输、通关、保税和信息服务等功能,基本上涵盖了物流业的所有环节,可提供全方位的物流服务。港口物流服务不仅局限于传统业务,而且向着全方位多样化发展。

(3)港口物流一体化、系统化。港口物流通过港口物流园区发展一体化物流服务:开展如腹地运输、包装、库存管理、质量控制、订货处理和开具发票等增值服务,提供金融、保险等方面的服务,提供货物在港口、海运及其他运输过程中的最佳物流解决方案。供应链的高度整合进一步降低了物流成本,提高了物流效率,为客户提供了更为满意的服务。[6]

(4)港口物流信息化。全球供应链管理对信息化和标准化的要求越来越高,港口物流对于高新科技的应用力度加大,港口物流管理信息系统不断完善。各种先进的信息技术得以应用,比如条形码技术、自动分拣技术、自动识别技术、卫星定位技术、集装箱电子识别技术、物流仿真技术、辅助决策技术等技术,港口物流从传统的劳动密集型逐渐转变为技术密集型。

(5)标准化。全球供应链管理要求港口物流实现标准化,在物流过程中商品包装、装卸搬运、流通加工、信息处理等过程采用国际统一标准,以便参与区域、全球经济贸易,加强同世界范围内贸易沟通。

3. 全球供应链时代港口物流面临的竞争与挑战[7]

随着全球供应链时代到来、经济一体化趋势的日益凸显,全球性的市场竞争也日趋激烈,这对港口的适应性及竞争力都提出了很高要求。此外如何快速满足顾客需求已成为衡量港口企业竞争力的主要标准,这就要求港口实现低成本和高质量运营。

港口物流面临激烈的直接竞争。随着国际贸易的迅速发展,航运竞争日趋激烈,港口之间竞相发展物流中心,使得港口物流之间的竞争日益激烈。港口面临的竞争不仅来自邻近港口,还来自具有区域战略地位的国外港口。

当今港口的竞争已从传统的争夺腹地货源,向以技术和服务为主的综合竞争方向发展。由于交通手段和技术的进步以及运输方式的优化,传统的腹地概念已经被打破,物资的流动性得到强化。同一区域内或邻近区域内的港口之间竞争取得优势主要依托各港的服务水平,尤其是港口物流的水平。

大型航运物流企业也加入了港口竞争。大型航运企业选择哪些港口作为其物流分拨基地,或作为其物流经过的口岸,对这些港口的发展具有十分重要的影响。事实证明,大型航运企业更倾向于选择拥有优良港口物流基础、世界一流设施、物流服务运作的港口,因而这些港口在未来发展中前景更好。

4. 全球供应链时代港口物流发展策略

(1) 提高港口的物流服务能力

港口向顾客提供物流服务,通过开展港口第三方物流满足顾客物流需求,致力于将供应链的两端延伸,并在供应链的两端取得优势地位;另外,对客户的供应链进行有效管理,通过提供稳定优质的供应链管理服务来吸引和留存客户;优化物流流程,以减少环节、降低费用支出来增加总体附加值,提供更好的物流服务。[8]

(2) 加强区域合作

随着全球供应链时代的到来,港口应当打破传统的各种运输方式各自为政的局面,加强合作。作为海运物流中心环节,所有港口都不可能完全摆脱其他港口的影响而独立存在,港口物流的发展需要与其他伙伴合作发展。合作的最终目标是实现共赢,港口可以与供应链中的其他企业,如航运企业、公路、铁路、仓储及其他港口企业,通过多种方式进行合作、联盟,实现利益共享、风险共担。通过合作联盟,加强港口物流在全球供应链中的地位,促进港口物流更快更稳发展。

(3) 提高港口物流信息化水平

港口物流的发展重点是建立现代化的信息服务系统,这是提高港口运行效率和竞争优势的重要方式。成为供应链的主导者离不开承担供应链集成的职能,全球供应链环境下港口物流发展需借助先进的信息技术和手段。构建先进的物流信息系统,构建实时追踪查询的电子信息平台,构建港口管理信息系统,提高港口在信息服务方面的竞争力。此外,港口可以为客户提供全方位的、实时的、从产品生产到商品消费和配送的信息管理服务,用信息数据网络将产、供、销各个环节紧密地联系在一起,有助于港口物流企业进行供应链整合,也为其确立供应链的主导地位增加了筹码。

(4) 港口物流应承担第四方物流公司的职责

港口物流既可以作为供应链的主导,将各个资源进行有效整合,也可以作为第四方物流为上下游客户提供整套的物流服务方案,并将这种方案作为单独的商品进行出售。港口物流若想成为供应链的真正主导者,必须同时具备这两项职能,否则将无法有效地发挥出供应链的整体优势。

(5) 港口物流应拥有强大的品牌效应

供应链中上下游客户许多都拥有自己的品牌,在全球供应链时代,港口物流若要取得长久发展也需要一个强大的品牌。港口作为第三方物流服务提供商,它的品牌是整个供应链凝聚的体现,也是整个供应链核心竞争力的体现。当这种品牌被整合进供应链时,它实际上已是一种供应链品牌,它预示的是整个供应链整合后产品有形和无形质量的双重体现。[9]

10.2.2 以港口为中心的物流管理理念与实践[10]

1. 以港口为中心的物流管理理念

以港口为中心的物流是一个近年来越来越受到海事、物流和供应链管理学者重视的概念。以港口为中心的物流围绕港口开展物流服务,促进了海运物流业的发展。曼根等人将以港口为中心的物流定义为"在港口的配送和其他一些增值物流服务的活动"。[11]以港口为中心的物流有其独到的优势,而这些优势的确对促进港口发展产生了一定帮助,以港口为中心的物流的实现产生了不同的经济效益,这些经济效益大致可以分为四种:环境效益、运营效益、节约成本和增加竞争优势。

1) 环境效益

(1) 发展以港口为中心的物流可以减少货运距离,通过消除供应链中的某些环节,降低公路货运以减少二氧化碳污染。

(2) 以港口为中心的物流通过直接将货物运送到零售商的集散中心来消除不必要的道路移动,相比于传统的将货物运送到中部地区的集散中心,然后根据需求重新分配的方式,将有助于绿色行动和减少碳排放。

2) 运营效益

(1) 充分利用集装箱的全部重量能力。道路运输的重量限制使得无法充分利用进口集装箱,但是由于集装箱可以留在港口的堆场中,在以港口为中心的物流的情况下,将不受道路重量限制的影响。

(2) 根据以港口为中心的物流的定义,集装箱不会到达内陆的集散中心,所以集装箱可以在港口内卸货,从而更快地为航运公司提供货物。

(3) 以港口为中心的物流可以减少集装箱和进口货物的双重装卸,直接影响集装箱的周转时间,并且双重装卸的减少降低了货物损坏的风险。

(4) 以港口为中心的物流的实现会缓解道路拥堵并消除供应链的昂贵和浪费的行为。

3) 节约成本

(1) 以港口为中心的物流大幅减少了空载运行,从而节省了成本。

(2) 由于货物将储存在靠近进港口的单一仓库中,因此可以直接向客户补充货物,库存将不必保存在多个地点,从而节省仓储成本。

(3) 由于供应链中某些运输环节的消除,降低了运输成本,从而降低了运营成本。由于以港口为中心的物流绕过了区域配送中心,从而实现了更快、更高效地向门店配送。此外以港口为中心的物流活动通过采取多式联运操作降低运输成本。

4）增加竞争优势

（1）通过实施以港口为中心的物流，港口可以将其在供应链中的角色被动转化为主动。

（2）由于以港口为中心的物流的实施，零售商在港口附近建立仓库所带来的货物吞吐量的增加以及在港口内提供的附加增值服务将增加港口收入，提高港口竞争优势。

（3）实施以港口为中心的物流后，由于内陆运输的影响，港口在供应链中的整合程度会更高，提高供应链效率，优化了供应链。

（4）以港口为中心的物流的应用提高了物流绩效和市场能力，此外，以港口为中心的物流可以帮助港口获得枢纽地位，获得相对于支线港口的竞争优势。

以港口为中心的物流会为港口带来相当大的优势，但是这种物流方式也有其缺点。首先，以港口为中心的物流可能会将国际货物运输的中转时间延长一周。这可能会对发货人的资金运作周期产生负面影响。其次，以港口为中心的物流的应用将削弱多式联运的优势。集装箱在港口可能会被拆箱，影响与内陆的衔接。此外以港口为中心的物流会影响出口商的经济效益，因为集装箱将留在港口，内陆无法使用，港口的仓储设施可能会中断港口和干港之间的货物无缝流动。以港口为中心的物流会增加港口操作的复杂性，也会增加港口运营公司的责任，后者需要根据订单对进口货物进行分类，并通知负责收集货物的机构。

2. 以港口为中心的物流管理实践

以港口为中心的物流在英国受到关注，许多英国港口提供以港口为中心的物流服务。主要有清关和检验设施、货运代理服务、最先进的仓储和仓储管理系统、具有租赁机会的多用户仓库、包装、贴标签及轻工制造服务、交叉停靠转运、内陆配送和货物追踪、多式联运（铁路、驳船、短途海运、公路）、危险货物专业服务、供应链管理、集装箱修理和维护等。

需要指出的是，每个港口提供的服务范围各不相同，并且依赖于港口的功能和资源。在英国的大部分以港口为中心的物流运营中，港口本身也是增值服务的提供者。然而某些港口提供的物流服务是由第三方物流供应商或者由另一个港务局提供。例如，英国第二大集装箱港口南安普敦港的港务局不提供以港口为中心的物流服务。这些服务是由第三方物流提供的，它们将进口产品免费存放在港口附近的仓库中，直到这些产品最终被送到零售商手中。目前布里斯托尔港也是如此。泰恩港有自己的以港口为中心的物流设施，但港口的物流服务由另一个港务局提供。费利克斯托港则是由多家跨国公司提供相应物流服务，许多第三方物流公司在港口附近从事相关物流业务。这些港口的物流服务提供商属于单一实体。

另外，港口的物流服务也可以由多个实体提供。常见的物流服务除了港口的港务局之外，还有各种第三方物流公司充当。在这些情况下，港务局可能提供港口土地给第三方物流在港口的场所进行运营，或者第三方物流可能在港口城市建立配送中心或物流园区。伦敦的集装箱码头和蒂尔伯里港的配送园区就是如此，当地的物业管理公司负责土地的销售和相关物流设施的运营管理。

10.3　以港口为中心的全球供应链管理

10.3.1　以港口为中心的供应链管理

1. 以港口为中心的供应链形成的原因

随着物流理念的更新以及供应链思想的出现,港口从原来的"运输中心"经过"配送中心"发展为了"综合物流中心",物流活动贯穿了整个供应链,包括生产制造、产品运输、仓储配送等内容。港口供应链由港口区域的供应商、制造商、分销商及其客户组成,港口物流是以港口为中心的供应链的重要组成部分。以港口为中心的供应链模式将港口物流服务的参与者集成起来,利用信息技术,对物流、信息流、资金流等进行控制,为客户提供增值服务。以港口为中心的供应链模式将港口物流从采购、运输、仓储、包装、加工、配送等到物流最终用户连成一个整体的功能网链结构,从而有效地促进了港口物流服务参与方之间的协同合作、共同发展。

以港口为中心的供应链模式是一种集成的管理思想和方法,该模式以港口企业为核心,集成港口物流活动中的优势资源,快速整合物流资源以提高港口物流服务效率、降低成本、提高客户的满意度,根本目的是通过提高港口物流服务水平,降低物流成本,更好地满足客户需求、更快地取得发展。采取以港口为中心的供应链模式主要原因在于:

(1) 通过合作降低风险、提高效率

全球供应链时代到来,港口企业之间必须采取合作以应对市场发展变化,而如果想要实现高度的合作,合作双方应该分享企业信息、更好地了解合作伙伴,以便制定出合作双方共同发展的最佳策略,采取最优方式满足合作伙伴需求。

(2) 减少浪费

港口物流服务提供商为了满足客户物流需求一般要投入大量的物流资源,这会极大地增加企业的投资风险。以港口为中心的物流供应链模式通过分享信息使合作企业之间充分了解需求,制定更合理的资源投入计划,减少了重复浪费行为。

随着全球供应链的产生与发展,港口在国际贸易和国际物流发展中的作用不断突出,港口企业为了更好地应对全球供应链时代出现的变化与挑战,与其他企业形成战略联盟,开展合作。港口供应链是全球供应链环境下产生的结果,有效地提高了港口整合程度,促进了港口物流的发展。

2. 以港口为中心供应链的特征

作为围绕港口形成的供应链,其特征如下。

(1) 通过服务创造价值

港口供应链不同于传统的制造方式,通过向客户提供服务来获得效益,用服务代替产值,减少不必要的浪费行为,避免资源浪费,实现绿色服务。

(2) 快速反应

港口供应链能够快速处理市场的变化,对市场需求及时敏捷反应,及时处理客户的需求,快速应对客户需求的变化。

（3）国际化、信息化

全球供应链时代到来，资源在全球范围内流动，资源获得途径更加广泛和便捷，港口供应链的服务范围遍布全球。港口供应链快速响应市场需求的重要手段是信息获取，港口供应链充分利用信息技术进行服务，整合信息以求快速准确地满足客户需求。

3. 以港口为中心供应链的作用[12]

港口供应链有力地加快了港口融入全球物流的进程，极大地促进了港口发展，显现的作用如下。

（1）降低港口物流成本

港口供应链能够减少物流提供商的支出，减少物流过程中所需的费用。港口供应链通过实现供应链合作伙伴间的利益共享，对全局进行统筹管理，最大限度地减少了港口物流的库存。港口供应链集中管理设定港口物流的运输线路，精简了港口物流环节，避免进行重复运输和运输浪费。此外，港口供应链通过获取的信息减少资源浪费，避免了不必要的开销，以此降低成本。

（2）提高港口物流效率

港口供应链可以帮助港口优化资源配置，最优化处理港口物流的人力资源和资金资源，缩短港口物流服务流程，避免出现流程冗长过多的情况，减少物流服务所需的时间，提高物流运输效率。

（3）提高港口物流核心竞争力

港口供应链能够整合港口物流资源，港口物流效率的提高、成本的降低都能够提高港口物流的核心竞争力，这对应对全球供应链环境下的市场变化，满足日益增长的国际物流需求有着非常重要的作用。

（4）提升港口物流的客户满意度

港口供应链可以快速准确响应客户的需求，节约客户在港口物流中花费的时间，降低客户的运输成本，从而提高了客户的满意度，对于维持客户忠诚，满足客户期望有着十分重大的作用。

10.3.2 以港口为中心的全球供应链管理模式

1. 港口在全球供应链管理中的地位和作用

在全球供应链管理中，港口作为国际物流枢纽，成为连接国际贸易和运输等物流活动的重要节点。港口作为综合物流中心能够为全球供应链提供物流管理服务，在全球供应链管理中处于关键地位。

（1）港口是海陆间全球供应链的枢纽和节点

港口既是海运的起点又是终点，是海洋运输的枢纽。此外，港口所在城市及港口腹地受到港口经济辐射，进行货物加工和运输，将生产与运输有机地结合起来。在全球供应链中，港口是最大的货物集结点。

（2）港口是全球生产要素的最佳结合点

港口具有整合生产要素的功能，在全球供应链管理中，港口支持国际经济与国际贸易，将不同国家具有差异的生产要素进行结合，促进国际贸易发展，优化全球供应链。

（3）港口是全球供应链的信息中心

随着信息技术的发展，港口可以借助现代信息技术和自动化技术优化管理手段和方式，提高国际货物周转速率和港口物流运输效率，有利于全球供应链的集成。

2. 以港口为中心的全球供应链管理综合模式分析

随着全球供应链时代的到来，港口在全球经济贸易和运输中的纽带和接口作用将会更加突出，港口功能向多元化趋势发展，港口将成为全球物流供应链的关键环节。

全球供应链是一个网状结构的模型，企业是全球供应链网络上的节点，节点有着物流、信息流和资金流等方面的联系。以港口为中心的全球供应链则以港口企业为节点，以港口活动中的物流、信息流、资金流为联系，以港口为中心的全球供应链是一个十分复杂的网状结构。[13]

如图10-5所示，参与者包括为港口物流提供服务的供应商、生产商、批发商以及购买港口物流服务的顾客。除此之外，配送中心是物流企业建立的配送服务管理中心；港口物流园区是由政府、企业共同建立的以发展为目的的公共园区，由多个经营人共同经营。其中值得注意的是虚线箭头指的是以往在采取全球供应链管理模式之前港口物流活动的走向，以港口为中心的全球供应链管理模式下港口集成了包括配送的其他拓展功能，货物不必经过配送中心而是直接流向港口，港口贯穿了整条供应链，缩短了供应链的流程，提高了供应链运行的效率。[14]

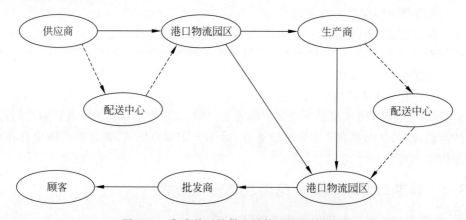

图 10-5　集成前后的供应链管理模式结构图

以港口为中心的集成性供应链管理模式缩短了流程，通过减少供应链中不必要的环节，降低了供应链运营成本，从而有效地改善了港口物流的绩效。此外，以港口为中心的供应链管理模式对于消除牛鞭效应发挥重要的作用。

10.3.3　以港口为中心的全球供应链管理发展战略

以港口为中心的全球供应链管理模式在发展中需要注重港口涉及的对象之间的关系，采取横向和纵向两种不同方向上的战略，缔结战略联盟，巩固供应链发展。

1. 横向战略联盟——港口的竞合

在全球化发展日趋加速的情况下，以往港口很难满足国际贸易对于其数量和质量的要求。因此必须充分发挥港口群的作用,深化港口之间合作关系,但同时又要保证良性竞争,港口相互联合、彼此竞争,发挥自身优势的同时互相帮助,形成功能明确、协作共赢、良性竞争的港口体系。

港口之间进行合作一方面可以共享航线、技术等方面的资源,获得更大的发展空间;另一方面发挥港口独特的资源优势,实现港口间资源优势互补,将同质竞争化为合作,由此提升港口的整体优势。除此之外,港口整合对于临港工业的发展具有重要意义,大型临港工业将迅速发展,水陆运输、修造船、钢铁、造纸、石化、能源等一系列围绕港口功能而拓展的上下游产业将得到发展,从而在港口周围形成许多制造、加工、贸易、物流、金融等制造业和服务业产业基地。

2. 纵向战略联盟

港口供应链的纵向合作就是港口供应链上的企业形成的战略合作关系。港口供应链上的企业将物流配送、订单处理、库存管理等功能进行整合,通过信息技术及时有效地把产品从供应商运送到制造商直到最终客户,将供应商、生产商、分销商和零售商等整合优化,充分发挥港口关键节点的作用,从而提高对市场需求变化的反应能力,进而提升港口供应链的竞争力。具体策略如下:

(1) 加强港口与铁路、公路、航运等运输企业的合作

在港口建立完善的运输体系,充分发挥多式联运的优势,实现各种运输方式之间的有机结合,提高货物在港口的周转速度,优化整个供应链,提高供应链运行效率。

(2) 加强与供应链成员及客户的合作

供应链各成员进行信息共享、相互沟通协调,降低货物运输过程中的重大事故率,提高货物运输的迅速性、准确性、安全性、完整性,使供应链成员获得共赢。加强同客户之间的合作,签订长期合作协议,保证与客户之间良好的供求关系,提高货主、用户单位的满意度。

(3) 港航合资

与大型航运公司建立战略合作关系,引入航运公司入股,与航运公司合资建设物流项目,加强港航合作,最大程度利用现有资源,提高码头泊位、装卸设备等作业效率,降低留港时间,节约港口运营成本,提高整个供应链作业效率。[15]

3. 重视外部环境

良好的政策环境及法律法规对港口的发展至关重要,是否有着便利的外部环境支持对于以港口为中心的全球供应链管理模式发展有着重要影响,国家及地区重视与否起着相当重要的作用。

全球经济一体化趋势不断加强,港口可以充分利用经济全球化带来的效益,全球范围内寻找优势资源,吸引更多客户,优化供应链。港口可以利用航运优势与政策便利地区进行物流交往,依托政策法律便利快速发展,同世界范围内港口运营商加强合作,优化资源配置,实现共赢。

在软环境中,自由港政策受到多数航运中心港口的欢迎,自由港政策不仅可以有效促进贸易和航运的发展,而且能为国家增加外汇,创造就业机会。采取自由港政策,实行贸易自由、通航自由、企业自由、外汇自由等全方位的开放制度,货物自由进出港,免税免检,

能够吸引大量的货流量,吸引更多的供应链成员,对于构建以港口为中心的全球供应链管理模式有重大帮助。

另外需要注意的是,在全球经济一体化趋势下,仍有部分地区存在逆全球化趋势,港口在构建全球供应链管理模式时应当注意这些地区的物流走向,加强合作的同时不能放松警惕,促使港口快速且安全稳定地向前发展。

本 章 小 结

1. 以港口为中心的国际物流与供应链管理水平直接影响全球供应链的运营绩效。
2. 全球供应链背景下,港口关系逐渐呈现出港口供应链的竞争与合作。
3. 港口的增值服务将供应链上的流通加工、产品深加工以及装配等活动集成。
4. 港口物流在整个国际贸易的交往过程中发挥着难以替代的作用。
5. 以港口为中心的物流产生了环境效益、运营效益、节约成本和增加竞争优势四种效益。
6. 以港口为中心的供应链模式将港口物流从采购、运输、仓储、包装、加工、配送等到物流最终用户连成一个整体的功能网链结构,从而有效地促进了港口物流服务参与方之间的协同合作、共同发展。

参 考 文 献

[1] 柴崎隆一. グローバル・ロジスティクス・ネットワーク～国境を越えて世界を流れる貨物～[M]. 东京:成山堂书店,2019.

[2] 汪传旭. 全球供应链环境下现代港口的关系演变与发展趋势[J]. 港口经济,2011(3):27-31.

[3] 余兴源. 基于全球供应链管理模式的港口功能拓展[J]. 中国港口,2003(1):25-26.

[4] 张建兵. 我国港口物流水平的系统评价与分析[D]. 大连海事大学,2006.

[5] 张玲,胡明静,李芝梅. 基于全球供应链管理的港口物流发展模式[J]. 商业文化(学术版),2008(2):69-70.

[6] 汪长江. 港口物流——理论、实务与技术[M]. 北京:清华大学出版社,2012.

[7] 真虹,刘桂云. 柔性化港口的发展模式[M]. 上海:上海交通大学出版社,2008.

[8] 张旖,尹传忠主编. 港口物流[M]. 上海:上海交通大学出版社,2012.

[9] 刘水国. 我国港口现代物流服务模式的研究[D]. 大连海事大学,2006.

[10] Dong-Wook Song, Photis M. Panayides. Maritime logistics: a guide to contemporary shipping and port management, Second edition. Kogan Page, 2015.

[11] Mangan, J, Laiwani, C and Fynes, B. Port-centric logistics, International Journal of Logistics Management, 2008,19(1):29-41.

[12] 曹令海. 浅议港口物流的服务供应链体系构建[J]. 中国商论,2019(14):

12-13.

[13] 杨霞芳,黄君萍. 以供应链思想发展港口物流[J]. 交通企业管理,2007(3):52-53.

[14] 骆梁远,周月超. 基于全球供应链管理模式下的港口物流[J]. 物流技术,2006(9):104-106.

[15] 潘晓伟. 全球供应链管理体系下对我国港口发展的探讨[J]. 港口经济,2009(11):46-49.

教师服务

感谢您选用清华大学出版社的教材！为了更好地服务教学，我们为授课教师提供本书的教学辅助资源，以及本学科重点教材信息。请您扫码获取。

❱❱ 教辅获取

本书教辅资源，授课教师扫码获取

❱❱ 样书赠送

物流与供应链管理类重点教材，教师扫码获取样书

 清华大学出版社

E-mail: tupfuwu@163.com
电话: 010-83470332 / 83470142
地址: 北京市海淀区双清路学研大厦 B 座 509

网址: http://www.tup.com.cn/
传真: 8610-83470107
邮编: 100084